AF364101

CODE

DES MINES.

CODE
DES MINES,

ou

RECUEIL

DES LOIS, ARRÊTÉS, DÉCRETS, ORDONNANCES,
RÈGLEMENS ET INSTRUCTIONS,

CONCERNANT LES MINES,
LES MINIÈRES, SALINES ET CARRIÈRES,

DANS LEQUEL ON TROUVE

LES DÉCRETS, ORDONNANCES ET INSTRUCTIONS MINISTÉRIELLES
CONCERNANT LES ÉTABLISSEMENS DANGEREUX,
INSALUBRES OU INCOMMODES;

Par M. BARRIER,

LICENCIÉ EN DROIT, EX-AVOUÉ.

PARIS,

TREUTTEL ET WURTZ, LIBR., RUE DE BOURBON, n.º 17,
CHARLES BÉCHET, LIBR., QUAI DES AUGUSTINS, n.º 57.

LYON,

J.ʰ TARGE, LIBRAIRE, RUE LAFONT, n.º 4.

1829.

AVIS

DE L'ÉDITEUR.

Les lois, arrêtés, décrets, ordonnances, règlemens et instructions contenus dans ce volume, avaient été recueillis par l'auteur, en raison du degré d'importance ou d'utilité dont ils lui semblaient être, sans avoir égard à l'époque de leur publication; c'est ainsi qu'il avait formé son manuscrit : ne voulant rien changer à son travail, pressé de faire paraître cette espèce de code, qui etait vivement désiré et attendu, il a été livré tel à l'impression. D'ailleurs, plusieurs ouvrages de ce genre, quoique très-recherchés et d'un fréquent usage, n'offrent pas plus d'ordre dans leur composition, témoin le Bulletin des lois, où l'on trouve assez souvent une loi ou une ordonnance royale précédée de vingt autres qui ont été publiées après elle ; mais pour la facilité des recherches, on a terminé celui-ci par une Table où les lois, arrêtés, décrets, ordonnances, etc. se trouvent rappelés dans l'ordre chronologique.

AVERTISSEMENT.

LES lois et règlemens sur les mines, sont d'un intérêt si spécial et s'appliquent à un si petit nombre de localités, que de tous les actes de l'autorité publique, il n'en est pas qui aient trouvé moins de compilateurs.

Le recueil connu sous le nom de *Code Mathieu*, publié en 1807, et réimprimé peu après la loi du 21 avril 1810, n'est plus aujourd'hui qu'une espèce de monument élevé à la mémoire d'une législation qui a cessé de nous régir.

Le Journal des mines, recueil périodique éminemment utile aux ingénieurs et aux savans, offre bien une collection à peu près complète des lois, ordonnances, règlemens et instructions officiels sur les mines ; mais ces actes s'y trouvent disséminés dans un nombre incalculable de volumes ou de livraisons, et confondus avec une foule de mémoires scientifiques, de découvertes en minéralogie et en métallurgie, et même d'actes particuliers de l'administration, que l'usage en serait aussi pénible que l'acquisition en serait onéreuse au plus grand nombre des personnes intéressées.

Le troisième volume de la jurisprudence générale des mines en Allemagne, publié en 1825 par le savant M. Blavier, est bien, à quelque lacunes près, un recueil général des lois et règlemens sur la matière ; mais outre qu'il est surchargé d'un nombre considérable d'actes et instructions d'une utilité tout à fait restreinte et à peu près nulle, la nécessité d'acquérir en même temps les deux premiers volumes de l'ouvrage, qui n'offrent presque qu'un pur intérêt d'érudition, ne lui permettra jamais de devenir le Manuel du commun des exploitans de mines, et surtout des exploitans de mines de houille.

C'est principalement en faveur de cette branche de l'industrie minérale que nous avons conçu l'idée du recueil que nous offrons au public.

Quoique la loi du 21 avril 1810 ait, pour ainsi dire, effacé jusqu'aux moindres traces de l'ancienne législation sur les mines ; quoiqu'elle ait créé un droit nouveau, en même temps qu'une nouvelle propriété, quelques lois et règlemens antérieurs peuvent encore être consultés avec avantage ; nous les avons insérés dans notre collection.

Nous y avons aussi fait entrer divers règlemens de police ou de sûreté publique qui peuvent intéresser les exploitans de mines, ou les éclairer sur leurs droits et leurs devoirs : tels sont les décrets, ordonnances et instructions sur les machines à vapeur, les établissemens dangereux et ceux qui répandent une odeur insalubre ou incommode, etc.

En un mot, nous avons essayé de faire de cet ouvrage un Manuel complet du *Mineur*, dans ses rapports avec l'administration et les tiers. Notre désir est d'avoir réussi, et notre plus précieuse récompense sera d'avoir été plus généralement utile à une industrie qui commande le plus vif intérêt, et qui promet une prospérité nouvelle à d'importantes contrées du royaume.

LOIS,
RÈGLEMENS ET INSTRUCTIONS
SUR
LES MINES.

LOI DU **28** JUILLET **1791**.

TITRE 1.er

Des Mines en général.

ART. 1.er Les mines et minières, tant métalliques que non métalliques, ainsi que les bitumes, charbons de terre ou de pierre et pyrites, sont à la disposition de la nation ; en ce sens seulement, que ces substances ne pourront être exploitées que de son consentement et sous sa surveillance, à la charge d'indemniser, d'après les règles qui seront prescrites, les propriétaires de la surface, qui jouiront en outre de celles de ces mines qui pourront être exploitées, ou à tranchée ouverte, ou avec fosse et lumière, jusqu'à cent pieds de profondeur seulement.

2. Il n'est rien innové à l'extraction des sables, craies, argiles, marnes, pierres à bâtir, marbres, ardoises, pierres à chaux et à plâtre, tourbes, terres vitrioliques, ni de celles connues sous le nom de cendres, et généralement de toutes substances autres que celles exprimées

dans l'article précédent, qui continueront d'être exploitées par les propriétaires sans qu'il soit nécessaire d'obtenir aucune permission.

Mais à défaut d'exploitation de la part des propriétaires, des objets énoncés ci-dessus, et dans le cas seulement de nécessité pour les grandes routes ou pour les travaux d'une utilité publique, tels que ponts, chaussées, canaux de navigation, monumens publics, ou tous autres établissemens et manufactures d'utilité générale, lesdites substances pourront être exploitées, d'après la permission du directoire du département, donnée sur l'avis du directoire du district, par tous entrepreneurs ou propriétaires desdites manufactures, en indemnisant le propriétaire, tant du dommage fait à la surface, que de la valeur des matières extraites, le tout de gré à gré, ou à dire d'experts.

3. Les propriétaires de la surface auront toujours la préférence et la liberté d'exploiter les mines qui pourraient se trouver dans leurs fonds, et la permission ne pourra leur être refusée lorsqu'ils la demanderont.

4. Les concessionnaires actuels, ou leurs cessionnaires qui ont découvert les mines qu'ils exploitent, seront maintenus jusqu'au terme de leur concession, qui ne pourra excéder cinquante années, à compter du jour de la publication du présent décret.

En conséquence, les propriétaires de la surface, sous prétexte d'aucune des dispositions contenues aux articles 1.er, 2 et 3, ne pourront troubler les concessionnaires actuels dans la jouissance des concessions, lesquelles subsisteront dans toute leur étendue si elles n'excèdent pas celle qui sera fixée par l'article suivant ; et dans le cas où elles excéderaient cette étendue, elles y seront réduites par les directoires des départemens, en retranchant, sur la désignation des concessionnaires, les parties les moins essentielles aux exploitations.

5. L'étendue de chaque concession sera réglée, suivant les localités et la nature des mines, par les départemens, sur l'avis des directoires de district; mais elle ne pourra excéder six lieues carrées. La lieue qui servira de mesure, sera celle de vingt-cinq au degré, de deux mille deux cent quatre-vingt-deux toises.

6. Les concessionnaires dont la concession a eu pour objet des mines découvertes et exploitées par des propriétaires, seront déchus de leur concession, à moins qu'il n'y ait eu de la part desdits propriétaires, consentement libre, légal, et par écrit formellement confirmatif de la concession; sans quoi lesdites mines retourneront aux propriétaires qui les exploitaient avant lesdites concessions, à la charge par ces derniers de rembourser, de gré à gré, ou à dire d'experts, aux concessionnaires actuels, la valeur des ouvrages et travaux dont ils profiteront. Quand le concessionnaire aura rétrocédé au propriétaire, le propriétaire ne sera tenu envers le concessionnaire, qu'au remboursement des travaux faits par le cessionnaire, desquels le propriétaire pourra profiter.

7. Les prorogations de concession seront maintenues pour le terme fixé par l'art. 4, ou annulées, selon que les mines, qui en sont l'objet, se trouveront de la nature de celles mentionnées aux art. 4 et 6 du présent décret.

8. Toute concession ou permission d'exploiter une mine, sera accordée par le département, sur l'avis du directoire du district dans l'étendue duquel elle se trouvera située; et ladite permission ou concession ne sera

exécutée qu'après avoir été approuvée par le roi, conformément à l'art. 5 de la section 3 du décret du 22 décembre 1789, sur les assemblées administratives.

9. Tous demandeurs en concessions ou en permissions, seront tenus de justifier de leurs facultés, des moyens qu'ils emploieront pour assurer l'exploitation, et de quels combustibles ils prétendront se servir, lorsqu'il s'agira de l'exploitation d'une mine métallique.

10. Nulle concession ne pourra être accordée qu'auparavant le propriétaire de la surface n'ait été requis de s'expliquer, dans le délai de six mois, s'il entend ou non procéder à l'exploitation, aux mêmes clauses et conditions imposées aux concessionnaires. Cette réquisition sera faite à la diligence du procureur-syndic du département où se trouvera la mine à exploiter.

Dans le cas d'acceptation par le propriétaire de la surface, il aura la préférence, pourvu toutefois que sa propriété seule, ou réunie à celle de ses associés, soit d'une étendue propre à former une exploitation. Auront également la préférence sur tous autres, excepté les propriétaires, les entrepreneurs qui auront découvert des mines, en vertu de permission à eux accordée par l'ancienne administration, en se conformant aux dispositions contenues au présent décret.

11. Toutes demandes en concessions ou permissions, qui seront faites par la suite, seront affichées dans le chef-lieu du département, proclamées et affichées dans le lieu du domicile du demandeur, ainsi que dans les municipalités que cette demande pourra intéresser ; et lesdites affiches et proclamations tiendront lieu d'interpellation à tous les propriétaires.

12. Lorsque les concessions ou permissions auront été

accordées, elles seront de même rendues publiques par affiches et proclamations, à la diligence du procureur-syndic du département.

13. Les limites de chaque concession accordée, seront tracées sur une carte ou plan levé aux frais du concessionnaire, et il en sera déposé deux exemplaires aux archives du département.

14. Tout concessionnaire sera tenu de commencer son exploitation au plus tard six mois après qu'il aura obtenu la concession; passé lequel temps elle sera regardée comme non avenue, et pourra être faite à un autre, à moins que ce retard n'ait une cause légitime, vérifiée par le directoire du district, et approuvée par celui du département.

15. Une concession sera annulée par une cessation de travaux pendant un an, à moins que cette cessation n'ait eu des causes légitimes, et ne soit approuvée par le directoire du département, sur l'avis du directoire du district auquel le concessionnaire sera tenu d'en justifier. Il en sera de même des anciennes concessions maintenues, dont l'exploitation n'aura pas été suivie pendant un an sans cause légitime, également constatée.

16. Pourront les concessionnaires renoncer à la concession qui leur aura été faite, en donnant, trois mois d'avance, avis de cette renonciation au directoire du département.

17. A la fin de chaque concession, ou dans le cas d'abandon, le concessionnaire ne pourra détériorer ses travaux; en conséquence, il ne pourra vendre que les minéraux extraits, les machines, bâtimens et matériaux existant sur l'exploitation, mais jamais enlever les échelles, étais, charpentes ou matériaux nécessaires à la visite et

à l'existence des travaux intérieurs de la mine, dont alors il sera fait un état double, qui sera déposé aux archives du département.

18. S'il se présente de nouveaux demandeurs en concessions ou permissions, pour continuer l'exploitation d'une mine abandonnée, ils seront tenus de rembourser aux anciens concessionnaires la valeur des échelles, étais, charpentes, matériaux, et de toutes machines qui auront été reconnues nécessaires pour l'exploitation de la mine, suivant l'estimation qui en sera faite de gré à gré, si non par experts, gens de l'art, qui auront été choisis par les parties ou nommés d'office.

19. Le droit d'exploiter une mine, accordé pour cinquante ans au moins, expirant, les mêmes entrepreneurs qui auront fait exploiter par eux-mêmes ou par ouvriers à forfait, seront, sur leurs demandes, admis de préférence à tous autres, excepté cependant les propriétaires qui seront dans le cas prévu par l'art. 10, au renouvellement de la concession, pourvu toutefois qu'il soit reconnu que lesdits concessionnaires ont bien fait valoir l'intérêt public qui leur était confié ; ce qui aura lieu tant pour les anciennes concessions maintenues que pour les nouvelles.

20. Les concessionnaires actuels, ou leurs cessionnaires qui ont découvert les mines qu'ils exploitent, et qui sont maintenus aux termes de l'article 4, ainsi que ceux qui le seront conformément à l'article 6, seront obligés d'indemniser les propriétaires de la surface, si fait n'a été, et ce, dans le délai de six mois, à compter du jour de la publication du présent décret.

21. L'indemnité dont il vient d'être parlé, ainsi que celle mentionnée dans l'article 1.er du présent décret,

s'entend seulement des non-jouissances et dégâts occasionés dans les propriétés par l'exploitation des mines, tant à raison des chemins que des lavoirs, fuite des eaux et tout autre établissement, de quelque nature qu'il soit, dépendant de l'exploitation ; sans cependant que ladite indemnité puisse avoir lieu lorsque les eaux seront parvenues aux ruisseaux, fleuves et rivières

22. Cette indemnité aura pour base le double de la valeur intrinsèque de la surface du sol qui sera l'objet desdits dégâts et non-jouissances. L'estimation en sera faite de gré à gré, ou à dire d'experts, si mieux n'aiment les propriétaires recevoir en entier le prix de leur propriété, dans le cas où elle n'excéderait pas dix arpens, mesure de Paris, et ce, sur l'estimation qui en sera faite à l'amiable, ou à dire d'experts.

23. Les concessionnaires ne pourront ouvrir leurs fouilles dans les enclos murés, ni dans les cours, jardins, prés, vergers et vignes, attenant aux habitations, dans la distance de deux cents toises, que du consentement des propriétaires de ces fonds, qui ne pourront, dans aucun cas, être forcés à le donner.

24. Les concessionnaires demeureront civilement responsables des dégâts, dommages et désordres occasionés par leurs ouvriers, conducteurs et employés.

25. Lorsqu'il sera nécessaire à une exploitation d'ouvrir des travaux de secours dans un canton ou exploitation du voisinage, l'entrepreneur en demandera la permission au directoire du département, pourvu que ce ne soit pas pour extraire des minéraux provenant de ce nouveau canton ; mais pour y étendre des travaux nécessaires, tels que galeries d'écoulement, chemins, prise d'eau ou passage des eaux, et autres de ce genre, à la

charge de ne point gêner les exploitations y existant, et d'indemniser les propriétaires de la surface.

26. Seront tenus les anciens concessionnaires maintenus et ceux qui obtiendront à l'avenir des concessions ou permissions, savoir : les premiers, dans six mois pour tout délai, à compter du jour de la publication du présent décret, et les derniers, dans les trois premiers mois de l'année qui suivront celle où leur exploitation aura commencé, de remettre aux archives de leur département respectif, un état double, détaillé et certifié véritable, contenant la désignation des lieux où sont situées les mines qu'ils font exploiter, la nature de la mine, le nombre d'ouvriers qu'ils emploient à l'exploitation, les quantités de matières extraites, et si ce sont des charbons de terre, ce qu'ils en font tirer par mois, ensemble les lieux où s'en fait la principale consommation, et le prix desdits charbons ; et de continuer à faire ladite remise avant le 1.er décembre de chaque année, et de joindre audit état un plan des ouvrages existans et des travaux faits dans l'année.

27. Toutes contestations relatives aux mines, demandes en règlement d'indemnité, et toutes autres sur l'exécution du présent décret, seront portées par-devant les juges de paix ou les tribunaux de district, suivant l'ordre de compétence, et d'après les formalités prescrites par les décrets sur l'ordre judiciaire ; sans que cependant il puisse être donné aucune suite aux procédures criminelles commencées depuis le 14 juillet 1789, contre les auteurs des dégâts commis dans des concessions de mines, lesquelles procédures seront civilisées, et les informations converties en enquêtes, à l'effet par les entrepreneurs de poursuivre, par la voie civile, la réparation des

dommages faits à leur concession , et la réintégration en icelle , s'il y a lieu , aux termes des articles 4 et 6 du présent décret.

TITRE II.

Des Mines de Fer.

Art. 1.er Le droit accordé aux propriétaires par l'art. 1.er du titre 1.er du présent décret, d'exploiter à à tranchée ouverte, ou avec fosse et lumière jusqu'à cent pieds de profondeur, les mines qui se trouveront dans l'étendue de leurs propriétés , devant être subordonné à l'utilité générale , ne pourra s'exercer pour les mines de fer que sous les modifications suivantes :

2. Il ne pourra à l'avenir être établi aucune usine pour la fonte des minerais , qu'ensuite d'une permission qui sera accordée par le corps législatif, sur l'avis du département dans l'étendue duquel cet établissement sera projeté.

3. Toutes les formalités prescrites par les articles 12 et 13 du titre 1.er pour la concession des mines à exploiter , seront exécutées pour la permission d'établir de nouvelles usines.

4. Tout demandeur en permission d'établir un ou plusieurs fourneaux ou usines , sera tenu de désigner le lieu où il prétend former son établissement , les moyens qu'il a de se procurer les minerais et l'espèce de combustible dont il prétend se servir pour alimenter ses fourneaux.

5. S'il y a concurrence entre les demandeurs , la pré-

férence sera accordée aux propriétaires ayant dans leurs possessions des minerais et .des combustibles ; au défaut de ces propriétaires , et à moyens égaux d'ailleurs , la permission d'établir l'usine sera accordée au premier demandeur en date.

6. La permission d'établir une usine pour la fonte des minerais , emportera avec elle le droit d'en faire des recherches , soit avec des sondes à ce destinées , soit par tout autre moyen praticable , sauf dans les lieux exceptés par l'art. 22 du titre $1.^{er}$, ainsi que dans les champs et héritages ensemencés ou couverts de fruits.

7. Les maîtres de forges ou usines avertiront , un mois d'avance , les propriétaires des terrains qu'ils voudront sonder , et leur paieront de gré à gré , ou à dire d'experts , les dommages que cette opération pourrait causer.

8. D'après la connaissance acquise du minerai , les maîtres d'usine en donneront légalement avis aux propriétaires.

9. Lorsque le maître de forge aura besoin pour le service de ses usines des minerais qu'il aura reconnus précédemment , il en préviendra les propriétaires , qui , dans le délai d'un mois à compter du jour de la notification , pour les terres incultes ou en jachère , et dans le même délai , à compter du jour de la récolte , pour celles qui seront ensemencées ou disposées à l'être dans l'année , seront tenus de faire eux-mêmes l'extraction desdits minerais.

10. Si après l'expiration de ce délai , les propriétaires ne font pas l'extraction dudit minerai , ou s'ils l'interrompent ou ne la suivent pas avec l'activité qu'elle exige , les maîtres d'usine se feront autoriser à y faire

procéder eux-mêmes, et à cet effet ils se pourvoiront par-devant les tribunaux, ainsi qu'il est prescrit par l'article 26 du tit. 1.er

11. Lorsque les propriétaires feront l'extraction du minerai pour le vendre aux maîtres d'usine, le prix en sera réglé entr'eux de gré à gré, ou par experts choisis ou nommés d'office, lesquels auront égard aux localités et aux frais d'extraction ainsi qu'aux dégâts qu'elle a occasionés.

12. Lorsque, sur le refus des propriétaires, les maîtres d'usine auront fait extraire le minerai, le prix en sera déterminé ainsi qu'il est annoncé en l'article précédent.

13. Indépendamment du prix du minerai lavé, qui sera payé aux propriétaires par le maître de forge, celui-ci sera tenu d'indemniser lesdits propriétaires, soit à raison de la non-jouissance des terrains, soit pour les dégâts qui seront faits à la superficie, de gré à gré, ou à dire d'experts.

14. Le maître d'usine cessant de jouir de la faculté qui lui aura été accordée d'extraire du minerai, sera tenu de remettre les terrains en état de culture, avec la charrue destinée au labourage; et dans le cas où l'extraction se serait faite dans des vignes ou prés, il sera également tenu de les remettre en état de culture et de production, et l'indemnité sera réglée en conséquence par les experts, si les parties ne l'ont déterminée entre elles.

15. Ne pourront les maîtres de forges faire aucune exploitation ou fouilles dans les bois et forêts, sans avoir, indépendamment des formalités prescrites par les articles, 7, 8 et 9 du présent titre, indemnisé préala-

blement les propriétaires , de gré à gré , ou à dire d'experts choisis ou nommés d'office , lesquels experts seront obligés , dans leur estimation , d'avoir égard à la valeur superficielle desdits bois et forêts, et au retard qu'éprouvera le recru ; et lesdits maîtres de forges seront tenus de laisser au moins vingt arbres ou baliveaux de la meilleure venue , par arpent , et de ne leur causer aucun dommage ni dégradation , sous les peines portées par les ordonnances. Ne pourront au surplus lesdits maîtres de forges faire des fouilles dans l'étendue de plus d'un arpent par chaque année ; et l'exploitation finie , ils nivelleront le terrain , le plus que faire se pourra , et repiqueront de glands ou semis les places endommagées par l'extraction de la mine.

16. S'il était reconnu par experts qu'il fût impossible de remettre en culture certaines places de terrain où les fouilles et extractions de minerais auraient été faites , l'entrepreneur dédommagera le propriétaire , à proportion de la moins-value de son terrain occasionée par l'extraction , soit de gré à gré , soit à dire d'experts.

17. La mine extraite de la terre pourra être lavée et transportée en toute saison , à charge par les maîtres de forges , de dédommager ceux sur la propriété desquels ils établiront des patouillets ou lavoirs , des chemins pour le transport ou charroi, ainsi qu'il est prescrit par l'art. 20 du titre 1.er, sans cependant que le transport puisse s'en faire à travers les héritages ensemencés.

18. Les maîtres des forges se concerteront avec les propriétaires , le plus que faire se pourra , pour établir leurs patouillets et lavoirs de manière à ne causer aucun préjudice aux propriétés voisines ou inférieures ; et s'il résultait quelques dommages de ces établissemens ,

les maîtres d'usines seront tenus d'indemniser les propriétaires, soit de gré à gré, soit à dire d'experts, mais lesdits lavoirs ne pourront être établis dans des champs et héritages couverts de fruits.

19. Les maîtres de forges actuellement existans, seront tenus de se conformer, à compter du jour de la publication du présent décret, à toutes ses dispositions en ce qui les concerne.

20. Dans le cas où les propriétaires voudraient continuer les fouilles ou extractions des mines de fer, qui s'exploitent avec fosse et lumière jusqu'à cent pieds de profondeur, déjà commencées par les maîtres de forges, ils seront tenus de rembourser à ces derniers les dépenses qu'ils justifieront légalement avoir faites pour parvenir auxdites extractions.

21. Sera le présent décret adressé incessamment aux départemens, pour être exécuté comme loi du royaume.

⸺⸺◦⸺⸺

Arrêté du Directoire exécutif, concernant les justifications à faire par les cessionnaires, héritiers, donataires et légataires de citoyens pourvus de permissions d'exploiter des mines et salines, et d'établir des usines.

Paris, le 3 nivôse an VI (23 décembre 1797).

Le Directoire exécutif, vu le rapport du ministre de l'intérieur et la loi du 28 juillet 1791 sur les mines;

Considérant que les concessions et permissions d'exploiter les mines et salines et d'établir des usines, ont pour objet d'empêcher les richesses minérales de la république de devenir la proie de l'ignorance et de la cupidité, et qu'en conséquence la loi a assujetti, entre autres choses, les demandeurs en concession et permission, à justifier de leurs facultés et des moyens qu'ils emploient pour assurer l'exploitation ;

Considérant que cette justification doit être également faite par les cessionnaires, héritiers, donataires et légataires et autres ayant-cause des citoyens pourvus de concessions et permissions d'exploiter les mines et salines, et d'établir des usines, ainsi qu'il était ordonné par les art. 4 et 5 de la déclaration du 24 décembre 1762, qui n'a point été révoquée.

Arrête ce qui suit :

Art. 1.er Aucuns transports, cessions, ventes ou autres actes translatifs de l'exercice des droits accordés par les concessions et permissions d'exploiter les mines métalliques, des combustibles et salines, et d'établir des usines, ne pourront être exécutées, et les cessionnaires et autres jouir de l'effet desdits transports et actes équivalens, qu'après l'autorisation spéciale de l'administration centrale du département où sera situé le chef-lieu de l'exploitation, laquelle sera sujette à l'approbation du directoire exécutif, conformément à l'art. 8 du titre 1.er de la loi du 28 juillet 1791.

2. Tous les cessionnaires et porteurs d'actes énoncés en l'article précédent, ainsi que les héritiers, donataires, légataires et ayant-cause des citoyens pourvus desdites concessions et permissions, ou de leurs cessionnaires, seront tenus, dans les six mois de la publication du présent arrêté, de se pourvoir à l'effet d'obtenir ladite autorisation. Ledit délai de six mois ne courra, pour les héritiers, donataires ou légataires, dont les droits s'ouvriront à l'avenir, qu'à compter du jour où ils auront

fait acte d'héritiers , ou de la date des donations et actes de délivrance de legs.

3. Faute par les cessionnaires , héritiers , légataires , donataires et autres ayant-cause, de s'être pourvus dans le délai fixé par l'article précédent , ils seront considérés comme exploitant sans concession et permission , et les défenses portées par la loi leur seront faites par les administrations centrales des départemens , à la diligence des commissaires du directoire exécutif.

4. Les autorisations énoncées aux deux premiers articles , ne seront accordées qu'après la justification des facultés et des moyens des concessionnaires , héritiers , légataires et donataires desdites concessions et permissions, pour assurer l'exploitation , conformément à l'art. 9 du titre 1.ᵉʳ de ladite loi. Les cessionnaires par transports ou actes équivalens, les donataires et légataires , seront en outre tenus de représenter l'original ou l'expédition authentique desdits transports , donations , testamens , actes de délivrance et autres.

5. Les cessionnaires et autres successeurs aux dites concessions et permissions , qui auront été dûment autorisés à continuer l'exploitation , seront obligés à l'exécution de toutes les lois, arrêtés et règlemens concernant les mines , salines et usines , et sujets aux peines et déchéances y portées, le cas y échéant.

6. Le ministre de l'intérieur est chargé , etc.

LOI

QUI PRESCRIT DES FORMALITÉS POUR LES DEMANDES EN
CONCESSION DE MINES.

Paris, le 13 pluviôse an IX (2 février 1801).

ART. 1.er A l'avenir, lorsqu'une demande en concession de mines sera présentée au préfet de département, il pourra l'accorder deux mois après la réquisition faite au propriétaire de la surface, de s'expliquer s'il entend ou non procéder à l'exploitation aux mêmes clauses et conditions imposées aux concessionnaires. Cette réquisition sera faite à la diligence du préfet du département.

2. A cet effet, toutes demandes en concession seront publiées et affichées dans le chef-lieu du département, dans celui de l'arrondissement, dans le lieu du domicile du demandeur, et dans toutes les communes que la demande pourra intéresser.

3. Les publications auront lieu devant la porte de la maison commune, un jour de *décadi*; elles seront, ainsi que l'affiche, répétées trois fois aux lieux indiqués, de décade en décade, dans le cours du mois qui suivra immédiatement la demande.

4. Le préfet ne prononcera sur la demande en concession qu'un mois après les *premières* affiches et publications.

5. Il est dérogé, quant aux dispositions ci-dessus, aux art. 10 et 11 du titre 1.er de la loi du 28 juillet 1791.

INSTRUCTION

DU MINISTRE DE L'INTÉRIEUR,

RELATIVE A L'EXÉCUTION DE LA LOI DU 28 JUILLET 1791.

Du 7 Juillet 1801 (18 messidor an IX).

§ I.er

GÉNÉRALITÉS.

La loi du 28 juillet 1791 a distingué les substances minérales qui ne doivent être exploitées qu'en vertu de concession et d'autorisation formelle du gouvernement, de celle de ces substances pour lesquelles cette autorisation n'est pas nécessaire.

DISTINCTION des substances minérales dont l'extraction est sujette à l'autorisation du gouvernement, et de celles dont l'extraction peut se faire par les propriétaires, sans autorisation.

Les substances minérales qui, par leur nature, sont d'une importance majeure pour la société, et dont la disposition la plus ordinaire, et l'état de mélange ou de combinaison auquel elles se présentent, nécessitent, pour leur extraction et pour leur traitement économique, l'application des méthodes minéralurgiques, ou de grands moyens mécaniques qui ne sont pas à la portée de tous les citoyens, ou bien encore une consommation considérable de combustibles, sont comprises dans l'art. 1.er de la loi du 28 juillet 1791. Les mines de fer seulement sont exceptées ; les dispositions qui y sont relatives, sont traitées séparément dans le titre II de cette loi.

2

Ainsi , tous les métaux , tous les combustibles fossiles (excepté les tourbes) , les bitumes , les mines de sel , les sources salées , les terres ou pyrites susceptibles d'être traitées pour en séparer les substances salines ou le soufre , et autres du même genre , ne doivent point être exploitées sans une autorisation formelle du gouvernement. [1]

Les propriétaires même des terrains sont soumis à cette règle générale , et la jouissance qui leur est attribuée des substances minérales qui peuvent se trouver dans leur terain jusqu'à cent pieds de profondeur , n'empêche pas qu'ils n'y soient soumis , puisque toutes les substances minérales ci-devant énoncées , sont à la disposition de la nation , et ne peuvent être exploitées que de son consentement , sous sa surveillance , et en vertu d'une autorisation expresse qui n'est accordée qu'après l'exécution des formalités prescrites par la loi.

Les sables, craies , argiles , marnes , terres ou cendres vitrioliques employés comme engrais , les tourbes , les pierres à chaux et à plâtre , pierres à bâtir , marbres , ardoises , peuvent être exploités par les propriétaires des terrains , sans autorisation spéciale du gouvernement , en se soumettant aux lois et règlemens relatifs aux carrières ; et si d'autres que les propriétaires des terrains veulent les exploiter , ce ne peut être que de leur consentement , à moins d'une nécessité publique reconnue indispensable ; et , dans ce même cas , on leur doit l'indemnité , non-seulement du dégât fait à la surface , mais aussi de la valeur des matières extraites , soit de gré à gré , soit à dire d'experts.

[1] Loi de 1791 , art. 1.er

Le conseil des mines a le droit d'exercer la surveillance sur l'extraction de ces divers objets ; il en réfère au ministre de l'intérieur.

§ II.

DU MODE SUIVANT LEQUEL LE GOUVERNEMENT CONFÈRE LE DROIT D'EXPLOITER LES SUBSTANCES MINÉRALES.

Le droit d'exploiter est accordé par le gouvernement, sous le titre de concession ou de permission.

Les concessions ont lieu pour les établissemens qui nécessitent la détermination d'une certaine enceinte de terrain, dans laquelle le concessionnaire a la faculté exclusive d'exploiter le minéral, comme les mines de houille et autres espèces de minéraux ; elles emportent souvent l'établissement d'usines pour le traitement des minerais, comme pour les mines de plomb, de cuivre, d'argent, etc.

Les mines de fer sont soumises à des dispositions particulières (Voyez § 8).

Les permissions s'appliquent à la création d'usines où les substances minérales sont préparées, et qui ne nécessitent pas la détermination d'une enceinte pour leur extraction, telles que les forges, des fonderies communes, etc.

§ III.

FORMALITÉS A REMPLIR POUR QUE LES CONCESSIONS OU PERMISSIONS PUISSENT ÊTRE ACCORDÉES.

Les mêmes formalités sont exigées pour l'obtention, soit des concessions, soit des permissions, et elles ont lieu également pour le renouvellement des unes et des autres, ou pour leur prolongation.

Les demandes doivent être adressées au préfet du département. Elles doivent exposer la désignation précise du lieu de la mine ou de l'établissement de l'usine, de sa consistance, la nature du minerai à extraire, l'état auquel les produits seront livrés au commerce, les lieux d'où l'on tirera les bois d'étançonnage et les combustibles qu'on se propose d'employer, l'indication des prises et cours d'eau qui seraient nécessaires. Si c'est pour une concession, l'époque de la durée demandée doit être exprimée; on doit joindre un plan authentique de son étendue, qui offre ses limites déterminées, le plus possible, par des lignes droites d'un point à un autre, en observant de s'arrêter de préférence à des objets immuables. Ce plan doit être fait double, pour qu'un exemplaire reste à la préfecture, et que l'autre soit déposé aux archives du conseil des mines.

Le préfet ordonne l'affiche et la publication de la demande aux chefs-lieux du département et de l'arrondissement, à celui du demandeur, et dans toutes les communes que cette demande pourrait intéresser. Ces affiches et publications tiennent lieu d'interpellation aux propriétaires des terrains, pour déclarer s'ils veulent exploiter, ainsi qu'à toutes personnes qui auraient intérêt et droit de s'opposer à la concession ou permission. Par là, elles sont mises en état de former opposition, dans le délai prescrit par la loi, à ce qu'elles soient accordées. Ces oppositions doivent être faites par pétition, remise et enregistrée au secrétariat de la préfecture. On peut en adresser des *duplicata* au ministre de l'intérieur, au conseil des mines et aux sous-préfets. [1]

---

[1] Loi du 13 pluviôse an IX, art. 1, 2, 3.

Les affiches et publications sont faites à la diligence du préfet, et les pétitionnaires ne peuvent se charger de l'exécution de ces formalités.

Elles doivent avoir lieu devant la porte de la maison commune, un jour de dimanche et y être répétées trois fois, de semaine en semaine, dans le cours du mois qui suit immédiatement la demande. Leur exécution doit être constatée par des certificats détaillés et circonstanciés des maires et adjoints des communes.

Ce n'est qu'un mois après les dernières affiches et publications, que le préfet doit prononcer sur la demande. [1]

Il est nécessaire qu'avant de prononcer, ce magistrat soit éclairé de l'avis des sous-préfets des arrondissemens où les affiches et publications ont eu lieu, et des autres arrondissemens même que la demande pourrait intéresser, ou des maires et adjoints, à défaut de sous-préfet. [2]

Il doit aussi prendre l'avis de l'ingénieur ou inspecteur des mines, s'il en existe dans le département ; celui du conservateur forestier, si l'établissement proposé peut donner lieu à l'emploi ou consommation de bois. [3]

Le préfet se fait représenter les pétitions et les plans relatifs à la demande, les certificats, en forme de publications et affiches à chacun des lieux indiqués, les oppositions, s'il y en a eu sur la demande. Il vise le tout, fait connaître les ressources que les localités présentent pour assurer l'activité et la prospérité de l'établissement demandé ; il discute les avantages ou les inconvéniens ; donne son opinion sur la validité ou non des oppositions, sur les moyens personnels des deman-

---

1 Loi du 13 pluviôse an IX, art. 4.
2 Loi de 1791, tit. I.er, art. 8.
3 *Idem*, Art. 9.

deurs, et le degré de confiance qu'ils peuvent mériter aux yeux du gouvernement , pour livrer à leur intelligence et à leur sagesse cette portion de la fortune publique.

L'arrêté pris en conséquence de ces diverses considérations, exprimera les nom , prénom , qualité et demeure du pétitionnaire ; et , lorsqu'il porte concession ou permission , il désignera le lieu de la mine ou de l'usine , leur espèce , leur consistance , le temps de la durée de la concession ou de la permission ; l'étendue de la concession , en indiquant ses limites d'une manière précise et claire ; il énoncera le renvoi au ministre de l'intérieur , pour être soumis à l'approbation nécessaire du gouvernement avant qu'il puisse être exécuté.

Cet arrêté doit être adressé au ministre de l'intérieur avec les pétitions , plans , certificats d'affiches et publicasions , avis , oppositions et pièces à l'appui , afin que le ministre puisse en proposer au gouvernement , s'il y a lieu , l'approbation.

§ IV.

CONDITIONS NÉCESSAIRES POUR QU'IL Y AIT LIEU A ACCORDER LES CONCESSIONS OU PERMISSIONS , POUR L'EXPLOITATION DES SUBSTANCES MÉTALLIQUES ET DES SUBSTANCES MINÉRALES.

Les conditions nécessaires pour qu'il y ait lieu à accorder les concessions ou permissions , sont les suivantes :

1.º L'existence reconnue du minéral à extraire ou à traiter ; la connaissance de la disposition des couches , amas ou filons ; l'exposition d'un plan d'exploitation le plus utile , et la soumission à l'exécution de ce plan.

2.º La certitude des moyens d'exploitation offerts par

les localités, sans nuire à des établissemens antérieurement en activité.

3.º La faculté d'asseoir son exploitation sur une étendue de terrain suffisante, pour qu'elle se fasse par les
moyens les plus économiques.

4.º La connaissance des débouchés qui doivent assurer
la prospérité de l'entreprise.

5.º Une intelligence active de la part des demandeurs,
et la justification des facultés nécessaires pour entreprendre une bonne exploitation ; une moralité et un
crédit sur lesquels la confiance du gouvernement puisse
reposer, et qui ne laisse pas craindre que les concessions ou permissions obtenues, deviennent un moyen
d'agiotage, et soient plutôt des titres employés pour
tendre des piéges à la bonne foi, que pour former des
établissemens utiles.

§ V.

EN CAS DE CONCURRENCE ENTRE LES DEMANDEURS, A QUI DOIT ÊTRE
ACCORDÉE DE PRÉFÉRENCE LA CONCESSION OU PERMISSION.

La préférence doit être accordée,

1.º Au propriétaire du terrain, à moyens égaux d'exploitation. C'est-à-dire, si sa propriété seule ou réunie
à celles de ses associés, est suffisante pour asseoir une
exploitation utile ; s'il se soumet à exploiter aux mêmes
clauses et conditions imposées aux autres demandeurs en
concession, et si le propriétaire a, d'ailleurs, en sa faveur, les conditions prescrites par l'art. 9. [1]

---

[1] Il est bon d'observer que cette préférence en faveur des propriétaires n'a pas lieu à l'égard des habitans des communes col-
lectivement. La loi du 10 juin 1793, sect. I.re, art. 9, a mis en
réserve les productions minérales d'une utilité générale, soit pour la
commune, soit pour l'état.　　　　(*Note de l'Auteur*).

2.º Après le propriétaire du terrain, et toujours à moyens égaux d'exploitation, la préférence est due à celui qui aurait découvert la mine.

Mais il faut observer qu'on ne doit considérer, comme découvertes, en fait de mines, que celles qui font connaître, non-seulement l'existence de la substance minérale, mais aussi la disposition des amas, couches ou filons, de manière à démontrer l'utilité de leur exploitation.

3.º Lorsqu'il s'agit du renouvellement de concessions dont le terme est expiré, ou doit expirer dans peu de temps, les anciens concessionnaires, qui ont bien fait valoir l'intérêt public qui leur a été confié, doivent avoir la préférence sur tous autres. Cependant, aux termes des art. 10 et 19, titre 1.ᵉʳ de la loi de 1791, les propriétaires de terrains qui se présenteraient à moyens égaux d'exploitation, et qui rempliraient les conditions prescrites par les art. 9 et 10, peuvent avoir la préférence.

4.º Enfin, à moyens égaux d'exploitation, le premier demandeur en date doit avoir la préférence.

§ VI.

DE L'ÉTENDUE DES CONCESSIONS.

Le maximum accordé par la loi, est de cent vingt kilomètres carrés.

On sent qu'il est très-rarement nécessaire d'accorder une aussi grande surface, que le plus souvent même, il est préférable de n'accorder que des concessions d'une étendue beaucoup moindre, et qu'enfin, dans les départemens où les exploitations sont nombreuses, ce serait une monstruosité révoltante et destructive de l'industrie, qu'une concesion de cette étendue.

Il ne peut pas être établi de règle générale à cet égard ; c'est la disposition des substances minérales, ce sont les convenances locales qui doivent seules déterminer ; il faut que l'établissement qui se forme, ait tous les moyens possibles de prospérer, sans occuper inutilement une trop grande surface.

Les inspecteurs et ingénieurs des mines, qui se trouveront à portée de faire, aux préfets, des rapports sur les demandes en concessions, les mettront à même de résoudre ces questions avec succès, et même avec satisfaction et avantage pour les demandeurs, parce qu'ils indiqueront les limites les plus favorables à l'entreprise, en raison de la disposition des substances minérales à exploiter.

En général, il est à désirer que les plans, joints aux demandes en concession, présentent, autant qu'il est possible, les directions, puissances et diverses dispositions connues des substances minérales à exploiter. Par ce moyen, le gouvernement serait mieux éclairé sur ce qui doit être déterminé relativement aux limites des concessions, sur le mode d'exploitation qu'il convient d'indiquer aux concessionnaires ; et on ne verrait plus, comme on l'a vu trop souvent, des sociétés formées pour exploiter des mines qui n'existaient pas, ou dont l'existence n'était pas suffisamment reconnue.

Toute la surface d'une concession doit être contiguë.

On ne peut pas accorder une concession sur des terrains séparés, dont les surfaces ajoutées n'excéderaient même pas le maximun accordé par la loi. On sent que, s'il en était autrement, avec une seule concession on pourrait l'étendre sur toute une contrée ; ce qui, en s'opposant à l'établissement de toute autre exploitation, donnerait lieu tout au plus à de mauvaises extractions superficielles, qu'il est de l'intérêt de la société de ne pas permettre, parce qu'elles sont, en général, beaucoup plus nuisibles et dangereuses qu'utiles.

Mais plusieurs concessions peuvent être limitrophes, et une même société, un même concessionnaire peut avoir plusieurs concessions, pourvu que toutes soient en activité d'exploitation.

Les anciennes concessions, dont l'étendue excède le maximum accordé par la loi, doivent être réduites, en retranchant, sur la désignation des concessionnaires, les parties les moins essentielles à leurs exploitations.

Ces réductions, lorsqu'elles ont été arrêtées par le préfet, doivent être adressées au ministre de l'intérieur, lequel les propose à l'approbation du gouvernement, s'il y a lieu. [1]

§ VII.

DE LA DURÉE DES CONCESSIONS ET DES PERMISSIONS.

Il ne peut être accordé de concession relativement à l'exploitation des substances minérales, pour une durée plus longue que celle de cinquante années. Mais cette durée peut aussi quelquefois être plus courte. [2] Ce sont

---

[1] Les permissions pour établir des usines n'emportent point la détermination d'une enceinte exclusive, parce que celles qui ont pour objet d'autres métaux que le fer, se trouvent autorisées par la concession, et que pour le fer, la permission d'établir une usine emporte le droit de prendre des minerais à sa portée.

(Note de l'Auteur).

[2] La loi du 21 avril 1810 dispose que les concessions sont à perpétuité et forment une propriété nouvelle, susceptible d'hypothèque.

(Note de l'Editeur).

les circonstances locales , la nature des minerais, la profondeur à laquelle on doit les extraire et les dépenses auxquelles les entrepreneurs auront à se livrer pour les travaux d'exploitation , qui doivent déterminer la durée des concessions demandées.

Les concessions ou permissions accordées antérieurement à la publication de la loi du 28 juillet 1791 , qui ont pour objet principalement l'extraction des minerais, ne peuvent être validées au-delà de cinquante années , à partir de la publication de cette loi.

Fonderies et usines à traiter le fer , Salines , Verreries.

Les permissions pour l'établissement des usines à traiter le fer , ou pour la préparation des substances salines , ainsi que pour les verreries, s'accordent ordinairement pour un temps illimité.

Il est des circonstances , cependant, qui peuvent motiver la détermination d'un terme à leur durée , telles que l'état ou la durée probable des forêts , ou des masses de combustibles fossiles qui doivent les alimenter ; l'utilité de laisser à des époques connues , ou en temps de guerre , leurs minerais à d'autres établissemens , dont une plus grande activité devient alors généralement plus avantageuse ou indispensable.

Il pourrait être accordé aussi des permissions pour l'établissement des fonderies où on traiterait des minerais de plomb, d'argent , de cuivre , etc. , qui auraient été extraits de mines voisines concédées à divers particuliers, qui n'auraient point ou ne pourraient point avoir de fourneaux de fusion. Ces fonderies offriraient , dans ce cas, un moyen de tirer parti des minerais qui seraient restés négligés , sans cette ressource, tels que les minerais d'alluvion, ou ceux en amas épars à la surface ou à peu de profondeur.

Les lois sur les mines, n'ont rien dit à cet égard ; mais cette mesure utile ne contrarierait point ce qu'elles prescrivent, pourvu que le gouvernement, avant de prononcer sur l'établissement de ces fonderies, fût éclairé sur leur utilité, et sur les moyens d'assurer leur activité, sans nuire à d'autres établissemens, ni à la consommation des habitans.

§ VIII.

DES PERMISSIONS POUR ÉTABLISSEMENT D'USINES A TRAITER LE FER.

Ces demandes sont soumises aux mêmes formalités que celles en concession des mines.

Il est évident que c'est par erreur que l'art. 3 du titre II de la loi de 1791, renvoie aux articles 12 et 13 du titre I.er de cette même loi ; ce sont les art. 11 et 12 qu'il faut exécuter ; l'art. 13 ne peut être applicable aux usines à traiter le fer , comme on le verra ci-après.

Un des objets les plus importans de l'activité de ces usines, étant la grande consommation de combustibles qu'elles occasionent, il est toujours nécessaire de prendre, sur les demandes de cette espèce, l'avis de l'administration forestière du lieu, afin de s'assurer si de nouvelles usines qu'on voudrait élever, ne nuiraient point à d'autres établissemens antérieurs , ou à la consommation ordinaire des habitans. Cet avis doit être joint à celui que le préfet adresse au ministre de l'intérieur ; avis dans lequel il vise et il discute les oppositions, s'il y en a eu pendant les deux mois d'affiches et publications,

et présente les avantages ou les inconvéniens de la demande faite.

La permission obtenue d'établir une usine pour le
traitement des minerais de fer, donne le droit d'en faire
la recherche et l'extraction à sa portée. Cependant, les
concessions légales de cette espèce, qui ont eu lieu antérieurement à la publication de la loi de 1791, doivent
continuer d'avoir leur effet, soit pour le terme exprimé
en l'acte de concession, soit pour cinquante années seulement, à partir de la publication de la loi de 1791, si
elles exédaient ce terme. [1]

Les maîtres de forges ou usines doivent, le plus possible, s'entendre avec les propriétaires des terrains, et
s'arranger de gré à gré avec eux, pour l'extraction du
minerai, surtout dans les pays où cette substance se
trouve confondue avec la terre végétale, ou tellement
éparse à la surface, qu'il faille évidemment nuire à la
culture ordinaire des champs, pour l'obtenir.

Dans le cas, cependant, où les propriétaires se refu-
seraient de consentir à des conditions justes, comme
l'activité des usines est un objet d'intérêt général, les
maîtres de forges doivent être autorisés à faire l'extraction, en indemnisant pleinement le propriétaire, à dire
d'experts.

Il en est de même pour les patouillets ou lavoirs, et

1 Quoique les dispositions du tit. II de la loi de 1791, semblent
s'opposer à ce qu'il soit accordé des concessions en général pour
les mines de fer, on ne peut se refuser à placer ici une observation
indiquée par la nature des choses ; c'est qu'il est des mines de fer,
celles en grandes masses dans la profondeur, et celles en filons,
dont il serait de l'intérêt général que l'exploitation fût concédée,
afin qu'elle fût plus régulière.

(*Note de l'Auteur*).

pour les chemins nécessaires aux débouchés des mines ;
ils doivent être établis de manière à ne causer aucun
préjudice aux propriétés voisines, ni aux habitans des
communes ; et lorsque le dommage a eu lieu, les maîtres
de forges sont tenus d'indemniser les propriétaires des
terrains, comme aussi de disposer le lavage des minerais,
de manière que les habitans des communes, n'aient pas
lieu de se plaindre, relativement à la qualité de l'eau
dont eux ou leurs bestiaux font usage, non plus que des
dépôts limoneux qui nuiraient à leurs terres ou prairies.

§ IX.

Les feux de forges, comme martinets, renardières, fours à reverbère,
toutes usines qui consomment des combustibles en grand, sont
sujets à autorisation du Gouvernement.

Des particuliers, qui ont établi des martinets, ou
d'autres feux de forges, sans autorisation du gouvernement, se prévalent quelquefois de ce que le titre II de
la loi de 1791, ne paraît exiger d'autorisation que pour
les fonderies ou usines dans lesquelles on traite les minerais de fer.

Il importe de se prémunir contre ces moyens d'éluder
les lois.

D'abord, il n'est pas constant que la loi de 1791 ne
porte que sur l'établissement des fonderies. Les expressions de l'art. 4 du titre II, sont applicables à toutes
autres espèces d'usines que des fonderies ; mais, d'ailleurs, les anciennes lois forestières, non abrogées, sont
positives à cet égard.

§ X.

DES USINES OÙ SE TRAITENT LES SUBSTANCES SALINES.

Nous entendons parler ici, non-seulement des usines dans lesquelles on obtient le sel commun (muriate de soude), mais de celles aussi où on traite les autres espèces de sel et les acides obtenus directement des matières minérales extraites du sein de la terre, et qui nécessitent une grande consommation de combustibles.

Les demandes relatives à tous ces établissemens sont sujettes aux mêmes formalités que les demandes en concession de mines. [1]

Elles sont susceptibles de la détermination d'une enceinte exclusive pour l'épuisement des eaux salées, ou pour l'extraction des substances à traiter.

L'avis de l'administration forestière est nécessaire, et comme l'économie des combustibles, dans ces opérations, est une considération majeure d'économie politique, il ne faut admettre leur emploi, qu'au degré de saturation des eaux qui ne peuvent plus être concentrées par d'autres moyens, et astreindre les demandeurs à employer des combustibles minéraux, lorsque les circonstances locales en offrent la possibilité.

Ces établissemens peuvent être ou n'être pas limités pour le temps de leur activité, suivant les ressources que présentent les localités.

[1] Loi du 13 pluviôse an IX.

§ XI.

LA suppression de fonderies ou usines , ou leur transformation en d'autres ateliers, doit être autorisée par le gouvernement.

La suppression d'une fonderie ou de toute autre usine à feu , leur déplacement ou leur changement en d'autres usines, l'accroissement ou la diminution du nombre de leurs feux , intéressent l'ordre public sous plusieurs aspects importans , et ne doivent point avoir lieu sans l'approbation du gouvernement.

Il conviendrait donc , lorsqu'il doit y avoir cessation d'activité , que les préfets en fussent prévenus six mois d'avance , lorsqu'il s'agit de changer la consistance de l'usine ou son genre d'activité , de manière à accroître la consommation des combustibles , ou l'état des cours d'eau ; il conviendrait encore de remplir les mêmes formalités que pour les demandes d'établissemens de cette espèce , afin d'obtenir les renseignemens qui peuvent intéresser les particuliers ou la chose publique , pour soumettre le tout au gouvernement , afin qu'il pût accorder ou refuser les changemens projetés , suivant l'exigence des cas.

§ XII.

DES PERMISSIONS PROVISOIRES.

Les concessions des mines ne devant jamais être accordées que lorsque l'existence du minerai à exploiter , et la possibilité d'une entreprise avantageuse sont reconnues ; il a paru utile souvent d'encourager des recherches, et de soutenir l'activité des travaux déjà entamés sur des filons ou amas de substances minérales, en attendant que les formalités voulues par la loi, fussent remplies, ou que les discussions existantes fussent terminées.

Les permissions provisoires atteignent heureusement ce but. Aucune loi n'a indiqué cette mesure, qui est consacrée par l'usage, et appuyée sur une longue expérience qui en a démontré l'utilité.

Les permissions provisoires sont accordées par le ministre de l'intérieur, sur l'avis du conseil des mines, celui du préfet préalablement pris.

, Leur terme est d'une année au plus.

Elles n'autorisent les travaux qu'autant qu'ils ont lieu de gré à gré, avec les propriétaires des terrains.

Elles ne portent, par conséquent, sur aucune enceinte exclusivement déterminée.

Ce n'est qu'un acte préparatoire, mais qui, cependant, conserve une antériorité et un titre provisoire à celui qui fait des recherches, et qui consacre des capitaux à des découvertes utiles et presque toujours fort dispendieuses, ou à celui qui, ayant déjà découvert, est obligé, par des circonstances qui lui sont étrangères, d'attendre une autorisation plus formelle du gouvernement.

Les permissions provisoires ne peuvent être accordées que pour des recherches de mines, et non pour l'établissement des usines.

§ XIII.

DE LA PUBLICITÉ DES CONCESSIONS.

Les préfets de département doivent rendre publiques, par affiches et par proclamations, les concessions ou permissions accordées par le gouvernement.

Ces affiches et publications sont faites dans tous les lieux que ces nouvelles entreprises peuvent intéresser.

§ XIV.

DES DROITS DES CONCESSIONNAIRES OU PERMISSIONNAIRES.

Le titre de concession , accordé par le gouvernement pour l'exploitation des substances minérales , confère la faculté exclusive de faire , dans l'étendue de la concession , tous les travaux de recherche et d'extraction pour l'objet dont l'exploitation est concédée , et non pour d'autres ; car si une autre substance minérale y était connue , ou qu'elle y fût découverte , même par les travaux des concessionnaires , ils ne pourraient l'exploiter qu'en vertu d'une autorisation spéciale , pour l'obtention de laquelle ils auraient à remplir les mêmes formalités que pour les concessions ordinaires.

Les concessions ou permissions donnent aussi le droit d'appliquer aux travaux d'extraction des substances minérales , qui font l'objet des concessions ou permissions , les cours d'eau qui se trouvent à leur portée , ou qui peuvent être amenés sur ces établissemens sans nuire à l'usage des habitans , aux usines préexistantes , à des navigations établies , aux moyens des fortifications des places , ni à l'agriculture.

Les concessionnaires ou permissionnaires peuvent , en conséquence, ouvrir des canaux souterrains ou à découvert , les étendre même hors de l'enceinte de leurs concessions , pourvu qu'ils n'y pratiquent pas d'exploitation ; établir des étangs ou retenues d'eau , construire et élever toutes digues ou écluses nécessaires , en indemnisant qui de droit , des dégâts et non-jouissances que ces établissemens occasioneraient.

Ils ont le droit d'établir les laveries, des patouillets, d'élever des fourneaux, soit pour le grillage des minerais, soit pour la fusion ou l'épuration des métaux, soit pour la concentration des eaux salées.

Les concessionnaires ou permissionnaires jouissent des produits de l'exploitation des mines et usines qui sont confiées à leur activité, et ils disposent à leur gré des substances obtenues.

Lorsqu'il y a lieu à la prorogation des concessions ou permissions, les concessionnaires ou permissionnaires en activité d'exploitation ont la préférence sur tous autres demandeurs (excepté les propriétaires dans le cas de l'art. 10, titre I.er), pourvu qu'ils aient bien fait valoir la chose publique qui leur était confiée ; mais dans le cas où, soit pour abandon volontaire, soit par suite de déchéance, ou renouvellement de concession ou permission, d'autres individus auraient été mis en possession de leur exploitation, les concessionnaires sortans ont droit à être remboursés de la valeur des machines, étais et travaux restant qui seraient reconnus utiles à l'exploitation future.

§ XV.

DEVOIRS DES AUTORITÉS ENVERS LES CONCESSIONNAIRES OU PERMISSIONNAIRES.

C'est une des fonctions importantes des préfets et des autres autorités locales, de veiller et de s'opposer, en ce qui concerne leurs attributions, à ce qu'il ne soit porté aucune atteinte à l'activité des exploitations de mines ou usines autorisées par le gouvernement.

Il n'est que trop commun de voir ces établissemens rester paisibles et tranquilles, tant qu'ils ne présentent que de grandes dépenses et des difficultés à vaincre ; mais bientôt devenir l'objet de l'envie et de la cupidité la plus effrénée, dès qu'ils sont susceptibles de procurer quelques avantages à ceux qui les ont créés à grands frais.

Cependant, rien n'est plus pernicieux aux manufactures en général, et notamment aux exploitations de ce genre, que les discussions contentieuses, et c'est contribuer sûrement à la prospérité du commerce, de l'industrie et à la gloire nationale, que d'écarter ces objets d'inquiétude et de ruine pour les entrepreneurs.

L'art. 3 du titre Ier de la loi de 1791, a été bien souvent le motif d'atteintes portées aux droits des concessionnaires ; il a été même trop fréquemment admis par les autorités locales qui ne considéraient cet article que pris isolément, et sans le combiner avec les expressions de l'art. 1.er, desquelles il résulte clairement que les mines sont à la disposition de la nation, et ne peuvent être exploitées que du consentement et sous la surveillance du gouvernement ; et avec l'art. 10 de ce même titre, qui détermine le cas où le propriétaire doit avoir la préférence sur tous autres demandeurs en concession.

§ XVI.

DES DEVOIRS DES CONCESSIONNAIRES OU PERMISSIONNAIRES.

Ils sont obligés à extraire et traiter les substances minérales dont l'exploitation leur est confiée, suivant le mode le plus avantageux à la société, et ce mode est aussi le plus profitable pour eux, à raison de la longue durée des concessions.

Ils doivent exécuter les règlemens ou instructions qui leur seraient transmis par le gouvernement ; accompagner ou faire accompagner, par leurs directeurs, les inspecteurs ou ingénieurs, chargés par le conseil des mines de la visite de leurs établissemens ; conférer avec eux sur leurs opérations et leurs procédés; les consulter dans les circonstances difficiles, et recevoir d'eux lés avis qui peuvent tendre à l'amélioration de leurs pratiques. C'est par une confiance réciproque, et par le concours des lumières et de l'expérience des ingénieurs des mines et des exploitans, que l'art fera des progrès certains, qui tourneront directement au profit des exploitans.

Les travaux des concessionnaires ou permissionnaires doivent être mis en activité, au plus tard, six mois après la concession ou permission obtenue du gouvernement, et ils doivent être suivis constamment, et sans interruption, avec cette activité éclairée qui prépare et assure le succès.

Les concessionnaires ou permissionnaires sont tenus de payer exactement, aux propriétaires des terrains superficiels, ou autres citoyens auxquels il pourrait en être dû, les indemnités fixées par la loi suivant la nature et le mode de leur exploitation savoir :

1.º Conformément à l'art. 2, du titre I.ᵉʳ pour ceux qui extraisent les substances fossiles qui y sont exprimées, et pour lesquelles il est dû indemnité, tant du dommage fait à la surface, que de la valeur des matières extraites.

2.º Conformément aux articles 20, 21 et 22 du même titre, pour ceux qui exploitent les substances minérales, dont l'extraction est sujette à concession ou permission.

3.º Et enfin, suivant le mode prescrit par les articles 7, 8, 9 et suivans du titre II, pour les propriétaires ou chef d'usines établies pour le traitement du fer.

Les fouilles des exploitans ne peuvent avoir lieu dans les enclos murés, les cours, jardins, prés, vergers et vignes *attenant aux habitations*, dans une distance de trois cent quatre-vingt dix mètres, que du consentement des propriétaires de ces fonds; lesquels ne peuvent jamais y être contraints. [1]

Les concessionnaires ou permissionnaires sont personnellement responsables des faits de leurs directeurs, ouvriers ou employés. [2]

Une des obligations des exploitans, et à laquelle il est le plus nécessaire de les astreindre pour leur propre avantage, la sûreté de leurs travaux, et la conservation des mines, c'est l'envoi au conseil des mines, des plans des ouvrages existans, et des travaux faits dans l'année.

Il est encore d'intérêt public de ne pas leur laisser négliger l'envoi au conseil des mines, des états de produits de leurs exploitations, chaque trimestre, et celui des ouvriers employés.

Enfin, l'acquittement des charges publiques est un devoir sacré pour tous les membres de la société. Si les exploitans et les chefs d'usine veulent être soutenus, garantis, encourages, éclairés même, par les soins du gouvernement, sous le point de vue des perfectionnemens dont leurs travaux sont susceptibles, il est de toute justice qu'ils participent aux dépenses publiques, d'une portion de leur gain. Les impositions générales, dont ils sont chargés par les anciennes lois *non abrogées*, les rétributions non féodales, résultantes des conditions de leurs titres, et auxquelles ils se sont soumis en l'acceptant, celles qui existeraient à l'avenir, en vertu de

[1] Titre I.er, art. 23.
[2] *Idem.* Art. 24.

nouvelles lois, doivent être acquittées avec exactitude.
A cet égard, aussi il doit être apporté la plus grande
attention aux réclamations des établissemens, dont la
position momentanée mériterait des modérations, ou une
entière décharge, soit qu'ils aient éprouvé accidentelle-
ment des pertes, soit qu'ils établissent de grands travaux
ou des machines dispendieuses, soit enfin que la nature
de la mine ne réponde pas aux dépenses faites pour son
exploitation.

§ XVII.

DE L'ABANDON DES EXPLOITATIONS.

Lorsque les concessionnaires ou permissionnaires re-
noncent à l'usage du titre que leur a conféré le gouvernement, ils sont tenus d'en donner avis au préfet du
département, trois mois avant l'abandon.

Cet avis doit être aussitôt transmis au conseil des
mines, afin qu'il charge un ingénieur de constater, par
des procès-verbaux et des plans, l'état de l'exploitation
et des usines dont on annonce l'abandon prochain, et
qu'il propose au gouvernement les mesures les plus convenables à l'intérêt public.

Dans tout état de choses, un double des procès-verbaux et des plans doit être déposé aux archives du
département, et un autre à celles du conseil des mines,
pour y recourir au besoin.

Si l'exploitation est continuée par de nouveaux concessionnaires ou permissionnaires, ils paient aux anciens
seulement la valeur des bâtimens, machines et travaux
utiles à la continuation de l'exploitation.

§ XVIII.

DES DÉCHÉANCES.

Il y a lieu à prononcer la déchéance des concessions ou permissions :

1.º Si les travaux ne sont pas mis en activité, au plus tard six mois après la concession ou permission accordée par le gouvernement.

2.º S'il y a eu cessation de travaux pendant un an.

Il y a exception à l'application de cette mesure, lorsqu'il y a cause légitime de retard ou de cessation de travaux, reconnue par le préfet, sur l'avis du sous-préfet de l'arrondissement.

Il faut observer qu'on ne doit pas considérer comme un état d'activité le travail de quelques ouvriers, seulement entretenus sur des travaux préparatoires. Les autorités locales sont chargées de veiller à ce qu'il y ait une activité effective, et tendante avec la célérité convenable au but de la concession ou de la permission accordée.

On a vu des concessions tombées entre les mains d'hommes plus livrés aux spéculations mercantiles sur la vente des actions, qu'à des projets d'exploitation, rester long-temps sans activité réelle, et être, par conséquent, non-seulement inutiles à la société, mais dangereuses, par l'agiotage dont elles sont le prétexte.

Dans tous les cas, soit qu'il y ait lieu à la déchéance, soit qu'il y ait excuse légitime, suivant l'avis des autorités locales, le préfet du département, après avoir prononcé, doit transmettre ces affaires au ministre de l'intérieur, avec les pièces relatives, afin qu'il puisse les soumettre à l'autorité du gouvernement, qui, ayant seul le droit d'accorder des concessions, a aussi évidemment seul le droit de prononcer définitivement sur leur déchéance.

3.º Enfin, il y a lieu à déchéance encore pour défaut d'exécution, dans le temps et de la manière prescrite, des diverses clauses et conditions imposées par l'acte de concession ou de permission.

§ XIX.

DES SUCCESSIONS, CESSIONS OU TRANSPORTS RELATIVEMENT AUX CONCESSIONS OU PERMISSIONS.

Les concessions ou permissions ayant pour objet de confier l'exploitation des matières premières d'une nécessité générale, à ceux qui sont reconnus réunir tous les moyens propres à en faire jouir la société, ces titres ne doivent pas passer en d'autres mains, sans que le gouvernement se soit assuré que les héritiers ou cessionnaires réunissent les mêmes facultés, et méritent la même confiance que les concessionnaires ou permissionnaires qu'ils remplacent.

Ainsi, il ne peut être fait aucune cession ou transport, ni aucun acte translatif des droits accordés par les concessions ou permissions pour l'exploitation de mines et usines, sans l'approbation du gouvernement, conformément à l'art. 8 de la loi du 28 juillet 1791.

Les héritiers, donataires, légataires ou ayant-cause de ceux pourvus de concessions ou permissions, y sont également obligés.

La demande de cette autorisation doit être faite devant le préfet du département dans le délai de six mois.

à partir de la publication de l'arrêté pour les actes antérieurs, et ce même délai court à partir de la date de l'acte ou transport qui établit la nouvelle possession pour l'avenir.

Les autorisations ne doivent être accordées par les préfets qu'après la justification des moyens et facultés suffisans des cessionnaires, héritiers, donataires, pour assurer l'exploitation, ainsi qu'il est prescrit par l'art. 9 du titre I.er de la loi du 28 juillet 1791, et après s'être fait représenter les actes de cession, donation, testament ou autres.

Les arrêtés pris par les préfets à cet égard, sont sujets à l'approbation du gouvernement : ils doivent, en conséquence, être envoyés au ministre de l'intérieur, avec les pièces à l'appui.

A défaut par les concessionnaires, légataires, donataires, etc. de s'être mis en règle dans le temps prescrit pour obtenir l'autorisation nécessaire, leurs travaux doivent être interdits, comme exploitant sans permission ni concession : ces interdictions prononcées par les préfets, doivent être soumises à l'approbation du gouvernement.

Les préfets doivent prévenir les parties intéressées de l'obligation où elles sont à cet égard, en leur accordant le délai suffisant.

Lorsque l'autorisation du gouvernement est obtenue, les cessionnaires, légataires, donataires, etc. jouissent des mêmes droits et avantages que les concessionaires qu'ils ont remplacés, et sont soumis aux mêmes obligations.

§ XX.

DES DISCUSSIONS EN MATIÈRE DE MINES ET USINES.

Toutes discussions relatives aux indemnités qui peuvent être dues par les exploitans aux propriétaires des terrains superficiels, ou à tous autres, les demandes formées contre eux ou leurs agens, pour voies de fait ou dommages quelconques, sont du ressort des tribunaux.

Mais toutes contestations relatives à l'existence des concessions ou permissions, au maintien des droits des concessionnaires ou permissionnaires, à raison du titre qui leur a été conféré par le gouvernement, sont du ressort du pouvoir administratif qui seul a le droit d'en connaître.

Il en est de même des difficultés qui peuvent naître entre les exploitans, relativement aux limites de leurs travaux, à leur mode d'exploitation, et aux dommages qu'ils seraient respectivement dans le cas d'en éprouver.

Il est évident que toute détermination relative au maintien des concessions et permissions, doit être prise par le gouvernement, qui seul a le droit de les accorder. Si les questions de cette nature étaient soumises aux tribunaux, le pouvoir judiciaire pourrait donc être, à cet égard, le réformateur des actes du gouvernement, et détruire, sans connaissance des motifs qui l'ont déterminé, les mesures utiles prises par lui. Cette confusion de pouvoirs n'est pas compatible avec l'ordre public.

Il est donc conséquent aux principes, que le gouvernement prononce sur ces objets. Ce mode est aussi le plus favorable aux exploitans, parce qu'il permet de mettre fin aux discussions avec plus de célérité, et que rien n'est plus nuisible à ces établissemens que les procès, et la lenteur des formes judiciaires.

En outre, il existe un conseil des mines institué par une loi, pour éclairer le gouvernement sur ces objets, comme sur tout ce qui a trait aux mines, d'après les rapports des inspecteurs et ingénieurs chargés de visiter les mines, et d'en faire prospérer l'exploitation.

Enfin, cette marche a eu en sa faveur l'usage de tous les temps en France, et l'exemple de tous les pays où l'administration publique s'occupe des mines et usines avec le plus de succès.

LOI

CONCERNANT LES MINES, LES MINIÈRES ET LES CARRIÈRES.

Paris, le 21 avril 1810.

TITRE 1.er

Des Mines, Minières et Carrières.

Art. 1.er Les masses de substances minérales ou fossiles renfermées dans le sein de la terre ou existantes à la surface, sont classées, relativement aux règles de l'exploitation de chacune d'elles, sous les trois qualifications de mines, minières et carrières.

2. Seront considérées comme mines, celles connues pour contenir en filons, en couches ou en amas, de l'or, de l'argent, du platine, du mercure, du plomb, du fer en filons ou couches, du cuivre, de l'étain, du zinc, de la calamine, du bismuth, du cobalt, de l'arsenic, du manganèse, de l'antimoine, du molybdène, de la plom-

bagine ou autres matières métalliques , du soufre , du charbon de terre ou de pierre , du bois fossile , des bitumes , de l'alun et des sulfates à base métallique.

3. Les minières comprennent les minerais de fer, dits d'alluvion , les terres pyriteuses propres à être converties en sulfate de fer, les terres alumineuses et les tourbes.

4. Les carrières renferment les ardoises , les grais , les pierres à bâtir et autres, les marbres , granits , pierres à chaux , pierres à plâtre , les pouzzolanes , le trass , les basaltes , les laves , les marnes , craies , sables , pierres à fusil , argiles , kaolin , terres à foulon , terres à poteries , les substances terreuses et les cailloux de toute nature , les terres pyriteuses regardées comme engrais , le tout exploité à ciel ouvert ou avec des galeries souterraines.

TITRE II.

De la propriété des Mines.

5. Les mines ne peuvent être exploitées qu'en vertu d'un acte de concession délibéré en conseil d'état.

6. Cet acte règle les droits des propriétaires de la surface sur le produit des mines concédées.

7. Il donne la propriété perpétuelle de la mine , laquelle est dès lors disponible et transmissible comme tous autres biens , et dont on ne peut être exproprié que dans les cas et selon les formes prescrites pour les autres propriétés , conformément au code civil et au code de procédure civile. Toutefois une mine ne peut être vendue par lots ou partagée , sans une autorisation

préalable du gouvernement donnée dans les mêmes formes que la concession.

8. Les mines sont immeubles.

Sont aussi immeubles, les bâtimens, machines, puits, galeries et autres travaux établis à demeure, conformément à l'art. 524 du code civil.

Sont aussi immeubles par destination, les chevaux, agrès, outils et ustensiles servant à l'exploitation.

Ne sont considérés comme chevaux attachés à l'exploitation, que ceux qui sont exclusivement attachés aux travaux intérieurs des mines.

Néanmoins les actions ou intérêts dans une société ou entreprise pour l'exploitation des mines, seront réputés meubles, conformément à l'art. 529 [1] du code civil.

9. Sont meubles, les matières extraites, les approvisionnemens et autres objets mobiliers.

[1] Art. 529. Sont meubles par la détermination de la loi, les obligations et actions qui ont pour objet des sommes exigibles ou des effets mobiliers, les actions ou intérêts dans les compagnies de finance, de commerce ou d'industrie, encore que des immeubles dépendans de ces entreprises appartiennent aux compagnies. Ces actions ou intérêts sont réputés meubles à l'égard de chaque associé seulement, tant que dure la société.

Sont aussi meubles par la détermination de la loi, les rentes perpétuelles ou viagères, soit sur l'état, soit sur des particuliers.

TITRE III.

Des actes qui précèdent la demande en concession de Mines.

SECTION I.re

DE LA RECHERCHE ET DE LA DÉCOUVERTE DES MINES.

10. Nul ne peut faire des recherches pour découvrir des mines, enfoncer des sondes ou tarières sur un terrain qui ne lui appartient pas, que du consentement du propriétaire de la surface, ou avec l'autorisation du gouvernement, donnée après avoir consulté l'administration des mines, à la charge d'une préalable indemnité envers le propriétaire et après qu'il aura été entendu.

11. Nulle permission de recherches ni concession de mines ne pourra, sans le consentement formel du propriétaire de la surface, donner le droit de faire des sondes et d'ouvrir des puits ou galeries, ni celui d'établir des machines ou magasins dans les enclos murés, cours ou jardins, ni dans les terrains attenant aux habitations ou clotures murées, dans la distance de cent mètres desdites clotures ou des habitations.

12. Le propriétaire pourra faire des recherches, sans formalité préalable, dans les lieux réservés par le précédent article, comme dans les autres parties de sa propriété ; mais il sera obligé d'obtenir une concession avant d'y établir une exploitation. Dans aucun cas, les recherches ne pourront être autorisées dans un terrain déjà concédé.

SECTION II.

DE LA PRÉFÉRENCE A ACCORDER POUR LES CONCESSIONS.

13. Tout français, ou tout étranger naturalisé ou non en France, agissant isolément ou en société, a le droit de demander et peut obtenir, s'il y a lieu, une concession de mines.

14. L'individu ou la société doit justifier des facultés nécessaires pour entreprendre et conduire les travaux, et des moyens de satisfaire aux redevances, indemnités, qui lui seront imposées par l'acte de concession.

15. Il doit aussi, le cas arrivant de travaux à faire sous des maisons ou lieux d'habitation, sous d'autres exploitations ou dans leur voisinage immédiat, donner caution de payer toute indemnité, en cas d'accident : les demandes ou oppositions des intéressés seront, en ce cas, portées devant nos tribunaux et cours.

16. Le gouvernement juge des motifs ou considérations d'après lesquels la préférence doit être accordée aux divers demandeurs en concession, qu'ils soient propriétaires de la surface, inventeurs ou autres.

En cas que l'inventeur n'obtienne pas la concession d'une mine, il aura droit à une indemnité de la part du concessionnaire ; elle sera réglée par l'acte de concession.

17. L'acte de concession fait après l'accomplissement des formalités prescrites, purge, en faveur du concessionnaire, tous les droits des propriétaires de la surface et des inventeurs, ou de leurs ayant-droit, chacun dans leur ordre, après qu'ils ont été entendus ou appelés légalement, ainsi qu'il sera ci-après réglé.

18. La valeur des droits résultant en faveur du pro-

priétaire de la surface , en vertu de l'art. *6* de la présente loi , demeurera réunie à la valeur de ladite surface et sera affectée avec elle aux hypothèques prises par les créanciers du propriétaire.

19. Du moment où une mine sera concédée , même au propriétaire de la surface , cette propriété sera distinguée de celle de la surface , et désormais considérée comme propriété nouvelle , sur laquelle de nouvelles hypothèques pourront être assises , sans préjudice de celles qui auraient été ou seraient prises sur la surface et la redevance , comme il est dit à l'article précédent.

Si la concession est faite au propriétaire de la surface , ladite redevance sera évaluée pour l'exécution dudit article.

20. Une mine concédée pourra être affectée , par privilége , en faveur de ceux qui , par acte public et sans fraude , justifieraient avoir fourni des fonds pour les recherches de la mine , ainsi que pour les travaux de construction ou confection de machines nécessaires à son exploitation , à la charge de se conformer aux articles 2103 [1] et autres du code civil , relatif aux priviléges.

[1] Art. 2103. Les créanciers privilégiés sur les immeubles , sont :

1.º Le vendeur , sur l'immeuble vendu , pour le payement du prix ;

S'il y a plusieurs ventes successives dont le prix soit dû en tout ou en partie , le premier vendeur est préféré au second , le deuxième au troisième , ainsi de suite ;

2.º Ceux qui ont fourni les deniers pour l'acquisition d'un immeuble , pourvu qu'il soit authentiquement constaté , par l'acte d'emprunt , que la somme était destinée à cet emploi , et , par la quittance du vendeur , que ce payement a été fait des deniers empruntés ;

3.º Les cohéritiers , sur les immeubles de la succession , pour la garantie des partages faits entr'eux , et des soulte ou retour des lots ;

4.º Les architectes , entrepreneurs , maçons et autres ouvriers

21. Les autres droits de privilége et d'hypothèque pourront être acquis sur la propriété de la mine , aux termes et en conformité du code civil , comme sur les autres propriétés immobilières.

employés pour édifier , reconstruire ou réparer des bâtimens , canaux ou autres ouvrages quelconques , pourvu néanmoins que , par un expert nommé d'office par le tribunal de première instance dans le ressort duquel les bâtimens sont situés , il ait été dressé préalablement un procès-verbal , à l'effet de constater l'état des lieux relativement aux ouvrages que le propriétaire déclarera avoir dessein de faire , et que les ouvrages aient été , dans les six mois au plus de leur perfection , reçus par un expert également nommé d'office.

Mais le montant du privilége ne peut excéder les valeurs constatées par le second procès-verbal , et il se réduit à la plus value existante à l'époque de l'aliénation de l'immeuble et résultant des travaux qui y ont été faits.

5.º Ceux qui ont prêté des deniers pour payer ou rembourser les ouvriers , jouissent du même privilége , pourvu que cet emploi soit authentiquement constaté par l'acte d'emprunt , et par la quittance des ouvriers , ainsi qu'il a été dit ci-dessus pour ceux qui ont prêté les deniers pour l'acquisition d'un immeuble.

2106. Entre les créanciers , les priviléges ne produisent d'effet à l'égard des immeubles qu'autant qu'ils sont rendus publics par inscription sur les registres du conservateur des hypothèques , de la manière déterminée par la loi , et à compter de la date de cette inscription , sous les seules exceptions qui suivent.

(*Nota*. Ces exceptions n'ont aucun rapport au privilége dont il s'agit).

2110. Les architectes , entrepreneurs , maçons et autres ouvriers employés pour édifier , reconstruire ou réparer des bâtimens , canaux ou autres ouvrages , et ceux qui ont , pour les payer et rembourser , prêté les deniers dont l'emploi a été constaté , conservent par la double inscription faite , 1.º du procès-verbal qui constate l'état des lieux ; 2.º du procès-verbal de réception , leur privilége à la date de l'inscription du premier procès-verbal.

2154. Les inscriptions conservent l'hypothèque et le privilége pendant dix années , à compter du jour de leur date : leur effet cesse , si ces inscriptions n'ont été renouvelées avant l'expiration de ce délai.

TITRE IV.

Des Concessions.

SECTION I.re

DE L'OBTENTION DES CONCESSIONS.

22. La demande en concession sera faite par voie de simple pétition adressée au préfet, qui sera tenu de la faire enregistrer à sa date sur un registre particulier, et d'ordonner les publications et affiches dans les dix jours.

23. Les affiches auront lieu pendant quatre mois, dans le chef-lieu du département, dans celui de l'arrondissement où la mine est située, dans le lieu du domicile du demandeur, et dans toutes les communes dans le territoire desquelles la concession peut s'étendre : elles seront insérées dans les journaux de département.

24. Les publications des demandes en concession de mines auront lieu devant la porte de la maison commune et des églises paroissiales et consistoriales, à la diligence des maires, à l'issue de l'office, un jour de dimanche, et au moins une fois par mois, pendant la durée des affiches. Les maires seront tenus de certifier ces publications.

25. Le secrétaire général de la préfecture délivrera au requérant un extrait certifié de l'enregistrement de la demande en concession.

26. Les demandes en concurrence et les oppositions qui y seront formées, seront admises devant le préfet jusqu'au dernier jour du quatrième mois, à compter de la date de l'affiche : elles seront notifiées par actes extra-

judiciaires à la préfecture du département, où elles seront enregistrées sur le registre indiqué à l'art. 22. Les oppositions seront notifiées aux parties intéressées ; et le registre sera ouvert à tous ceux qui en demanderont communication.

27. A l'expiration du délai des affiches et publications, et sur la preuve de l'accomplissement des formalités portées aux articles précédens, dans le mois qui suivra au plus tard, le préfet du département, sur l'avis de l'ingénieur des mines et après avoir pris des informations sur les droits et les facultés des demandeurs, donnera son avis, et le transmettra au ministre de l'intérieur.

28. Il sera définitivement statué sur la demande en concession, par un décret délibéré en conseil d'état.

Jusqu'à l'émission du décret, toute opposition sera admissible devant le ministre de l'intérieur ou le secrétaire-général du conseil d'état : dans ce dernier cas, elle aura lieu par une requête signée et présentée par un avocat au conseil, comme il est pratiqué pour les affaires contentieuses ; et, dans tous les cas, elle sera notifiée aux parties intéressées.

Si l'opposition est motivée sur la propriété de la mine acquise, par concession ou autrement, les parties seront renvoyées devant les tribunaux et cours.

29. L'étendue de la concession sera déterminée par l'acte de concession : elle sera limitée par des points fixes, pris à la surface du sol, et passant par des plans verticaux menés de cette surface dans l'intérieur de la terre à une profondeur indéfinie ; à moins que les circonstances et les localités ne nécessitent un autre mode de limitation.

30. Un plan régulier de la surface, en triple expédi-

tion, et sur une échelle de dix millimètres pour cent mètres sera annexé à la demande.

Ce plan devra être dressé ou vérifié par l'ingénieur des mines, et certifié par le préfet du département.

31. Plusieurs concessions pourront être réunies entre les mains du même concessionnaire, soit comme individu, soit comme représentant une compagnie, mais à la charge de tenir en activité l'exploitation de chaque concession.

SECTION II.

DES OBLIGATIONS DES PROPRIÉTAIRES DE MINES.

32. L'exploitation des mines n'est pas considérée comme un commerce et n'est pas sujette à patente.

33. Les propriétaires de mines sont tenus de payer à l'état une redevance fixe, et une redevance proportionnée au produit de l'extraction.

34. La redevance fixe sera annuelle, et réglée d'après l'étendue de celle-ci : elle sera de dix fr. par kilomètre carré.

La redevance proportionnelle sera une contribution annuelle, à laquelle les mines seront assujetties sur leurs produits.

35. La redevance proportionnelle sera réglée chaque année, par le budjet de l'état, comme les autres contributions publiques : toutefois elle ne pourra jamais s'élever au-dessus de cinq pour cent du produit net. Il pourra être fait un abonnement pour ceux des propriétaires des mines qui le demanderont.

36. Il sera imposé en sus un décime pour franc, lequel formera un fonds de non-valeurs, à la disposition

du ministre de l'intérieur , pour dégrèvement en faveur des propriétaires des mines qui éprouveront des pertes ou accidens.

37. La redevance proportionnelle sera imposée et perçue comme la contribution foncière.

Les réclamations afin de dégrèvement ou de rappel à l'égalité proportionnelle , seront jugées par les conseils de préfecture. Le dégrèvement sera de droit , quand l'exploitant justifiera que sa redevance excède cinq pour cent du produit net de son exploitation.

38. Le gouvernement accordera , s'il y a lieu , pour les exploitations qu'il en jugera susceptibles , et par un article de l'acte de concession ou par un décret spécial délibéré en conseil d'état pour les mines déjà concédées , la remise en tout ou partie du payement de la redevance proportionnelle, pour le temps qui sera jugé convenable ; et ce , comme encouragement , en raison de la difficulté des travaux : semblable remise pourra aussi être accordée comme dédommagement , en cas d'accident de force majeure qui surviendrait pendant l'exploitation.

39. Le produit de la redevance fixe et de la redevance proportionnelle formera un fonds spécial , dont il sera tenu un compte particulier au trésor public , et qui sera appliqué aux dépenses de l'administration des mines , et à celles des recherches , ouvertures et mises en activité des mines nouvelles ou rétablissement des mines anciennes.

40. Les anciennes redevances dues à l'état , soit en vertu de lois , ordonnances ou règlemens , soit d'après les conditions énoncées en l'acte de concession , soit d'après des baux et adjudications au profit de la régie du domaine , cesseront d'avoir cours à compter du jour où les redevances nouvelles seront établies.

41. Ne sont point comprises dans l'abrogation des anciennes redevances , celles dues à titre de rentes , droits et prestations quelconques , pour cession de fonds ou autres causes semblables , sans déroger toutefois à l'application des lois qui ont supprimé les droits féodaux.

42. Le droit attribué par l'art. 6 de la présente loi aux propriétaires de la surface , sera réglé à une somme déterminée par l'acte de concession.

43. Les propriétaires de mines sont tenus de payer les indemnités dues aux propriétaires de la surface sur le terrain desquels ils établiront leurs travaux.

Si les travaux entrepris par les explorateurs ou par les propriétaires de mines ne sont que passagers , et si le sol où ils ont été faits peut être mis en culture au bout d'un an , comme il l'était auparavant , l'indemnité sera réglée au double de ce qu'aurait produit net le terrain endommagé.

44. Lorsque l'occupation des terrains pour la recherche ou les travaux des mines , prive les propriétaires du sol de la jouissance du revenu au-delà du temps d'une année , ou lorsqu'après les travaux , les terrains ne sont plus propres à la culture , on peut exiger des propriétaires des mines l'acquisition des terrains à l'usage de l'exploitation. Si le propriétaire de la surface le requiert , les pièces de terre trop endommagées ou dégradées sur une trop grande partie de leur surface , devront être achetées en totalité par le propriétaire de la mine.

L'évaluation du prix sera faite , quant au mode , suivant les règles établies par la loi du 16 septembre 1807 , sur le desséchement des marais , etc. tit. XI ; mais le terrain à acquérir sera toujours estimé au double de la valeur qu'il avait avant l'exploitation de la mine. [1]

45. Lorsque, par l'effet du voisinage ou pour toute autre cause, les travaux d'exploitation d'une mine occa-

[1] TITRE XI. *Des Indemnités aux propriétaires pour occupations de terrains.*

Art. 48. Lorsque, pour exécuter un desséchement, l'ouverture d'une nouvelle navigation, un pont, il sera question de supprimer des moulins et autres usines, de les déplacer, modifier, ou de réduire l'élévation de leurs eaux, la nécessité en sera constatée par les ingénieurs des ponts et chaussées. Le prix de l'estimation sera payé par l'état, lorsqu'il entreprend les travaux ; lorsqu'ils sont entrepris par des concessionnaires, le prix de l'estimation sera payé avant qu'ils puissent faire cesser le travail des moulins et usines.

Il sera d'abord examiné si l'établissement des moulins et usines est légal, ou si le titre d'établissement ne soumet pas les propriétaires à voir démolir leurs établissemens sans indemnité, si l'utilité publique le requiert.

49. Les terrains nécessaires pour l'ouverture des canaux et rigoles de desséchement, des canaux de navigation de routes, de rues, la formation de places et autres travaux reconnus d'une utilité générale, seront payés à leurs propriétaires, et à dire d'experts, d'après leur valeur, avant l'entreprise des travaux, et sans nulle augmentation du prix d'estimation.

50. Lorsqu'un propriétaire fait volontairement démolir sa maison, lorsqu'il est forcé de la démolir pour cause de vétusté, il n'a droit à indemnité que pour la valeur du terrain délaissé, si l'alignement qui lui est donné par les autorités compétentes le force à reculer sa construction.

51. Les maisons et bâtimens dont il serait nécessaire de faire démolir et d'enlever une portion pour cause d'utilité publique légalement reconnue, seront acquis en entier, si le propriétaire l'exige ; sauf à l'administration publique ou aux communes, à revendre les portions de bâtimens ainsi acquises, et qui ne seront pas nécessaires pour l'exécution du plan. La cession par le propriétaire à l'administration publique ou à la commune, et la revente, seront effectués d'après un décret rendu en conseil d'état, sur le rapport du ministre de l'intérieur, dans les formes prescrites par la loi.

52. Dans les villes, les alignemens pour l'ouverture des nouvelles

sionent des dommages à l'exploitation d'une autre mine , à raison des eaux qui pénètrent dans cette dernière en plus grande quantité ; lorsque , d'un autre côté , ces

rues , pour l'élargissement des anciennes qui ne font point partie d'une grande route , ou pour tout autre objet d'utilité publique , seront donnés par les maires , conformément au plan dont les projets auront été adressés aux préfets , transmis avec leur avis au ministre de l'intérieur , et arrêtés en conseil d'état.

En cas de réclamation de tiers intéressés , il sera de même statué en conseil d'état sur le rapport du ministre de l'intérieur.

53. Au cas où , par les alignemens arrêtés , un propriétaire pourrait recevoir la faculté de s'avancer sur la voie publique , il sera tenu de payer la valeur du terrain qui lui sera cédé. Dans la fixation de cette valeur , les experts auront égard à ce que le plus ou le moins de profondeur du terrain cédé , la nature de la propriété , le reculement du reste du terrain bâti ou non bâti loin de la nouvelle voie peut ajouter ou diminuer de valeur relative pour le propriétaire.

Au cas où le propriétaire ne voudrait point acquérir , l'administration publique est autorisée à le déposséder de l'ensemble de sa propriété , en lui payant la valeur telle qu'elle était avant l'entreprise des travaux. La cession et la revente seront faites comme il a été dit en l'article 51 ci-dessus.

54. Lorsqu'il y aura lieu en même temps à payer une indemnité à un propriétaire pour terrains occupés , et à recevoir de lui une plus-value pour des avantages acquis à ses propriétés restantes , il y aura compensation jusqu'à concurrence ; et le surplus seulement , selon les résultats , sera payé au propriétaire ou acquitté par lui.

55. Les terrains occupés pour prendre les matériaux nécessaires aux routes ou constructions publiques , pourront être payés aux propriétaires comme s'ils eussent été pris pour la route même.

Il n'y aura lieu à faire entrer dans l'estimation la valeur des matériaux à extraire, que dans les cas où l'on s'emparerait d'une carrière déjà en exploitation ; alors lesdits matériaux seront évalués d'après leur prix courant, abstraction faite de l'existence et des besoins de la route pour laquelle ils seront pris , ou des constructions auxquelles on les destine.

56. Les experts , pour l'évaluation des indemnités relatives à une occupation de terrains , dans les cas prévus au présent titre ,

mêmes travaux produisent un effet contraire et tendent à évacuer tout ou partie des eaux d'une autre mine , il y aura lieu à indemnité d'une mine en faveur de l'autre ; le règlement s'en fera par experts.

46. Toutes les questions d'indemnités à payer par les propriétaires de mines , à raison des recherches ou travaux antérieurs à l'acte de concession , seront décidées conformément à l'art. 4 de la loi du 28 pluviôse an VIII. [1]

seront nommés pour les objets de travaux de grande voirie , l'un par le propriétaire , l'autre par le préfet ; et le tiers-expert , s'il en est besoin , sera de droit l'ingénieur en chef du département : lorsqu'il y aura des concessionnaires , un expert sera nommé par le propriétaire , un par le concessionnaire , et le tiers-expert par le préfet ; quant aux travaux des villes , etc.....

Extrait de la Loi relative aux chemins vicinaux.

Du 28 juillet 1824.

Art. 7. Toutes les fois qu'un chemin sera habituellement ou temporairement dégradé par des exploitations de mines , de carrières , de forêts ou de toute autre entreprise industrielle , il pourra y avoir lieu à obliger les entrepreneurs ou les propriétaires à des subventions particulières , lesquelles seront , sur la demande des communes , réglées par les conseils de préfecture , d'après les expertises contradictoires.

[1] L'art. 4 de la loi du 28 pluviôse an VIII , est ainsi conçu :
« Le conseil de préfecture prononcera ,
» Sur les demandes des particuliers , tendant à obtenir la décharge
» ou la réduction de leur cote de contribution directe ;
» Sur les difficultés qui pourraient s'élever entre les entrepreneurs
» de travaux publics et l'administration , concernant le sens ou
» l'exécution des clauses de leurs marchés ;
» Sur les réclamations des particuliers qui se plaindront de torts
» et dommages procédant du fait personnel des entrepreneurs et non
» du fait de l'administration ;
« Sur les demandes et contestations concernant les indemnités

TITRE V.

De l'exercice de la surveillance sur les Mines par l'administration.

47. Les ingénieurs des mines exerceront, sous les ordres du ministre de l'intérieur et des préfets, une surveillance de police pour la conservation des édifices et la sûreté du sol.

48. Ils observeront la manière dont l'exploitation sera faite, soit pour éclairer les propriétaires sur ses inconvéniens ou son amélioration, soit pour avertir l'administration des vices, abus ou dangers qui s'y trouveraient.

49. Si l'exploitation est restreinte ou suspendue, de manière à inquiéter la sûreté publique ou les besoins des consommateurs, les préfets, après avoir entendu les propriétaires, en rendront compte au ministre de l'intérieur, pour y être pourvu ainsi qu'il appartiendra.

50. Si l'exploitation compromet la sûreté publique, la conservation des puits, la solidité des travaux, la sûreté des ouvriers mineurs ou des habitations de la surface, il y sera pourvu par le préfet, ainsi qu'il est pratiqué en matière de grande voirie et selon les lois.

» dues aux particuliers à raison des terrains pris ou fouillés pour
» la confection des chemins, canaux et autres ouvrages publics ;
   » Sur les difficultés qui pourront s'élever en matière de grande
» voirie ;
   » Sur les demandes qui seront présentées par les communautés
» des villes, bourgs ou villages, pour être autorisées à plaider ;
   » Enfin sur le contentieux des domaines nationaux. »

TITRE VI.

Des concessions ou jouissances des Mines antérieures à la présente Loi.

§ I.er

DES ANCIENNES CONCESSIONS EN GÉNÉRAL.

51. Les concessionnaires antérieurs à la présente loi deviendront, du jour de sa publication, propriétaires incommutables, sans aucune formalité préalable d'affiches, vérification de terrain ou autres préliminaires, à la charge seulement d'exécuter, s'il y en a, les conventions faites avec les propriétaires de la surface, et sans que ceux-ci puissent se prévaloir des art. 6 et 42.

52. Les anciens concessionnaires seront, en conséquence, soumis au payement des contributions, comme il est dit à la section II du tit. IV, art. 33 et 34, à compter de l'année 1811.

§ II.

DES EXPLOITATIONS POUR LESQUELLES ON N'A PAS EXÉCUTÉ LA LOI DE 1791.

53. Quant aux exploitans de mines qui n'ont pas exécuté la loi de 1791, et qui n'ont pas fait fixer, conformément à cette loi, les limites de leurs concessions, ils obtiendront les concessions de leurs exploitations actuelles conformément à la présente loi ; à l'effet de quoi les limites de leurs concessions seront fixées sur

leurs demandes ou à la diligence des préfets , à la charge seulement d'exécuter les conventions faites avec les propriétaires de la surface ; et sans que ceux-ci puissent se prévaloir des art. 6 et 42 de la présente loi.

54. Ils payeront , en conséquence , les redevances , comme il est dit à l'art. 52.

55. En cas d'usages locaux ou d'anciennes lois qui donneraient lieu à la décision de cas extraordinaires , les cas qui se présenteront seront décidés par les actes de concession ou par les jugemens de nos cours et tribunaux , selon les droits résultans pour les parties , des usages établis , des prescriptions légalement acquises , ou des conventions réciproques.

56. Les difficultés qui s'élèveraient entre l'administration et les exploitans , relativement à la limitation des mines , seront décidées par l'acte de concession.

A l'égard des contestations qui auraient lieu entre des exploitans voisins , elles seront jugées par les tribunaux et cours.

TITRE VII.

RÈGLEMENS SUR LA PROPRIÉTÉ ET L'EXPLOITATION DES MINIÈRES , ET SUR L'ÉTABLISSEMENT DES FORGES , FOURNEAUX ET USINES.

SECTION I.re

Des Minières.

57. L'exploitation des minières est assujettie à des règles spéciales.

Elle ne peut avoir lieu sans permission.

58. La permission détermine les limites de l'exploitation et les règles sous les rapports de sûreté et de salubrité publiques.

SECTION II.

DE LA PROPRIÉTÉ ET DE L'EXPLOITATION DES MINERAIS DE FER D'ALLUVION.

59. Le propriétaire du fonds sur lequel il y a du minerai de fer d'alluvion, est tenu d'exploiter en quantité suffisante pour fournir, autant que faire se pourra, aux besoins des usines établies dans le voisinage avec autorisation légale : en ce cas, il ne sera assujetti qu'à en faire la déclaration au préfet du département ; elle contiendra la désignation des lieux : le préfet donnera acte de cette déclaration, ce qui vaudra permission pour le propriétaire, et l'exploitation aura lieu par lui sans autre formalité.

60. Si le propriétaire n'exploite pas, les maîtres de forges auront la faculté d'exploiter à sa place; à la charge, 1.° d'en prévenir le propriétaire, qui, dans un mois, à compter de la notification, pourra déclarer qu'il entend exploiter lui-même ; 2.° d'obtenir du préfet la permission, sur l'avis de l'ingénieur des mines, après avoir entendu le propriétaire.

61. Si, après l'expiration du délai d'un mois, le propriétaire ne déclare pas qu'il entend exploiter, il sera censé renoncer à l'exploitation ; le maître de forges pourra, après la permission obtenue, faire les fouilles immédiatement dans les terres incultes et en jachères, et, après la récolte dans toutes les autres terres.

62. Lorsque le propriétaire n'exploitera pas en quantité

suffisante ou suspendra ses travaux d'extraction pendant plus d'un mois sans cause légitime, les maîtres de forges se pourvoiront auprès du préfet pour obtenir la permission d'exploiter à sa place.

Si le maître de forges laisse écouler un mois sans faire usage de cette permission, elle sera regardée comme non avenue, et le propriétaire de terrain rentrera dans tous ses droits.

63. Quand un maître de forges cessera d'exploiter un terrain, il sera tenu de le rendre propre à la culture, ou d'indemniser le propriétaire.

64. En cas de concurrence entre plusieurs maîtres de forges pour l'exploitation dans un même fonds, le préfet déterminera, sur l'avis de l'ingénieur des mines, les proportions dans lesquelles chacun d'eux pourra exploiter, sauf le recours au conseil d'état.

Le préfet règlera de même les proportions dans lesquelles chaque maître de forges aura droit à l'achat du minerai, s'il est exploité par le propriétaire.

65. Lorsque les propriétaires feront l'extraction du minerai pour le vendre aux maîtres de forges, le prix en sera réglé entre eux, de gré à gré, ou par des experts choisis ou nommés d'office, qui auront égard à la situation des lieux, aux frais d'extraction et aux dégâts qu'elle aura occasionés.

66. Lorsque les maîtres de forges auront fait extraire le minerai, il sera dû au propriétaire du fonds, et avant l'enlèvement du minerai, une indemnité qui sera aussi réglée par experts, lesquels auront égard à la situation des lieux, aux dommages causés, à la valeur du minerai, distraction faite des frais d'exploitation.

67. Si les minerais se trouvent dans les forêts royales,

dans celles des établissemens publics, ou des communes, la permission de les exploiter ne pourra être accordée qu'après avoir entendu l'administration forestière. L'acte de permission déterminera l'étendue des terrains dans lesquels les fouilles pourront être faites : ils seront tenus, en outre, de payer les dégâts occasionés par l'exploitation, et de repiquer en glands ou plants les places qu'elle aurait endommagées, ou une autre étendue proportionnelle déterminée par la permission.

68. Les propriétaires ou maîtres de forges ou d'usines exploitant les minerais de fer d'alluvion, ne pourront, dans cette exploitation, pousser des travaux réguliers par des galeries souterraines, sans avoir obtenu une concession, avec les formalités et sous les conditions exigées par les articles de la section I.re du titre III, et les dispositions du titre IV.

69. Il ne pourra être accordé aucune concession pour minerai d'alluvion ou pour des mines en filons ou couches, que dans les cas suivans :

1.º Si l'exploitation à ciel ouvert cesse d'être possible, et si l'établissement de puits, galeries et travaux d'art est nécessaire ;

2.º Si l'exploitation, quoique possible encore, doit durer peu d'années, et rendre ensuite impossible l'exploitation avec puits et galeries.

70. En cas de concession, le concessionnaire sera tenu toujours, 1.º de fournir aux usines qui s'approvisionnaient de minerai sur les lieux compris en la concession, la quantité nécessaire à leur exploitation, au prix qui sera porté au cahier des charges ou qui sera fixé par l'administration ; 2.º d'indemniser les propriétaires au profit desquels l'exploitation avait lieu, dans la proportion du revenu qu'ils en tiraient.

SECTION III.

DES TERRES PYRITEUSES ET ALUMINEUSES.

71. L'exploitation des terres pyriteuses et alumineuses sera assujettie aux formalités prescrites par les articles 57 et 58, soit qu'elle ait lieu par les propriétaires des fonds, soit par d'autres individus qui, à défaut par ceux-ci d'exploiter, en auraient obtenu la permission.

72. Si l'exploitation a lieu par des non-propriétaires, ils seront assujettis, en faveur des propriétaires, à une indemnité qui sera réglée de gré à gré, ou par experts.

SECTION IV.

DES PERMISSIONS POUR L'ÉTABLISSEMENT DES FOURNEAUX, FORGES ET USINES.

73. Les fourneaux à fondre les minerais de fer et autres substances métalliques, les forges et martinets pour ouvrer le fer et le cuivre, les usines servant de patouillets et bocards, celles pour le traitement des substances salines et pyriteuses, dans lesquelles on consomme des combustibles, ne pourront être établis que sur une permission accordée par un règlement d'administration publique.

74. La demande en permission sera adressée au préfet, enregistrée le jour de la remise sur un registre spécial à ce destiné, et affichée pendant quatre mois dans le chef-lieu du département, dans celui de l'arrondissement, dans la commune où sera situé l'établissement projeté, et dans le lieu du domicile du demandeur.

Le préfet, dans le délai d'un mois , donnera son avis tant sur la demande que sur les oppositions et les demandes en préférence qui seraient survenues ; l'administration des mines donnera le sien sur la quotité du minerai à traiter ; l'administration des forêts , sur l'établissement des bouches à feu en ce qui concerne les bois ; et l'administration des ponts et chaussées , sur ce qui concerne les cours d'eau navigables ou flotables.

75. Les impétrans des permissions pour les usines , supporteront une taxe une fois payée , laquelle ne pourra être au-dessous de cinquante francs , ni excéder trois cents francs.

SECTION V.

DISPOSITIONS GÉNÉRALES SUR LES PERMISSIONS.

76. Les permissions seront données à la charge d'en faire usage dans un délai déterminé ; elles auront une durée indéfinie , à moins qu'elles n'en contiennent la limitation.

77. En cas de contravention , le procès-verbal dressé par les autorités compétentes , sera remis au procureur du roi , lequel poursuivra la révocation de la permission , s'il y a lieu , et l'application des lois pénales qui y sont relatives.

78. Les établissemens actuellement existans sont maintenus dans leur jouissance , à la charge par ceux qui n'ont jamais eu de permission , ou qui ne pourraient représenter la permission obtenue précédemment , d'en obtenir une avant le 1.er janvier 1813 , sous peine de payer un triple droit de permission pour chaque année pendant laquelle ils auront négligé de s'en pourvoir et continué de s'en servir.

79. L'acte de permission d'établir des usines à traiter
le fer, autorise les impétrans à faire des fouilles même
hors de leurs propriétés, et à exploiter les minerais par
eux découverts, ou ceux anciennement connus, à la
charge de se conformer aux dispositions de la section II.

80. Les impétrans sont aussi autorisés à établir des
patouillets, lavoirs et chemins de charrois, sur les terrains qui ne leur appartiennent pas, mais sous les
restrictions portées en l'article 2 ; le tout à charge
d'indemnité envers les propriétaires du sol, et en les
prévenant un mois d'avance.

TITRE VIII.

SECTION I.re

DES CARRIÈRES.

81. L'exploitation des carrières à ciel ouvert a lieu
sans permission, sous la simple surveillance de la police,
et avec l'observation des lois ou règlemens généraux ou
locaux.

82. Quand l'exploitation a lieu par galeries souterraines, elle est soumise à la surveillance de l'administration, comme il est dit au titre V.

SECTION II.

DES TOURBIÈRES.

83. Les tourbes ne peuvent être exploitées que par le
propriétaire du terrain, ou de son consentement.

84. Tout propriétaire actuellement exploitant, ou
qui voudra commencer à exploiter des tourbes dans son

terrain, ne pourra continuer ou commencer son exploitation, à peine de cent francs d'amende, sans en avoir préalablement fait la déclaration à la sous-préfecture et obtenu l'autorisation.

85. Un règlement d'administration publique déterminera la direction générale des travaux d'extraction dans le terrain où sont situées les tourbes, celle des rigoles de desséchement, enfin toutes les mesures propres à faciliter l'écoulement des eaux dans les vallées et l'attérissement des entailles tourbées.

86. Les propriétaires exploitans, soit particuliers, soit communautés d'habitans, soit établissemens publics, sont tenus de s'y conformer, à peine d'être contraints à cesser leurs travaux.

TITRE IX.
Des Expertises.

87. Dans tous les cas prévus par la présente loi et autres naissant des circonstances, où il y aura lieu à expertise, les dispositions du titre XIV du code de procédure civile articles 3o3 à 323, seront exécutées.

88. Les experts seront pris parmi les ingénieurs des mines, ou parmi les hommes notables et expérimentés dans le fait des mines et de leurs travaux.

89. Le procureur du roi sera toujours entendu, et donnera ses conclusions sur le rapport des experts.

90. Nul plan ne sera admis comme pièce probante dans une contestation, s'il n'a été levé ou vérifié par un ingénieur des mines. La vérification des plans sera toujours gratuite.

91. Les frais et vacations des experts seront réglés

et arrêtés , selon les cas , par les tribunaux : il en sera de même des honoraires qui pourront appartenir aux ingénieurs des mines ; le tout suivant le tarif qui sera fait par un règlement d'administration publique.

Toutefois il n'y aura pas lieu à honoraires pour les ingénieurs des mines , lorsque leurs opérations auront été faites , soit dans l'intérêt de l'administration , soit à raison de la surveillance et de la police publiques.

92. La consignation des sommes jugées nécessaires pour subvenir aux frais d'expertises , pourra être ordonnée par le tribunal contre celui qui poursuivra l'expertise.

TITRE X.

De la police et de la juridiction relatives aux Mines.

93. Les contraventions des propriétaires de mines , exploitans non encore concessionnaires ou autres personnes , aux lois et règlemens , seront dénoncées et constatées , comme les contraventions en matière de voirie et de police.

94. Les procès-verbaux contre les contrevenans seront affirmés dans les formes et délais prescrits par les lois.

95. Ils seront adressés en originaux aux procureurs du roi , qui seront tenus de poursuivre d'office les contrevenans devant les tribunaux de police correctionnelle , ainsi qu'il est réglé et usité pour les délits forestiers , et sans préjudice des dommages-intérêts des parties.

96. Les peines seront d'une amende de cinq cents francs au plus , et de cent francs au moins , double en cas de récidive , et d'une détention qui ne pourra excéder la durée fixée par le code de police correctionnelle.

INSTRUCTION MINISTÉRIELLE

RELATIVE A L'EXÉCUTION DE LA LOI DU 21 AVRIL 1810, SUR
LES MINES, USINES, SALINES ET CARRIÈRES.

Du 3 août 1810.

§ I.er

GÉNÉRALITÉS. -- CLASSEMENT.

Les substances minérales ont été classées, par la loi du
21 avril 1810, en trois divisions distinctes, à chacune
desquelles sont appliquées des dispositions législatives
différentes.

§ II.

DES MINES. -- GÉNÉRALITÉS.

Les mines ne doivent être exploitées qu'en vertu d'un
acte de concession délibéré en conseil d'état.

Cet acte, par lequel les droits des propriétaires de la
surface seront réglés à l'égard des mines concédées,
investit le concessionnaire de la propriété perpétuelle de
la mine. [1]

Le gouvernement se fera rendre compte de l'état de
l'exploitation.

Les entrepreneurs seront éclairés sur les progrès de
l'art. Des améliorations basées sur une théorie sûre et
constatée par l'expérience, leur seront proposées. Les
travaux utiles seront encouragés.

[1] Art. 6 et 7.

L'administration surveillera tous les établissemens, pour leur porter sans cesse secours et lumières, par l'intermédiaire des ingénieurs des mines. Ces ingénieurs, qui réunissent le plus d'instruction théorique à la connaissance des procédés mis en usage dans tous les pays où l'exploitation des mines prospère, feront aussi profiter nos entreprises, des résultats des connaissances acquises, et de l'expérience des hommes les plus consommés dans l'art.

Enfin, s'il arrivait que, par négligence ou mauvaise gestion de quelques-uns des propriétaires des mines, la sûreté publique, celle des mineurs ou autres individus, fussent compromises, ou s'il n'était point convenablement pourvu aux besoins des consommateurs, le gouvernement sévirait contre de telles infractions aux obligations du concessionnaire, qui, recevant cette nouvelle propriété, doit en garantir à la société les produits, en même temps qu'il bénéficie sur l'exploitation.

C'est afin d'avoir moins à craindre cet abus de la chose concédée, qu'il devra être porté une attention sévère dans le choix des concessionnaires, sous le rapport de leurs facultés et de leur capacité, pour assurer l'exécution du mode d'exploitation le plus avantageux de la mine qui leur sera accordée ; et c'est aussi pour assurer l'unité des vues, et la suite des travaux, d'après un plan constant, que la loi a établi cette différence entre la propriété des mines et les autres propriétés, que celle-là ne pourra être vendue par lots ou partagée, sans une autorisation du gouvernement donnée dans la même forme que la concession. [1]

---

[1] Art. 7.

En général, il est bon que les mutations n'aient lieu qu'avec l'approbation du gouvernement, afin de s'assurer que les nouveaux prétendans à cette propriété atteignent le but de la loi, et qu'ils possèdent les facultés nécessaires pour exécuter les conditions de l'acte de concession : on sent que, si cela n'était pas ainsi, tous les soins que prend le gouvernement pour n'accorder les concessions qu'à des personnes reconnues en état de les faire valoir, seraient illusoires, si, par l'effet des mutations, ces propriétés passaient indifféremment dans toutes sortes de mains.

L'étendue que pourront avoir les concessions de mines n'est pas fixée par la loi ; il est réservé à l'administration de la déterminer suivant l'état des mines et les circonstances locales. On n'aura pas, par conséquent, à redouter les mauvais effets des concessions trop vastes.

Une redevance fixe sera perçue en raison de l'étendue : cette redevance est encore un moyen répressif de l'abus des trop grandes concessions.

Une autre redevance, proportionnelle au produit des mines, a pour objet d'augmenter les fonds, pour pouvoir en appliquer aux secours et encouragemens, et pour faire face aux dépenses administratives générales.

Cette seconde redevance n'excédera pas cinq pour cent du produit net ; elle sera modérée en raison de l'état de l'exploitation.

La recherche des mines est stimulée, éclairée par les soins des agens du gouvernement. Les ingénieurs des mines aident de leurs conseils ceux qui se livrent à ces travaux. Il en sera rendu compte à l'administration.

La découverte est encouragée, soit par la concession de la mine, soit par une indemnité de la part du concessionnaire, si l'auteur de la découverte n'obtient pas la concession, à défaut de moyens suffisans. Les anciens concessionnaires sont non-seulement maintenus dans les droits qu'ils avaient, mais ils sont associés aux avantages accordés aux nouveaux concessionnaires, à l'égard de la propriété des mines, et ils ne sont astreints qu'aux nouvelles redevances envers l'état, prescrites par la loi.

Les exploitans concessionnaires qui n'ont pas exécuté, quant à la limitation, les dispositions prescrites par la loi de 1791, sont appelés à faire légitimer leur jouissance.

§ III.

DES MINIÈRES. -- GÉNÉRALITÉS.

Les minières seront exploitées à ciel ouvert, par les propriétaires des terrains, ou par d'autres personnes, au refus des propriétaires ; mais en vertu d'une permission de l'administration, donnée sur l'avis de l'ingénieur des mines, après avoir entendu le propriétaire du terrain. [1]

Cette permission déterminera les limites et les règles de l'exploitation, sous les rapports de sûreté et de salubrité publiques, et de manière à satisfaire aux besoins des usines et des consommateurs en général.

Les minières rentrent dans la classe des mines, et sont concédées de la même manière quand l'exploitation à ciel ouvert cesse d'être possible, ou peut devenir nuisible ; mais le concessionnaire est assujetti à la condition de fournir aux usines établies légitimement, les minerais qui leur sont nécessaires, à un prix déterminé,

[1] Titre VII.

et d'indemniser les propriétaires du sol , dans la proportion du revenu qu'ils tiraient de l'extraction des minerais.

On sent que cette dernière condition ne sera pas toujours rigoureusement exécutable. Il faut ici observer l'esprit de la loi , qui est de réserver aux propriétaires des terrains le plus grand avantage possible ; mais, lorsque des exploitations superficielles auront ouvert les terrains , y auront donné accès aux eaux , que celles-ci seront accumulées , il faudra que les fouilles du concessionnaire soient portées assez profondément pour être à l'abri des dangers continuels que lui présenterait le voisinage des masses supérieures ; il faudra qu'il se débarrasse des eaux , ou par des galeries d'écoulement , ou à l'aide de machines assez puissantes. Il pourra alors être accordé aux propriétaires des terrains une portion de bénéfice , les dépenses prélevées ; et il ne faut pas perdre de vue que, si l'on élève le prix des minerais au-delà d'une certaine limite, on paralysera l'activité des usines , abus qui serait nuisible à l'état et au propriétaire lui-même.

Les tourbières se trouvent comprises dans la classe des minières ; elles ne peuvent être exploitées que par le propriétaire , ou de son consentement , et en vertu d'un règlement d'administration publique, qui fixe le mode général d'extraction , et les moyens d'écoulement des eaux dans chaque vallée.

§ IV.

DES CARRIÈRES. — GÉNÉRALITÉS.

Les carrières peuvent être exploitées à ciel ouvert ,

sans permission , sauf la surveillance et les règlemens de police. [1]

Si l'exploitation se fait par galeries souterraines , elle est soumise à la surveillance de l'administration , comme les mines.

§ V.

ACTION DE L'AUTORITÉ PUBLIQUE.

L'exécution de la loi présente deux sortes d'actions distinctes de l'autorité publique.

A. L'action administrative , qui constate la nature de l'objet , en établit la propriété, la surveille et la protége , sous les rapports de sûreté publique et de sûreté individuelle , et sous celui des avantages commerciaux.

B. L'action judiciaire qui a pour objet le maintien des droits légitimes , la répression des contraventions à la loi , et qui prononce sur toutes les contestations auxquelles peut donner lieu la propriété des mines , minières et carrières , soit entre les exploitans , soit entre ceux-ci et les propriétaires du sol ou entrepreneurs.

§ I.er

ACTION ADMINISTRATIVE. — RECHERCHE ET DÉCOUVERTE DES MINES.

La recherche des mines peut avoir lieu de deux manières , savoir : 1.º par les propriétaires des terrains ou avec leur assentiment ; dans ce cas , il n'y a aucune formalité à remplir ; 2.º par d'autres que par les propriétaires , et sur le refus de ceux-ci ; dans cette circonstance , les recherches ne doivent être faites qu'après en avoir obtenu la permission ainsi qu'il suit [2] :

Les permissions de recherches sont accordées par le

1 Titre VIII.
2 Tit. III , art. 10.

ministre de l'intérieur , sur l'avis de l'administration des mines , d'après un arrêté pris par le préfet du département , sur la demande , qui doit contenir d'une manière précise , l'objet de la recherche , la désignation du terrain , et les nom et domicile du propriétaire du terrain. La permission ne peut être accordée qu'à la charge d'une indemnité préalable envers lui, en raison de la non-jouissance et des dégâts occasionés à la surface et après qu'il a été entendu.

Le préfet prend l'avis de l'ingénieur des mines, qui fait connaître la nature du terrain , la probabilité du succès que présentent les circonstances locales , et la meilleure direction à suivre dans les travaux.

L'arrêté du préfet qui statue sur la demande , doit énoncer les nom , qualités et domicile du demandeur , la date de la demande , l'objet de la recherche , la désignation précise du lieu ou des lieux sur lesquels elle pourra porter , la date de la communication faite au propriétaire du terrain , l'avis de l'autorité locale , celui de l'ingénieur des mines, la discussion de l'opposition de la part du propriétaire ou des propriétaires , s'ils en ont fait , l'avis des experts sur l'indemnité à payer aux propriétaires , enfin l'opinion motivée du préfet sur le tout , en conséquence de laquelle ce magistrat admet ou rejette la demande , en fixant , en cas d'admission , la durée de la permission , l'étendue des terrains sur lesquels elle devra porter , et ordonne le renvoi de son arrêté et des pièces de l'affaire au ministre de l'intérieur , pour être statué définitivement.

La durée des permissions de recherches d'après les anciens usages, auxquels il n'est point dérogé , n'excède pas deux années ; elles peuvent être renouvelées après cette époque, s'il y a lieu, sur l'avis de l'administration des mines, et aux mêmes conditions à l'égard des propriétaires des terrains. Les travaux doivent être mis en activité dans les trois mois de la permission accordée par le ministre. Les travaux doivent être suivis avec activité ; et dans le cas d'inaction formellement constatée, après avoir entendu le permissionnaire, et sur le rapport du préfet du département et de l'administration des mines, la permission peut être révoquée par le ministre, et accordée à d'autres.

Aucune permission de recherche ne peut être accordée pour faire des sondages, ouvrir des puits ou établir des machines dans les enclos murés et dans les terrains attenant aux habitations, dans la distance de cent mètres desdites clotures ou habitations, qu'avec le consentement formel du propriétaire 1.

Tout propriétaire de terrain a droit de rechercher, sans permission préalable, des mines, minières ou carrières dans son terrain ; mais, comme tout autre, il ne peut suivre l'exploitation des substances qu'il aura découvertes, qu'en se conformant aux dispositions de la loi, pour obtenir concession ou permission d'exploiter, suivant les cas.

Des recherches ne peuvent avoir lieu dans l'étendue d'une concession déjà obtenue, que par le concessionnaire lui-même, ou d'après son consentement formel. S'il en était autrement, il est évident que la loi serait éludée, et que, sous prétexte de recherches il s'établirait des exploitations illicites.

Lorsque celui qui a découvert une mine, ne pourra

1 Titre III, art. 11.

en obtenir la concession , à défaut de moyens suffisans pour en faire prospérer l'exploitation , il aura droit à une indemnité de la part du concessionnaire. Cette indemnité est réglée par l'acte de concession.

On ne doit considérer comme découvertes , en fait de mines , que celles qui font connaître non-seulement le lieu où se trouve une substance minérale ; mais aussi la disposition des amas , couches ou filons , de manière à démontrer la possibilité de leur utile exploitation.

§ II.

DES CONCESSIONS.

Il y a lieu à demande de concession , soit pour des mines nouvellement découvertes , lorsque le gisement des couches minérales est tellement reconnu qu'il y a certitude d'une exploitation utile , soit pour des mines exploitées et non encore concédées. [1]

Il y a aussi lieu à concession pour des minières , lorsqu'il est nécessaire de les exploiter par puits et galeries , et dans ce cas, les formalités à remplir sont les mêmes que pour la concession des mines. [2]

Les terrains d'une même concession doivent être contigus.

Plusieurs concessions peuvent être réunies entre les mains d'un même concessionnaire ; ces concessions peuvent même être limitrophes , pourvu que toutes soient tenues constamment en activité d'exploitation. [3]

Les concessionnaires antérieurs à la présente loi , sont

[1] Art 5.
[2] Art. 69 et 70.
[3] Art. 51.

devenus, par son effet, propriétaires des mines qui leur avaient été concédées : ils sont tenus de payer les nouvelles redevances fixes et proportionnelles que la loi établit. [1]

La loi n'ayant point porté d'exception à l'égard des anciens concessionnaires qui auraient encouru la déchéance aux termes de la loi de 1791 , mais à l'égard desquels il n'a point été prononcé , on doit aussi leur appliquer les mesures favorables des articles 53 et 54 , mais à la charge de mettre les travaux en activité dans l'année , à dater de la publication de la loi.

Toute nouvelle demande en concession doit être présentée au préfet du département dans l'étendue duquel la mine est située. [2]

La pétition doit indiquer les nom , prénom , qualités et domicile du demandeur , la désignation précise du lieu de la mine , la nature du minerai à extraire , l'état auquel les produits seront livrés au commerce , les lieux d'où l'on tirera les bois et combustibles qui seront nécessaires , l'étendue de la concession demandée , les indemnités offertes aux propriétaires des terrains , à celui qui aurait découvert la mine , s'il y a lieu ; la soumission de se conformer au mode d'exploitation déterminé par le gouvernement : si la concession demandée a pour objet des minières dont les produits sont nécessaires à des usines , la pétition doit contenir la soumission de fournir aux usines dans la proportion et au prix à fixer par l'administration.

Dans tous les cas , il devra être joint à la pétition un plan régulier de la surface , en triple expédition , et

1 Art. 52 et 55.
2 Art. 22 et suivans.

sur une échelle de dix millimètres pour cent mètres, qui présente l'étendue de la concession, et les limites déterminées, le plus possible, par des lignes droites menées d'un point à un autre, en observant de diriger les lignes de préférence sur des points immuables. Ce plan devra faire connaître la disposition des substances minérales à exploiter. [1]

Il sera joint un extrait du rôle des impositions, constatant la cote des demandeurs ; ou si c'est une société, elle justifiera, par un acte de notoriété, que ses membres réunissent les qualités nécessaires pour exécuter les travaux, et satisfaire aux indemnités et redevances auxquelles la concession devra donner lieu. [2]

La demande en concession sera enregistrée à la date de sa réception à la préfecture. [3]

Le secrétaire général donnera au requérant extrait certifié de l'enregistrement. [4]

Le préfet ordonnera les publications et affiches de la demande, dans les dix jours de sa réception. [5]

Les pétitionnaires ne peuvent se charger eux-mêmes de l'exécution des publications et affiches prescrites par la loi : elles doivent avoir lieu à la diligence des sous-préfets et des maires. [6]

Les affiches seront exposées pendant quatre mois dans le chef-lieu du département, dans celui de l'arrondissement où la mine est située, celui du domicile du

1 Art. 29 et 3o.
2 Art. 14.
3 Art. 22.
4 Art. 25.
5 Art. 22.
6 Art. 24.

demandeur, et dans toutes les communes sur le territoire desquelles la concession peut s'étendre. Les publications de la demande doivent être faites, en outre, aux termes de l'art. 24, au moins une fois par mois, pendant le temps fixé pour la durée des affiches. [1]

Après l'expiration du délai légal, le préfet acquerra la preuve de l'accomplissement des formalités ci-dessus, au moyen des certificats à lui adressés par les sous-préfets et les maires, lesquels certificats doivent faire mention des oppositions, s'il leur en est parvenu : les sous-préfets joignent leur avis. [2]

Les oppositions faites, soit par-devant les autorités locales, soit à la préfecture, sont enregistrées comme l'a été la demande en concession : elles sont notifiées aux parties intéressées, et le registre est ouvert à qui veut en avoir communication. [3]

L'ingénieur des mines, auquel les pièces de l'affaire seront remises, vérifiera le plan et le certifiera. Cet ingénieur donnera son avis sur l'ensemble de l'affaire, fera connaître l'état de la mine : il indiquera le mode d'exploitation le plus utile, la redevance fixe et proportionnelle dont la concession lui paraît susceptible, à raison de l'influence qu'elles pourront avoir sur la suite de l'exploitation. [4]

S'il y a discussion entre les propriétaires du terrain et le demandeur en concession, relativement aux indemnités autorisées par les articles 6 et 42 de la loi, ou réclamation de sa part, à l'égard des redevances

1 Art. 23.
2 Art. 27.
3 Art. 26.
4 Art. 27.

proposées par l'ingénieur des mines , ces objets seront soumis à l'avis du conseil de préfecture.

Le préfet , sur le vu de la demande , des plans qu'il doit viser , des certificats qui contastent l'exécution des formalités prescrites , de l'avis des autorités locales et de celui de l'ingénieur des mines , des oppositions , de l'avis du conseil de préfecture , s'il y a lieu , et après avoir pris des informations sur les droits et facultés des demandeurs , donne son opinion sur le tout et la transmet au ministre de l'intérieur , avec toutes les pièces.

Jusqu'à l'émission du décret , toute opposition est rigoureusement admissible ; mais celles tardivement formées n'arriveront qu'avec le préjugé défavorable qui doit accompagner les démarches que l'on a paru désirer soustraire à l'examen préalable des autorités locales , auxquelles cependant ces réclamations seront renvoyées , dans tous les cas, pour avoir un avis motivé. [1]

Les oppositions adressées à l'administration , et qui seraient motivées sur la propriété déja acquise de la mine , seront renvoyées devant les tribunaux et cours.

Le gouvernement juge des motifs ou considérations d'après lesquels la préférence doit être accordée aux demandeurs , soit comme propriétaires de la surface , soit comme ayant découvert la mine , ou à quelque autre titre que ce soit. [2]

Les principaux motifs qui déterminent à accéder à une demande en concession , sont, 1.° l'existence reconnue d'un minéral utilement exploitable; 2.° la cer-

1. Art. 28.
2 Art. 16.

litude de moyens d'exploitation offerte par les localités, sans anéantir des établissemens antérieurement en activité ; 3.º la faculté d'asseoir l'exploitation sur une étendue de terrain suffisante , pour qu'elle soit suivie par les moyens les plus économiques ; 4.º la connaissance des débouchés qui doivent assurer la prospérité de l'entreprise ; 5.º une intelligence active de la part des demandeurs , et la justification des moyens nécessaires pour satisfaire aux dépenses de l'entreprise.

Le décret de concession énonce les prénoms , noms , qualités et domicile du concessionnaire ou des concessionnaires , la nature et la situation de l'objet concédé : il désigne les limites de la concession accordée, exprime son étendue en kilomètres carrés , fixe les indemnités à payer envers qui de droit ; il détermine le mode d'exploitation qui devra être suivi par le concessionnaire , et notamment les galeries d'écoulement et autres grands moyens d'épuisement , d'aérages ou d'extraction des minerais , qui devront être exécutés pour l'exploitation la plus économique ; les autres conditions dépendantes des circonstances locales , et à l'exécution desquelles le concessionnaire serait soumis ; enfin l'obligation d'acquitter les redevances générales , aux termes de la loi : il indique l'époque à partir de laquelle la redevance proportionnelle commencera à être percevable pour l'objet concédé , et l'obligation aussi d'acquitter envers les propriétaires de la surface ou à l'égard des inventeurs , les indemnités qui seront fixées ou qui seraient dues aux termes des articles , 6 , 42 , 51 , 53 , 55 et 48 , 44 , 45 et 46. [1]

Un plan de la concession reste joint à la minute du décret.

____

[1] Forme du décret.

S'il y avait des changemens à opérer, en vertu du décret, sur les plans fournis, ces changemens seraient exécutés sous la surveillance de l'administration générale des mines, et les plans seraient à cet égard certifiés par le chef de l'administration et visés par le ministre de l'intérieur.

Le décret de concession est adressé par le ministre au préfet du département, qui le notifie, sans délai, au concessionnaire, et qui en ordonne les publications et affiches dans les communes sur lesquelles s'étend la concession. [1]

§ III.

DES MUTATIONS ET DU PARTAGE DES MINES OU MINIÈRES CONCÉDÉES.

L'objet de la concession ne peut être partagé ou vendu par lots, sans une autorisation spéciale du gouvernement. [2]

La division d'une mine ou d'une minière en exploitation entraînerait le plus souvent la ruine de l'entreprise : d'ailleurs, le but que s'est proposé le gouvernement en accordant la concession à des personnes reconnues capables de faire valoir la chose qui leur est confiée, ne serait plus rempli. Le partage de l'objet concédé donnerait lieu à des extractions partielles, toujours beaucoup plus nuisibles qu'elles ne peuvent être utiles.

Il est donc indispensable, lorsque, par effet d'hérédité ou autrement, une mine ou une minière concédée se trouverait dans le cas d'être partagée, que la question du partage soit soumise au gouvernement.

Dans ce cas, l'administration a à examiner :

1 Notification et publication du décret.
2 Art. 7.

1.º Si la mine ou minière concédée est susceptible de division sans inconvénient ;

2.º Si chacun des co-partageans qui deviendrait propriétaire de portion de la mine ou de la minière, aurait les facultés nécessaires pour suivre les travaux à faire dans chacune des parties, et acquitter les charges qui seraient affectées proportionnellement à chaque portion.

La demande en division de mine ou minière doit être adressée au préfet du département, avec les plans de la la surface, sur une échelle de dix millimètres pour cent mètres, et celui des travaux intérieurs sur celle d'un millimètre pour mètre, avec les extraits des rôles d'impositions certifiant les cotes de chacun des demandeurs, et avec les avis des autorités locales sur leurs moyens et leurs facultés.

L'ingénieur des mines donne son avis sur la possibilité de la division, en conservant des exploitations utiles. S'il y a possibilité, il indiquera le mode de division préférable, et les travaux qui devront avoir lieu par suite de cette division.

S'il y a impossibilité de partager sans compromettre la sûreté et l'utilité de l'exploitation, l'ingénieur motivera son avis dans ce sens, d'après les considérations de l'état de la mine et des résultats nuisibles que produirait la division.

Le préfet du département adresse son opinion, sur le tout, au ministre de l'intérieur, lequel, après avoir pris l'avis de l'administration générale des mines, soumet un rapport au roi, qui statue sur la demande en conseil d'état.

Si la demande en division est admise, le décret détermine le mode de partage, les travaux à exécuter par

chacun des co-partageans et la proportion des charges
et redevances qui leur sont imposées.

Chacun jouit ensuite de son lot, comme s'il eût été
concessionnaire originaire.

En cas de simple mutation par vente ou hérédité,
l'approbation pourra avoir lieu dans la même forme,
avec cette différence, qu'il ne s'agira que de constater
les facultés des héritiers ou des acquéreurs, au moyen
d'extraits des rôles de contributions et de l'avis des autorités locales, lesquelles pièces seront adressées, avec
la demande, au ministre de l'intérieur, pour être ensuite
statué comme il vient d'être dit.

§ IV.

DE L'ABANDON DES MINES OU MINIÈRES CONCÉDÉES.

Lorsque le propriétaire d'une mine, ou d'une minière
concédée, en abandonnera l'exploitation, pour quelque
cause que ce soit, il est extrêmement important que l'état
de la mine ou minière et celui des travaux restent constatés par des plans et des descriptions exactes. [1]

Sans cette précaution, il serait dans tous les temps,
plus difficile et plus dangereux de reprendre l'exploitation, et il est utile pour celui même qui l'abandonne
que d'autres puissent en tenter la reprise, et l'indemniser
de la valeur des travaux et machines qu'il y aurait
laissés. Cela est intéressant, d'ailleurs, pour les propriétaires des terrains, à raison des droits qui pourraient
leur avoir été attribués en vertu de l'article 6 de la loi,
et à raison de la sécurité qu'ils ont droit de réclamer
pour la conservation de leur propriété.

[1] Loi de 1791, art. 16, 17 et 18.

C'est donc une mesure d'ordre public, que d'exiger d'un propriétaire de mine ou minière qu'il prévienne l'administration des mines, au moins trois mois d'avance, lorsqu'il sera déterminé à abandonner l'exploitation, afin qu'il soit pris par l'administration, les mesures convenables pour conserver une connaissance exacte de l'état des travaux, et qu'il soit pourvu aux moyens de sûreté et de conservation qui seront jugés nécessaires.

Dans tout état de choses, une expédition du procès-verbal de description et de plan avant l'abandon de l'exploitation, doit être déposée aux archives de la préfecture, et une autre à celle de l'administration des mines, pour y avoir recours au besoin.

L'exploitation abandonnée restera à la disposition du gouvernement, comme bien vacant. [1]

§ V.

DES FORMES A OBSERVER POUR L'EXPLOITATION DES MINIÈRES.

On a vu § III, que les minières exploitables à ciel ouvert, sont assujetties à des permissions qui règlent les limites de l'exploitation, et prescrivent les mesures nécessaires sous les rapports de sûreté et de salubrité publiques. [2]

Ces minières peuvent être exploitées par les propriétaires des terrains. Ils sont tenus d'en faire la déclaration au préfet, avec désignation précise du lieu. [3] Le préfet donne acte de cette déclaration, ce qui vaut permission pour le propriétaire, lequel est soumis, à l'égard de

[1] Code civil, art. 539.
[2] Tit. 7.
[3] Art. 59.

ses travaux, aux règlemens de police et de sûreté publique. [1]

Mais, sur le refus de la part du propriétaire du terrain de procéder à l'extraction, et lorsque cela est nécessaire pour l'activité d'usines légalement établies, le chef d'usine obtient du préfet, et sur l'avis de l'ingénieur des mines, la faculté d'exploiter.

Dans ce cas, la demande est faite par le chef d'usines au préfet du département.

Elle contient l'indication précise du lieu, et les nom et domicile du propriétaire.

Le préfet ordonne la notification au propriétaire, qui doit déclarer, dans le mois, s'il entend exploiter par lui-même.

Après le délai d'un mois, l'affaire est donnée en communication à l'ingénieur des mines, avec la réponse du propriétaire, si elle a eu lieu; et l'ingénieur fait son rapport sur la demande, et sur les oppositions, s'il y en a.

Si après le délai d'un mois le propriétaire du terrain n'a pas répondu à la notification, il est censé avoir renoncé à l'exploitation. [2]

Le préfet accorde la permission : elle énonce les limites du terrain dans lequel elle aura lieu et le mode qui devra être suivi ; elle prescrit la condition de payer au propriétaire du fonds, et avant l'enlèvement du minerai, une indemnité pour la valeur de ceux-ci, qui doit être réglée de gré à gré ou à dire d'experts, défalcation faite des dépenses d'extraction. [3]

[1] Art. 61 et 62.
[2] Art. 66.
[3] Art. 63.

La permission porte aussi l'obligation, par le chef d'usine, de rétablir, après l'extraction, le terrain en état de culture, ou d'indemniser le propriétaire de la valeur de ce terrain. [1]

Lorsque le propriétaire de terrain se charge d'extraire lui-même les minerais pour les livrer aux usines, le prix en est également réglé de gré à gré avec les chefs d'usines, ou à dire d'experts choisis ou nommés d'office.

Il est évident que dans toutes ces évaluations de prix des minerais, on doit prendre essentiellement en considération la conservation de l'activité des usines. Il faut donc avoir égard, avec une grande circonspection, aux procédés plus ou moins dispendieux, au moyen desquels les substances minérales à traiter seront émises dans le commerce. La ruine des usines serait funeste à l'intérêt public, et serait nuisible à l'intérêt du propriétaire du terrain lui-même. [2]

Lorsque plusieurs usines ont besoin des minerais d'une même minière, le préfet détermine, sur l'avis de l'ingénieur des mines, les portions dans lesquelles chacun des chefs d'usines aura droit à l'extraction, si elle est faite par eux ou pour leur compte, ou à l'achat du minerai, s'il est extrait par le propriétaire.

C'est dans cette circonstance qu'il importe le plus que le préfet, sur l'avis de l'ingénieur des mines, prescrive le mode d'exploitation et l'ordre qui doit être suivi pour éviter les dégâts qui résulteraient de la concurrence des extractions à une même minière. [3]

Enfin si l'exploitation doit être opérée dans des forêts

[1] Art. 65.
[2] Art. 64.
[3] Art. 67.

dépendantes du domaine public ou des bois communaux, la loi a prescrit des mesures tendant à empêcher la dévastation de ces propriétés. Il faut alors que l'administration forestière soit entendue conjointement avec l'administration des mines, afin qu'il ne soit consacré à l'extraction que les terrains reconnus indispensablement nécessaires, et qu'il soit pris tous les moyens de conservation et de reproduction que les circonstances locales permettent.

Dans ce cas, le préfet ne devra prononcer sur la permission à accorder, qu'après avoir vu les rapports du conservateur des forêts et de l'ingénieur des mines, et après avoir même, s'il le jugeait nécessaire, mis ces fonctionnaires à portée de se communiquer leurs vues, et de concerter la détermination à proposer.

Les permissions de cette espèce seront soumises par le préfet au ministre de l'intérieur, qui statuera définitivement, après avoir pris l'avis de l'administration générale des mines et celui de l'administration générale des forêts.

Toutes ces règles s'appliquent aux minières qui fournissent des minerais de fer, ou des minerais dont on obtient des sels, tels que les sulfates de fer, de cuivre, d'alumine, etc.

§ VI.

DES TOURBIÈRES. [1]

Les tourbières que la loi a mises dans la classe des minières, sont soumises à des dispositions qui diffèrent, à quelques égards, de celles qui précèdent. [2]

[1] Tit. 8.
[2] Art. 83.

Les tourbes ne peuvent être exploitées que par le propriétaire du terrain dans lequel elles se trouvent, ou que du consentement de ce propriétaire.

Il est d'une très-grande importance pour la salubrité des pays où l'extraction des tourbes a lieu, et pour l'économie de ce combustible, que l'exploitation en soit faite avec régularité, et surtout en évitant la stagnation des eaux dans les vallées tourbeuses ; stagnation qui ne manque pas de produire des épidémies funestes.

Il est donc indispensable que l'exploitation de chaque propriétaire soit co-ordonnée au système reconnu le plus salubre et le plus utile dans chaque canton à tourbe. [1]

A cet effet, les ingénieurs des mines, après avoir fait dans ces terrains les nivellemens nécessaires, et avoir reconnu le gisement et la puissance des bans de tourbe par des sondages, soumettront au préfet un plan général d'exploitation, auquel ce magistrat donnera son approbation, s'il y a lieu, et sauf le recours au ministre de l'intérieur. [2]

Tout propriétaire de terrain à tourbe doit, aux termes de la loi, demander à la sous-préfecture du lieu, la permission d'extraire. Il désignera avec précision le lieu où il voudrait établir son extraction ; il indiquera l'étendue de sa propriété, la qualité et l'épaisseur des bancs de tourbe qu'il aura reconnus par des sondages.

L'ingénieur des mines consulté, donnera son avis sur la demande. L'autorisation accordée par le préfet au propriétaire, exprimera la direction, l'étendue la profondeur à donner à l'exploitation, et l'époque à laquelle elle devra avoir lieu, en conformité du mode et du plan général d'extraction qui auront été déterminés.

1 Art. 85.
2 Art. 84-86.

§ VII.

DES CARRIÈRES.

L'exploitation des carrières à ciel ouvert continuera d'être soumise aux lois et règlemens de police qui leur sont relatifs.

Les ingénieurs des mines rendront compte aux préfets des départemens, de l'état de ces exploitations, et proposeront les mesures à prendre suivant les circonstances.

Les carrières exploitées par puits et galeries nécessitent une surveillance plus attentive et plus suivie. Il s'agit d'obvier aux atteintes qui peuvent être portées aux droits des propriétaires du terrain, d'empêcher que la sûreté des ouvriers ne soit compromise par un mauvais mode d'exploitation, d'obvier à la disparition et à l'absorption des eaux de la surface qui sont nécessaires aux besoins des communes et des particuliers.

La proximité où ces travaux sont de la superficie, les rend susceptibles de plus d'inconvéniens et de dandangers plus fréquens que les travaux des mines exploitées en profondeur, lesquels exigent cependant tant de prudence et d'instruction.

Les carrières exploitées par puits et galeries, doivent être visitées fréquemment par les ingénieurs des mines, par les gardes-mine sous leurs ordres.

Les exploitans doivent avoir les plans et coupes de leurs travaux tracés sur une échelle d'un millimètre pour mètre. Ils fourniront à la préfecture, tous les ans, dans le mois de janvier ou de février au plus tard, lesdits plans et coupes, pour être vérifiés, certifiés et déposés au bureau de l'ingénieur des mines.

A l'aide de ces plans, qui seront continuellement utiles aux exploitans, l'administration parviendra à rendre l'exploitation des carrières plus sûre sous tous les rapports, et les tribunaux seront aussi plus promptement en état de prononcer sur les plaintes qui leur seraient portées.

§ VIII.

DES FOURNEAUX, FORGES ET USINES POUR LE TRAITEMENT DES SUBSTANCES MINÉRALES. [1]

Les fenderies et usines dans lesquelles les substances minérales doivent être traitées pour en extraire les métaux et les sels, les forges, martinets, laminoirs et fonderies pour le fer ou le cuivre, et en général les usines dans lesquelles les substances minérales sont élaborées à l'aide des combustibles, ne doivent être en activité qu'en vertu d'une permission du gouvernement, accordée après quatre mois de publication et affiche de la demande, comme les concessions de mines. [2]

La demande en permission est adressée au préfet du département; elle énonce la nature de la substance qu'on se propose de traiter, l'espèce et la quantité du combustible qu'on consommera, les lieux qui le fourniront, le cours d'eau dont on se servira (lorsqu'on veut en employer), la durée désirée de la permission. Un plan de l'usine et du cours d'eau y est joint : ces plans seront dressés sur une échelle d'un millimètre pour dix mètres. [3]

Les oppositions, s'il en survient pendant le délai légal

1 Tit. 7.
2 Art. 73.
3 Art. 74.

des affiches, doivent être communiquées au demandeur pour y répondre.

Les autorités locales donneront leur avis.

Les choses essentiellement nécessaires pour l'activité de ces usines sont :

1.º L'existence en qualité utile, et en quantité suffisante du minerai à traiter ;

2.º La possibilité de se procurer les combustibles qui peuvent être appliqués à l'opération que l'on veut entreprendre ;

3.º L'emploi d'un cours d'eau est presque toujours indispensable ou utile.

Il convient donc que pour ces sortes de demandes, le préfet soit éclairé du rapport de l'ingénieur des mines ; de celui du conservateur des forêts, si l'on emploie le bois pour combustible, et du rapport de l'ingénieur des ponts et chaussées, relativement au cours d'eau, si l'on en fait usage.

Aussitôt après le délai expiré pour les affiches et publications, le préfet prend, sur la demande, l'avis du conservateur des forêts et celui de l'ingénieur des ponts et chaussées, s'il y a lieu ; après quoi, il communique l'ensemble de l'affaire à l'ingénieur des mines. Celui-ci expose, dans son rapport, la nature et le gisement des minerais qu'on se propose de traiter ; il entre dans le détail de tous les moyens d'activité que les localités peuvent présenter ; il en déduit l'utilité ou le danger de l'entreprise, fait connaître si elle peut être nuisible ou non à des entreprises déjà établies : s'il juge l'établissement utile, il explique la méthode qui lui paraît la plus économique à suivre pour le traitement du minerai ; l'espèce et la quantité du combustible qu'il conviendrait d'y appliquer , la meilleure disposition des fourneaux et foyers ; les moyens mécaniques qui produiraient les effets les plus avantageux pour atteindre le but qu'on se propose et par conséquent la force motrice qu'il faudra employer , soit qu'on l'emprunte d'un cours d'eau ou de tout autre moyen. [1]

Enfin l'ingénieur donne son avis sur les oppositions ; sur la préférence à accorder , s'il y a concurrence pour la demande , et sur la quotité de la taxe une fois payée à laquelle les permissions sont assujetties. Il certifie l'exactitude du plan après l'avoir vérifié. [2]

En cas de concurrence entre plusieurs demandeurs , celui qui , à faculté égale d'ailleurs , réunirait dans sa propriété territoriale ou qui aurait à sa disposition les minerais et les combustibles à employer , mériterait la préférence.

Lorsque la demande en permission est complètement instruite devant le préfet , ce magistrat , sur le vu de la pétition , des certificats d'affiches et publications , des oppositions , s'il y en a , de l'avis des autorités locales et de ceux des fonctionnaires ci-devant dénommés , ainsi qu'il y a lieu , donne son opinion sur le tout , et l'adresse au ministre de l'intérieur , avec toutes les pièces.

Le décret à intervenir annonce les prénoms , nom , qualités et domicile du demandeur , l'objet de la permission ; la substance ou les substances à traiter sont désignées ; l'espèce et la quantité des bouches à feu sont précisées ; la nature des combustibles qui seront employés , les conditions de conservation et de reproduction qui pourront être exigées.

[1] Tit. 7 , sect. 4.
[2] Art. 75.

Les dispositions relatives au cours d'eau, sont fixées, lorsqu'il y a lieu, ainsi que l'époque à laquelle l'usine devra être mise en activité, et la durée de la permission, si elle est limitée, les charges particulières qui pourraient être prescrites en faveur d'un service public, enfin la taxe fixe que le permissionnaire devra acquitter.

Les établissemens existans antérieurement à la publication de la loi du 21 avril 1810, sont maintenus, à la charge de justifier d'une permission légale, ou d'en obtenir une avant le 1.er janvier 1813, sous peine de payer un triple droit de permission pour chaque année de retard de la demande qu'ils doivent faire, à dater de la loi. [1]

En conséquence, les ingénieurs des mines représenteront aux préfets des départemens un état circonstancié des usines en activité. Cet état fera connaître le nombre et l'espèce de leurs feux, et la nature de leurs produits.

Les préfets doivent se faire remettre copie authentique des titres en vertu desquels chaque usine aurait été établie ; et à défaut de titre valable, le chef d'usine sera prévenu de la nécessité où il est de former sa demande conformément à la présente instruction, pour être statué par le gouvernement.

§ IX.

DU CHANGEMENT D'ÉTAT DES USINES.

La suppression d'une usine, sa transformation en usine d'un autre genre, les changemens dans l'espèce ou le nombre des feux, les changemens à l'état du cours d'eau, le transport d'une fabrique d'une localité

[1] Art. 78.

dans une autre , sont des choses qui intéressent l'ordre public , sous plusieurs aspects importans , et qui peuvent aussi nuire à l'intérêt des particuliers. [1]

Ces changemens ne doivent avoir lieu qu'avec l'approbation préalable du gouvernement, donnée dans la même forme que la permission ; et , comme celle-ci n'a été donnée qu'à la charge d'en faire usage dans un délai déterminé , et par conséquent de tenir l'usine en activité , celle qui resterait inactive , sans cause légitime , au-delà du temps ordinaire de sa fériation , ne pourra être remise en feu qu'en vertu d'une nouvelle permission.

Si l'on ne suivait pas cette marche , il arriverait que les matières premières qui alimentaient l'usine , ayant été réparties pendant le temps de son inaction sur d'autres points de consommation , la remise en activité pourrait être une cause de ruine pour des établissemens formés postérieurement , avec autorisation , et d'après la considération même de la cessation du premier.

Un propriétaire d'usine qui ferait des changemens sans autorisation préalable , serait d'ailleurs passible de tous les dommages soufferts par des tiers , sans qu'il fût admis à prétendre que ces mêmes dommages résultaient de l'état antérieur.

§ X.

DROITS DES CONCESSIONNAIRES DES MINES ET DES PERMISSIONNAIRES , POUR ÉTABLISSEMENT D'USINES A TRAITER LES SUBSTANCES MINÉRALES ET LES MÉTAUX.

Les concessionnaires de mines ou les permissionaires sont propriétaires absolus des objets concédés ou des

----

1 Lois forestières , 1629.

usines établies en vertu de permissions : cette propriété est immuable , les chevaux , machines , agrès , outils et ustensiles nécessaires à la continuité de l'exploitation , sont des dépendances qui ne peuvent être séparées de l'établissement sans en suspendre l'activité , elles sont aussi considérées comme immeubles. [1]

Cette propriété est absolument distincte de la propriété des terrains superficiels.

Les inscriptions prises sur celle-ci , ne portent pas sur celle-là , et réciproquement. Tous les droits de propriété résultant des lois civiles , peuvent être exercés à l'égard de l'objet concédé , tant qu'ils restent indivis entre les mains de propriétaires reconnus en état d'exécuter les conditions de la concession : on ne peut être exproprié que dans la forme prescrite au code civil et au code de procédure civile , ou à la poursuite du gouvernement pour ne s'être point conformé aux conditions essentielles de l'acte de concession. L'objet concédé est passible de tous les effets du code hypothécaire. Il peut être affecté par privilége en faveur de ceux qui justifieraient formellement avoir fourni les fonds nécessaires à son exploitation. [2]

L'indemnité qui aurait été fixée en faveur des propriétaires de la surface , en vertu de l'art. 6 de la loi , demeure réunie à la valeur de la surface , et passible indivisément des hypothèques qui seraient prises par les créanciers du propriétaire du terrain. [3]

C'est pour cette raison que l'indemnité pour les pro-

1 Art. 8.
2 Art. 7 , 20.
3 Art. 18.

priétaires de surface , lorsqu'il y a lieu , doit être fixée , même lorsque la propriété appartient au concessionnaire de la mine ou de la minière.

Les actions ou intérêts dans une société ou entreprise pour l'exploitation des substances minérales , sont réputées meubles ; sont aussi réputées meubles les matières extraites , les approvisionnemens et autres objets mobiliers ordinaires. [1]

L'acte de concession purge , en faveur du concessionnaire , tous les droits des propriétaires de surface , inventeurs , ou de leur ayant cause , chacun dans leur ordre. [2]

Les propriétaires d'usines légalement établies pour le traitement des substances minérales , peuvent faire des fouilles , et exploiter même au dehors de leur propriété les minerais nécessaires à l'activité de leurs usines , en se conformant aux dispositions du tit. 7 , pour l'exploitation des minières.

Les concessionnaires ou permissionnaires peuvent appliquer aux travaux d'extraction des minerais, ou à leur traitement , les cours d'eau qui sont sur le lieu de leur établissement , ou qu'ils y amèneraient , si ces dispositions sont reconnues n'être pas nuisibles à l'usage des habitans du pays , aux usines préexistantes , à la navigation ou aux moyens de défense des places de guerre.

Ils peuvent, en conséquence , être autorisés par l'administration , à ouvrir des canaux souterrains ou à découvert, les étendre même , à l'égard des concessionnaires, hors de l'enceinte de leur concession , pourvu qu'ils n'y

1 Art 8-9.
2 Art. 17.

pratiquent pas d'exploitation , et construire et élever toutes digues ou écluses nécessaires , des patouillets et des laveries.

§ II.

DES OBLIGATIONS DES PROPRIÉTAIRES DE MINES ET DES PROPRIÉTAIRES D'USINES , POUR LE TRAITEMENT DES SUBSTANCES MINÉRALES ET DES MÉTAUX.

Les concessionnaires propriétaires de mines, et les permissionnaires propriétaires d'usines , sont obligés à extraire et à traiter les substances minérales dont l'exploitation leur est confiée , de manière à satisfaire aux besoins de la consommation et suivant le mode le plus avantageux à la société. Ce mode est aussi le plus profitable pour ces exploitans , aujourd'hui surtout que toutes les dispositions qu'ils feront pour une exploitation économique et durable , non-seulement conserveront dans leurs mains une propriété importante , mais ajouteront encore à sa valeur.

Les travaux des concessionnaires ou permissionnaires doivent être en activité au plus tard un an après avoir obtenu la concession ou la permission du gouvernement, et ils sont obligés de les suivre constamment et sans interruption. Cette obligation sera énoncée dans les actes de concession et dans les permissions. La cessation d'activité , sur ces établissemens est souvent la cause de leur ruine : elle occasione au moins toujours de plus grandes dépenses ; d'ailleurs , elle prive les consommateurs et les fabriques qui s'alimentent de ces produits ; dans certaines circonstances même , elle peut compromettre le service de l'état. [1]

[1] Art. 62.

Une obligation essentielle qui doit aussi être énoncée aux actes de concession et permission, et dont les exploitans éclairés sentiront bien toute l'importance, c'est celle d'avoir des plans et coupes de travaux à mesure de leurs progrès. Sans cette pratique indispensable, on est exposé à chaque instant, dans l'intérieur des mines, à toutes sortes d'accidens désastreux. La confection des plans dans les travaux des mines est une mesure de sûreté publique et de la plus grande utilité pour l'intérêt de l'exploitant. Il est donc nécessaire que chaque exploitant adresse au préfet de son département, tous les ans, dans le mois de janvier ou de février au plus tard, les plans et coupes, sur une échelle d'un millimètre pour mètre, des travaux faits pendant l'année précédente [1], et il joindra à ce premier envoi, pour les mines entièrement exploitées, les plans des travaux précédemment exécutés, autant qu'il sera possible de le faire. Ces plans seront transmis à l'ingénieur ordinaire faisant les fonctions, pour être vérifiés, certifiés et conservés en ordre dans leurs bureaux, afin d'être consultés au besoin.

Tout concessionnaire ou exploitant de mines, minières ou carrières, doit s'abstenir, de la manière la plus absolue, de faire aucun sondage, d'ouvrir des puits, ni de communiquer par des galeries, ni d'établir des machines, magasins ou dépôts de matières extraites dans les terrains faisant partie d'enclos murés, cours ou

---

[1] Les exploitans trouveront beaucoup de facilité pour l'envoi des plans de leurs travaux annuels, en adoptant, dès le premier envoi, pour le plan général, le mode des plans divisés en carreaux numérotés de 10 en 10 millimètres. Alors il suffira qu'ils envoient, chaque année, les travaux correspondans à leurs nouveaux travaux.

(*Note de l'Auteur*).

jardins, ni dans les terrains attenant aux habitations ou clotures, dans la distance de cent mètres desdites clotures ou habitations.

Ils ne peuvent se permettre aucune espèce de travaux dans ces lieux, qu'après en avoir obtenu des propriétaires une permission spéciale et authentique.

Les concessionnaires ou permissionnaires doivent acquitter avec exactitude les indemnités ou rentes auxquelles ils ont été soumis, conformément au décret de concession ou de permission, et les indemnités dues aux propriétaires des terrains sur lesquels ils établissent leurs travaux, déblais ou matériaux.

Si le concessionnaire vient à découvrir, dans l'étentendue de sa concession, une substance minérale d'une autre espèce que celle pour laquelle il lui a été accordé une concession, il en demandera une particulière pour cet objet, s'il veut l'exploiter. On sent parfaitement, 1.º que celui qui a obtenu la concession d'un objet, peut n'être pas jugé susceptible de la même faveur pour un autre ; 2.º que les limites déterminées pour la première concession, et les dispositions prescrites par le décret qui y est relatif, peuvent n'être pas également convenables pour la seconde ; 3.º il peut arriver encore, et il arriverait souvent que la nouvelle substance découverte dût donner lieu à une concession qui se porterait hors des limites de la première, et même sur d'autres concessions de mines différentes ; 4.º enfin, sous le rapport des droits des tiers et celui de l'intérêt de l'état, il est indispensable que le gouvernement établisse positivement et distinctement les droits du concessionnaire pour chaque espèce de mines.

§ XII.

REDEVANCES PUBLIQUES.

L'exploitation des mines, minières et carrières n'est pas sujette à patente ; mais les propriétaires de mines doivent payer annuellement : [1]

1.° Une redevance fixe de 10 francs par kilomètre carré de la concession accordée. Il est évident que cette redevance porte sur l'étendue de la concession rapportée à un plan horizontal, soit que la concession ait été accordée par limites verticales ou par couches. Ce serait éluder la loi que de prétendre que les concessions par couches de minerai, ne doivent payer cette redevance que relativement à une seule surface commune à toutes ces concessions. Elles peuvent être en nombre indéfini au-dessous de cette seule surface ; outre que ce serait là une application inexacte de la loi, ce serait encore encourager un mode de concession reconnu généralement comme étant le plus mauvais : et enfin, si l'une des concessions par couches était abandonnée, la redevance serait augmentée pour les concessions restantes : cette redevance ne serait donc plus fixe. Sous aucun rapport, on ne peut voir qu'il y ait ici d'équivoque sur le sens de la loi ; et qu'est-ce d'ailleurs que cette redevance de 10 francs par kilomètre carré ? la surface concédée ne sera jamais assez grande pour que cette taxe soit importante : c'est le vœu prononcé du gouvernement ; et dans le département de Jemmape, pour lequel cette

[1] Art. 32.

prétention a été élevée, les concessions sont souvent au-dessous d'un kilomètre carré. [1]

L'acquittement de la redevance fixe ne présentera aucune difficulté ; elle sera évaluée sur le plan même de la concession accordée, qui fera connaitre l'étendue de la surface.

2.º La redevance proportionnelle imposée sur les produits, a pour objet, en y ajoutant la somme de son produit à celle de la redevance fixe, de faire face aux dépenses de l'administration des mines, à celles des recherches, ouvertures et mises en activité de mines nouvelles, ou au rétablissement de mines anciennes. Ce produit pourra encore être utilement appliqué pour encouragement à raison de l'exécution de mines puissantes ou de grands travaux économiques, et surtout à l'établissement de moyens d'exploitations utiles à plusieurs mines d'un même canton ; par exemple, au percement de galeries profondes d'écoulement qui prépareraient un nouveau champ d'extraction à plusieurs concessions de mines, à l'établissement de fonderies centrales, etc. etc. [2]

La redevance proportionnelle réglée chaque année par le budget de l'état, sera imposée et perçue comme la contribution foncière ; elle n'excèdera pas cinq pour cent du produit net. [3]

Les propriétaires de mines adresseront au préfet du département, dans la premiere quinzaine de chaque trimestre de l'année, les états de produit de leurs mines, conformément aux modèles qu'ils auront reçus de la préfecture, avant le quinze février de chaque année. Ces

[1] Art. 53 et 34.
[2] Art. 34 et 35, 39.
[3] Art. 35-37.

états seront adressés à l'ingénieur des mines, qui les visera et y portera ses observations, s'il y a lieu.

Il sera perçu un décime par franc en sus de la redevance proportionnelle, pour former un fonds de non-valeur, lequel sera à la disposition du ministre de l'intérieur, pour dégrèvement en faveur des exploitans qui auraient éprouvé des pertes. [1]

Les réclamations afin de dégrèvement seront adressées au préfet, avec l'avis de l'autorité locale. [2]

L'ingénieur des mines fera son rapport au préfet sur l'état de l'exploitation, et le tout sera soumis au conseil de préfecture, pour être statué, sauf appel, au conseil d'état de la part des réclamans, ou évocation par le ministre de l'intérieur, sur l'avis de l'administration des mines.

Les propriétaires de mines pourront proposer un abonnement. Il sera statué sur cette demande comme on vient de le dire pour les dégrèvemens. La durée de l'abonnement n'excèdera pas cinq années. Il sera renouvelé après ce terme, et fixé en raison de l'état des exploitations et des circonstances qui influent sur leur activité. [3]

Lorsque des accidens de force majeure qui ne résulteront pas de négligence ou d'impéritie dans l'exécution du mode d'exploitation, ou lorsque des motifs d'encouragement pour des travaux difficiles, donneront lieu à ce qu'il soit fait une remise sur la redevance proportionnelle, les demandes seront adressées aussi au préfet du département, et l'affaire sera instruite dans la même

1 Art. 56.
2 Art. 37.
3 Art. 55.

forme que pour les demandes en dégrèvement , mais avec cette différence, que l'approbation du gouvernement est indispensable dans ce cas , et que par conséquent , il est statué par une ordonnance royale , sur le rapport du ministre et l'avis de l'administration générale des mines.

Il est à remarquer ici que les exploitations sont affranchies de toutes autres redevances envers l'état , que celles fixes et proportionnelles établies par la loi du 21 avril 1810 , à moins qu'il ne s'agisse de prix de travaux faits par l'état , et cédés aux concessionnaires , ou de droits en général acquis au domaine national comme propriétaire.

Suivant l'art. 51 , les anciens concessionnaires sont devenus propriétaires des mines , sans aucune formalité nouvelle , et suivant l'article 53 , les exploitans concessionnaires de mines qui n'ont pas exécuté la loi de 1791 pour les limites , obtiendront la concession de leur exploitation , en remplissant les formalités prescrites par la loi du 21 avril 1810 , en exécutant les conditions qui auraient été convenues antérieurement avec les propriétaires de la surface , mais sans que ceux-ci puissent se prévaloir des art. 6 et 42 de la présente loi.

§ XIII.

DE LA SURVEILLANCE ADMINISTRATIVE.

L'objet de l'administration des mines est, 1.º d'assurer l'exécution des lois , tant sous les rapports de sûreté publique et particulière , que sous ceux des besoins de la consommation générale , et ceux de la conservation des exploitations. [1]

1 Titre 5.

2.º D'acquérir la connaissance la plus complète possible des ressources que présente le territoire du royaume, relativement aux richesses minérales ; de réunir tous les moyens qui peuvent concourir au perfectionnement de l'art, afin de compléter l'instruction, et de donner à cette branche importante d'industrie nationale la direction la plus utile, et qui tienne tous les exploitans au niveau des connaissances journellement acquises.

3.º De rendre compte au gouvernement de l'état des exploitations et de leurs produits ; lui proposer les moyens d'amélioration dépendans de l'autorité administrative, les secours et encouragemens qu'il serait juste et utile d'accorder, les grands moyens d'art à appliquer aux besoins de plusieurs exploitations et qu'un seul concessionnaire ne pourrait pas exécuter, enfin la proposition de toutes les déterminations propres à faire obtenir des mines du royaume, non seulement les produits nécessaires pour la consommation intérieure, mais aussi ceux qui peuvent faire profiter l'état des avantages politiques qui doivent en résulter.

L'administration dirige, sous l'autorité du ministre de l'intérieur, des écoles établies en vertu des décrets. Là, des élèves sortis de l'école polytechnique, et déjà forts dans diverses parties des sciences, sont instruits dans la théorie et dans la pratique de l'art des mines, sous des professeurs habiles et des praticiens expérimentés.

Les élèves ne sont admis au grade d'ingénieur qu'après des examens sévères et la certitude acquise qu'ils ont les connaissances nécessaires ; ils sont alors employés sous les ordres des inspecteurs généraux et des ingénieurs en chef, d'abord aux établissemens nationaux dépendans des écoles ; ensuite ils sont répartis dans les divisions départementales, pour le service de l'administration générale.

Les ingénieurs des mines donnent leur avis aux préfets des départemens dans l'instruction des affaires administratives qui ont trait aux mines, minières, usines et carrières : ils soumettent à ces magistrats toutes les mesures de sûreté et d'amélioration qu'ils jugent utiles.

Ils avertissent les propriétaires de mines et usines des défauts qui leur paraissent avoir lieu dans leurs opérations ; ils leur démontrent les inconvéniens, les dangers qui doivent en résulter, leur font connaître les moyens de réforme et ceux de perfectionnement ; ils vérifient, au besoin, les plans et coupes de leurs travaux ; ils rendent compte à l'administration, de l'état des exploitations ; provoquent les secours et encouragemens à accorder ; donnent leur avis sur les demandes en dégrèvement et sur les demandes d'abonnement pour les redevances.

Les ingénieurs ont le droit, il est même de leur devoir rigoureux de dénoncer, tant aux autorités locales qu'aux préfets et aux procureurs près les cours de justice, les infractions et contraventions aux lois, les exploitations illicites, tout ce qui compromettrait la conservation des travaux, ce qui porterait obstacle à l'activité des exploitations légitimes, et toute action qui attenterait à la sûreté publique ou particulière, sous le rapport de l'exploitation des mines, usines et carrières.

Les ingénieurs peuvent être requis comme experts par les tribunaux ; ils doivent aussi, lorsqu'ils en sont requis par une cour de justice, vérifier les plans fournis, à moins que cette vérification ne soit impossible par l'état des lieux, ce qu'ils constateront par procès-verbal.

Il n'y a pas lieu à indemnités ou honoraires pour les ingénieurs des mines, lorsque leurs opérations auront été faites dans l'intérêt de l'administration et de la surveillance publique.

Les ingénieurs rendent compte de toutes leurs opérations à l'administration générale des mines, à laquelle ils adresseront en outre, tous les ans, un état général de situation et des produits des exploitations de leur arrondissement, avec leurs observations.

Ils adressent aussi à l'administration des mémoires détaillés sur la statistique minéralogique de leurs arrondissemens, avec des cartes correspondantes, et envoient, à l'appui de leurs descriptions, les suites de minéraux qui peuvent compléter le tableau général de la France, par ordre de départemens, déjà commencé et qui se continue au dépôt de l'administration.

Les fonctions des ingénieurs des mines, et leurs rapports, soit entr'eux, soit avec l'administration, seront plus particulièrement établis dans le décret d'organisation du corps royal des mines.

§ I.er

B   ACTION DE L'AUTORITÉ JUDICIAIRE.

Toutes discussions relatives à la propriété des mines, minières, usines et carrières, toutes celles ayant pour objet l'acquittement des indemnités déterminées par le décret de concession ou de permission, ainsi que les contestations sur les dédommagemens pour dégâts occasionés à la surface des terrains, sont du ressort des tribunaux ordinaires.

Les contraventions aux lois et règlemens à cause d'exploitations illicites, sont dénoncées et constatées comme en matière de voirie et de police, suivies comme pour les délits forestiers , et jugés par les tribunaux de police correctionnelle , sans préjudice des dommages et intérêts des parties.

L'amende à prononcer est de cinq cents francs au plus , de cent francs au moins , de mille francs en cas de récidive , et d'une détention qui ne peut excéder celle fixée par le code de police correctionnelle.

DÉCRET

CONTENANT ORGANISATION DU CORPS DES INGÉNIEURS DES MINES.

Au palais des Tuileries , le 18 novembre 1810.

TITRE PREMIER.

Composition du corps impérial des ingénieurs des Mines.

Art. 1.er Le corps des ingénieurs des mines sera divisé en grades, de la manière suivante :

Inspecteurs généraux , inspecteurs divisionnaires , ingénieurs en chef, ingénieurs ordinaires, aspirans, élèves.

2. Il y aura dès-à-présent, 3 inspecteurs généraux , 5 inspecteurs divisionnaires , 15 ingénieurs en chef, 30 ingénieurs ordinaires , 10 aspirans , 25 élèves.

3. Le nombre des ingénieurs en chef et ordinaires pourra être augmenté successivement et dans la proportion des besoins du service , sur le rapport de notre ministre de l'intérieur.

4. Les ingénieurs en chef , les ingénieurs ordinaires et les élèves seront divisés en deux classes.

Deux cinquièmes appartiendront à la première classe, et trois cinquièmes à la seconde.

5. Lorsque le besoin du service exigera que des ingénieurs en chef de première classe, pour des cas spéciaux, aient sous leurs ordres un ou plusieurs ingénieurs en chef, ils prendront pendant la durée de ces fonctions, le titre d'ingénieurs en chef directeurs.

6. A la première organisation, et pour cette fois seulement, notre ministre de l'intérieur pourra admettre quatre élèves, pris dans les départemens réunis, sans qu'ils soient tenus de justifier de leurs cours d'études à l'école polytechnique.

Toutefois ils subiront un examen devant les inspecteurs généraux des mines, et devront en obtenir un certificat de capacité.

7. Les deux inspecteurs particuliers des carrières sous Paris, et l'ingénieur géomètre en chef employé aux travaux de ces carrières, seront considérés comme faisant partie du corps des mines.

Les grades leur seront assignés par notre ministre de l'intérieur.

Ils continueront d'être payés par la ville de Paris.

8. A l'avenir, le remplacement de ces ingénieurs, ainsi que celui de l'inspecteur général des carrières, actuellement ingénieur en chef des mines, s'opérera par des individus du corps des mines.

TITRE II.

Des Ingénieurs.

§ I.er

DU SERVICE ET DE LA RÉSIDENCE DES INGÉNIEURS.

9. Le territoire de l'empire français formera douze divisions sous le rapport du service des mines, minières et carrières, conformément au tableau annexé au présent décret.

10. Les ingénieurs en chef de première et de deuxième classes, et les ingénieurs ordinaires de première et de deuxième classes, seront répartis dans les départemens d'après des états de distribution et de classification qui nous seront présentés par notre ministre de l'intérieur, sur la proposition du directeur général.

11. Les trois inspecteurs généraux sont résidans à Paris ; ils pourront néanmoins être chargés d'inspections extraordinaires sur les points qui leur seront désignés par notre ministre de l'intérieur, d'après l'avis du directeur général.

12. Les inspecteurs divisionnaires seront employés aux tournées ou missions proposées par le directeur général et approuvées par notre ministre de l'intérieur : les époques auxquelles ils devront venir à Paris, pour en rendre compte seront déterminées.

13. Les ingénieurs en chef et ordinaires des deux classes résideront dans les lieux qui seront ultérieurement déterminés par notre ministre de l'intérieur.

14. Les élèves résident dans les écoles d'application, sauf les missions relatives à leur instruction et le service extraordinaire auquel ils pourraient être momentanément appelés.

§ II.

FONCTIONS DES INGÉNIEURS EN CHEF.

15. Les ingénieurs en chef des mines sont sous les ordres du directeur général pour l'exécution des lois et règlemens sur le fait des mines, minières, carrières, et des usines désignées dans l'article 73 de la loi du 21 avril 1810, et pour l'exécution de toutes les mesures prescrites par notre ministre de l'intérieur.

16. Ils rendent compte aux préfets des travaux relatifs aux exploitations, reçoivent et exécutent leurs ordres dans tous les cas où la loi exige l'intervention de l'autorité administrative. Ils leur donnent les renseignemens que ces fonctionnaires leur demandent, et tous ceux qu'il serait utile de leur faire connaître pour l'avancement des arts, le succès de l'industrie et du commerce.

17. Ils correspondent avec le directeur général, avec les autorités constituées de leur arrondissement et avec les ingénieurs ordinaires.

18. Ils dénoncent au directeur général, aux préfets, aux procureurs généraux et aux procureurs du roi, les infractions aux lois, les exploitations ou entreprises illicites, et les travaux qui compromettraient la sûreté publique, ou les exploitations qui, par la diminution successive des produits, ou par la cessation absolue des travaux, donneraient des craintes pour les besoins de la consommation.

19. Ils seront tenus de faire des tournées aux époques

et de la manière qui seront réglées par le directeur général, pour inspecter les travaux et surveiller les objets qui peuvent intéresser le service.

20. Ils se feront rendre compte des résultats de la surveillance exercée par les ingénieurs ordinaires sur toutes les exploitations de leur arrondissement.

21. Ils pourront consulter les plans de toutes les concessions anciennes de mines qui doivent être déposés dans les préfectures ; ils en prendront des copies qui resteront dans leurs bureaux, ainsi que des minutes de tous les plans et cartes relatifs aux concessions nouvelles qui auront été demandées ou obtenues.

22. Ils veilleront à ce que les concessionnaires remplissent les conditions que la loi leur impose.

23. Ils donnent leur avis motivé, à la suite de l'avis ou des rapports des ingénieurs ordinaires, sur les demandes en concession, permission, renouvellement de concession ou permission, sur les questions d'arts et de sciences, et sur tous les objets contentieux pour lesquels ils seront consultés par les autorités compétentes.

24. Ils proposeront aux préfets, et ils adresseront au directeur général les projets d'affiches et les conditions du cahier des charges, pour toutes les concessions de mines, et pour celles des usines désignées par l'art. 73 de la loi du 21 avril 1810.

25. Ils surveilleront, vis-à-vis des ingénieurs ordinaires, l'exécution des mesures qui seront prises en vertu des ordres de nos ministres de l'intérieur et des finances, pour la rentrée des sommes provenant, soit des redevances fixes et proportionnelles, soit des abonnemens qui auront lieu aux termes de la loi du 21 avril 1810.

26. Les ingénieurs en chef, à défaut d'ingénieurs ordinaires, devront en remplir les fonctions.

§ III.

FONCTIONS DES INGÉNIEURS ORDINAIRES.

27. Les ingénieurs ordinaires sont sous les ordres des ingénieurs en chef.

Ils reçoivent immédiatement les ordres des préfets, lorsqu'il n'y a point d'ingénieur en chef employé dans leur arrondissement, ou dans les cas d'urgence.

28. Ils ne pourront jamais s'éloigner, sans autorisation, de l'arrondissement de leurs exploitations ; ils visiteront au moins une fois par an chacune des exploitations qui y existent ; ils examineront soigneusement les travaux souterrains, et observeront principalement tout ce qui pourrait compromettre l'existence de ceux déjà faits, et rendre les travaux ultérieurs impossibles ou plus difficiles.

29. Dès qu'une infraction aux lois sera parvenue à leur connaissance, ils se rendront sur les lieux, et dresseront un procès-verbal, qu'ils transmettront aux autorités compétentes et à l'ingénieur en chef.

30. Si une exploitation est conduite de manière à compromettre la sûreté publique, la conservation des travaux intérieurs, la sûreté des ouvriers ou celle des habitations à la surface, ils en feront le rapport au préfet, et proposeront les moyens de prévenir les accidens qui pourraient en résulter, ou d'y remédier ; ils donneront avis de ces procès-verbaux et rapports à l'ingénieur en chef.

31. Lorsqu'une exploitation sera restreinte ou suspendue, de manière à ne pouvoir plus satisfaire aux besoins des consommateurs, ils feront leur rapport à ce sujet, pour qu'il soit pris des mesures par l'autorité

administrative ou par l'autorité judiciaire, suivant l'exigence des cas.

32. Ils préviendront les propriétaires, des vices ou défectuosités qu'ils auront remarqués dans leurs mines, usines ou machines ; ils pourront leur proposer des vues d'amélioration, et aider les directeurs d'établissemens, de leurs lumières et de leur expérience.

33. Lorsqu'il y aura une demande en permission de recherche, concession ou permission d'usine, ils feront les reconnaissances et les opérations nécessaires, soit à la fixation des limites, soit pour se mettre à même de fournir tous les renseignemens nécessaires pour indiquer le mode général d'exploitation, et pour régler les conditions qui seront exigées par l'acte de concession. Ils soumettront leur rapport à l'ingénieur en chef, qui le transmettra au préfet.

34. Après s'être assurés par eux-mêmes de l'exactitude des plans qui leur seront soumis par les demandeurs en concession ou les exploitans de mines, ils y apposeront leur *visa*.

35. Ils donneront aux préfets les avis qui leur seront demandés sur les questions de dégrèvement.

36. Ils recevront des exploitans et des maîtres d'usines, par l'intermédiaire des préfets, l'état des produits bruts de leur exploitation aux époques déterminées par le directeur général, celui de la quantité des ouvriers, de celle des matériaux employés et des matériaux ouvrés ; ils recevront également le plan des travaux souterrains faits dans l'année précédente ; ils viseront toutes ces pièces et y ajouteront leurs observations, pour le tout être vérifié par l'ingénieur en chef lors de sa tournée.

37. Dans le cas où une exploitation serait délaissée et

où il n'y aurait eu aucun acte judiciaire conservatoire, ils surveilleront, sous les ordres des préfets, la conservation des machines et instrumens, celle des constructions et travaux souterrains et bâtimens servant à l'exploitation de la mine. Nos cours et tribunaux pourront leur confier les mêmes fonctions quand il y aura pourvoi devant eux.

Les frais nécessaires par suite des actes conservatoires seront à la charge des concessionnaires, et ne pourront être payés que sur les valeurs existant dans la mine, soit en minerai extrait, soit en machines et ustensiles servant à l'exploitation.

38. Ils dirigent, sous les ordres de l'ingénieur en chef, les travaux de recherches, ainsi que ceux des mines exploitées au compte du gouvernement.

39. Ils dirigent et surveillent tous les travaux concernant l'extraction des tourbes et l'assainissement des terrains. Leurs projets doivent être approuvés par l'ingénieur en chef.

40. Ils visitent les carrières, et donnent des instructions pour la conduite des travaux, sous le rapport de la sûreté et de la salubrité.

41. Toutes les fois qu'ils en seront requis par les autorités compétentes, ils donneront leur avis sur les indemnités ou cautionnemens réclamés par les propriétaires des terrains sous lesquels sont les exploitations, sur le dégrèvement ou la remise des impositions dues par les exploitans, sur les contestations élevées entre deux concessionnaires voisins, sur la propriété du minerai, et les indemnités pour préjudice provenant de l'exploitation.

42. Ils pourront se charger des expertises en fait de mines et concernant les usines désignées dans l'art. 73

de la loi du 21 avril 1810, lorsque ces expertises auront été ordonnées par les tribunaux ou demandées par les parties contendantes.

43. Ils pourront, en outre, avec l'autorisation du directeur général, et sur la demande des concessionnaires, lever des plans de mines, et suivre des travaux d'exploitation ou des constructions d'usines; mais ils ne pourront ni verbaliser, ni faire de rapport, ni s'immiscer d'une manière quelconque dans les affaires judiciaires ou administratives auxquelles lesdites exploitations donneraient lieu.

44. Les indemnités qui leur seront allouées pour ce travail particulier, seront payées de gré à gré par les concessionnaires ou exploitans, ou après avoir été taxées d'office par les préfets ou tribunaux.

TITRE III.

Conseil général des Mines, Minières et Carrières.

45. Le conseil général des mines est composé des inspecteurs généraux résidans à Paris, et des inspecteurs divisionnaires qui seront appelés par le directeur général.

Les auditeurs y prendront séance immédiatement après le directeur général : ils y auront voix délibérative seulement dans les affaires où ils auront été rapporteurs, et voix consultative dans les autres cas.

Le directeur général pourra y appeler les ingénieurs de tout grade, qui se trouveront à Paris; mais ils n'y auront que voix consultative.

Un secrétaire de ce conseil sera nommé par notre ministre de l'intérieur, sur la présentation du directeur général; il sera pris parmi les ingénieurs.

Le conseil général est présidé par le directeur général.

Il y aura un vice-président, nommé pour une année par notre ministre de l'intérieur, sur la présentation du directeur général ; il sera pris parmi les inspecteurs généraux : il pourra être continué.

46. Le conseil général donnera son avis,

Sur les demandes en concession,

Sur les travaux d'art auxquels il conviendra d'assujettir les concessionnaires, comme condition de la concession,

Sur les reprises des travaux,

Sur l'utilité ou les inconvéniens des partages des concessions,

Sur le perfectionnement des procédés de l'art,

Et sur tous les autres objets pour lesquels il sera jugé utile au service de connaître l'opinion du conseil.

Le conseil général sera nécessairement consulté sur les questions contentieuses qui devront être décidées par notre ministre de l'intérieur, ou portées au conseil d'état : dans ce dernier cas, son avis, signé de la majorité des membres, sera joint au rapport qui nous sera soumis sur ces questions.

47. Le conseil général s'assemblera une fois par semaine, et pourra en outre être assemblé extraordinairement sur la convocation du directeur général, qui le mettra en comité lorsqu'il le jugera convenable.

48. Le secrétaire du conseil général inscrira les délibérations sur deux registres ; l'un pour le conseil, l'autre pour le comité. Le procès-verbal des séances sera signé à la séance suivante, et présenté au directeur général, pour être par lui visé, lors même qu'il n'aurait pas présidé.

TITRE IV.

Nominations et avancemens.

49. Les élèves des mines seront pris parmi ceux de l'école polytechnique qui auront complété leurs études et rempli les conditions exigées ; le directeur général en proposera , et notre ministre de l'intérieur en déterminera le nombre chaque année.

50. Les places d'aspirans du corps des ingénieurs des mines seront données aux élèves de première classe , suivant le rang qu'ils auront aux écoles , en raison de leurs progrès et de leur application.

51. Lorsqu'il y aura lieu à une ou plusieurs nominations , le premier ou les premiers de la première classe seront choisis , sur la proposition du directeur général , par notre ministre de l'intéreur.

52. Les ingénieurs ordinaires sont pris parmi les aspirans : ils sont nommés par nous , sur le rapport du ministre et l'avis du directeur général.

53. Les ingénieurs en chef sont pris parmi les ingénieurs ordinaires de première classe , sans exclusion de la seconde ; ils sont nommés par nous , sur le rapport du ministre et l'avis du directeur général.

54. La promotion d'une classe à l'autre , relativement aux ingénieurs en chef et ordinaires , est faite par notre ministre de l'intérieur, sur le rapport du directeur général.

55. Les inspecteurs divisionnaires seront pris parmi les ingénieurs en chef des deux classes , et nommés par nous , sur le rapport du ministre , d'après l'avis du directeur général.

56. Les inspecteurs généraux seront pris parmi les

inspecteurs divisionnaires et les ingénieurs en chef de la première classe : ils seront nommés par nous, sur le rapport du ministre et sur l'indication du directeur général.

TITRE V.

Traitemens, frais de fournitures et de loyers de bureau, frais de tournée.

57. Les appointemens des différens grades et classes des ingénieurs sont fixés de la manière suivante :

Elève de deuxième classe..............	800 f.
Elève de première classe............	900
Aspirant......................	1,500
Ingénieurs ordinaires { de 2.ᵉ classe	2,500
{ de 1.ʳᵉ classe.......	3,000
Ingénieurs en chef { de 2.ᵉ classe.......	4,500
{ de 1.ʳᵉ classe......	5,000
Ingénieur en chef directeur d'une école... {	
Ingénieur en chef ayant d'autres ingé- } nicurs du même grade sous ses ordres.. {	6,000
Inspecteur divisionnaire	8,000
Inspecteur général................	12,000

58. Les inspecteurs généraux en tournée recevront quinze francs par jour d'indemnité, et dix fr. par poste.

59. Les inspecteurs divisionnaires et les ingénieurs en chef faisant les fonctions de directeur, recevront, pour frais de tournée, douze francs par jour et huit francs par poste.

Les ingénieurs en chef en mission extraordinaire hors

de leur arrondissement , recevront douze francs par jour d'indemnité et six francs par poste.

Les ingénieurs , pour indemnité de leurs frais de tournée dans les départemens auxquels ils sont attachés , recevront annuellement une somme qui sera déterminée par le ministre , sur le rapport du directeur général , à la fin de chaque exercice , en raison des tournées effectives dont les ingénieurs auront justifié.

Le ministre réglera provisoirement la quotité des àcomptes que ces ingénieurs devront recevoir sur cette indemnité.

60. Les frais de bureau des inspecteurs généraux sont fixés à quinze cents francs.

61. Les frais de fourniture et de loyers de bureau des ingénieurs en chef et ordinaires des deux classes, seront réglés par notre ministre de l'intérieur , sur le rapport du directeur général : ils ne pourront, pour aucun grade , excéder mille francs , ni être au-dessous de quatre cents francs.

62. Les aspirans recevront annuellement une somme de trois cents francs , et les élèves de service cent francs, pour leur campagne.

63. Notre ministre de l'intérieur , sur le rapport du directeur général , statuera sur les indemnités que les circonstances exigeraient , et qui ne sont point déterminées par les articles ci-dessus.

64. Il ne sera alloué aucuns frais aux ingénieurs de tout grade qui seront déplacés pour leur avancement.

65. Il sera fait un fonds annuel par le budget des mines , destiné à subvenir aux frais de voyage d'un ou de plusieurs auditeurs , ingénieurs , aspirans ou élèves.

Ces voyages auront lieu , soit en France , soit dans les pays étrangers.

La nomination pour faire des voyages sera accordée aux ingénieurs, comme une distinction et une récompense d'études et de travaux antérieurs.

Le ministre, sur la proposition du directeur général, déterminera l'objet et la durée de ces voyages, et en réglera les frais.

TITRE VI.

Police et uniforme du Corps.

§ I.er

POLICE.

66. Les ingénieurs des différens grades et des différentes classes observeront la subordination envers le grade et la classe supérieure : dans le cas où des ingénieurs de même grade seront en concurrence de fonctions, le plus ancien commandera.

67. Les fautes simples contre la subordination ou l'exactitude du service seront réprimées par les arrêts, suivant l'ordre ci-après :

L'élève ou aspirant en mission pourra être mis aux arrêts pour dix jours au plus, par l'ingénieur ordinaire, à la charge d'en rendre compte à l'ingénieur en chef.

Les élèves, les aspirans et les ingénieurs ordinaires, pourront être mis aux arrêts pour vingt jours au plus, par l'ingénieur en chef, à la charge d'en avertir les préfets, et d'en rendre compte au directeur général, qui pourra lever, confirmer ou prolonger les arrêts.

Les ingénieurs en chef pourront être mis aux arrêts pour quinze jours au plus, par les inspecteurs divisionnaires et par les ingénieurs en chef directeurs, et pour un mois par les inspecteurs généraux en tournée et par le directeur général. Les inspecteurs généraux informeront les préfets, et rendront compte au directeur général.

Les inspecteurs généraux et les inspecteurs divisionnaires pourront, sur le rapport du directeur général, être mis aux arrêts par notre ministre de l'intérieur, pour un terme de dix jours au plus.

68. Les fautes plus graves contre la subordination et l'ordre du service seront réprimées par une suspension de fonctions, et une privation de traitement qui ne pourra excéder six mois : ces peines seront prononcées par le ministre.

69. Les fautes très-graves qui auraient compromis ou le service, ou les fonds du trésor public, ou l'honneur du corps ; les fautes récidivées contre la subordination et l'exactitude, seront punies de la destitution, sur le rapport qui nous en sera fait par notre ministre de l'intérieur, d'après l'avis motivé du directeur général.

70. Hors les cas de tournées autorisées, les inspecteurs généraux ne pourront s'absenter de Paris, sans une permission délivrée par le directeur général.

Les ingénieurs en chef ne pourront quitter la circonscription de leur service sans une pareille autorisation.

Les ingénieurs ordinaires ne pourront quitter le département ou le service auquel ils seront attachés, sans une permission de l'ingénieur en chef, et les aspirans ou élèves, sans une permission de l'ingénieur ordinaire. Les ingénieurs ordinaires préviendront les ingénieurs en chef, et ceux-ci préviendront le directeur général, des permissions qu'ils auront accordées.

71. Les ingénieurs qui ne se rendront pas à leur poste aux époques assignées, seront privés de leurs appointemens pour tout le temps de leur absence.

Si le retard excède un mois, il y aura lieu à une suspension de traitement pendant quatre mois.

Si le retard excède trois mois, il y aura lieu à prononcer la destitution.

§ II.

UNIFORME DU CORPS.

72. L'uniforme des ingénieurs des mines, de tout grade, sera le même que celui des ingénieurs de tout grade des ponts et chaussées, déterminé par notre décret du 7 fructidor an XII, sauf les exceptions ci-après :

Le collet et les paremens de l'habit seront en velours bleu impérial.

Les boutons auront pour légende, CORPS ROYAL DES MINES ; au centre une fleur-de-lis.

Il leur est interdit de rien changer à l'uniforme prescrit pour chaque grade.

TITRE VII.

Comptabilité.

73. Les dépenses du personnel et du matériel du service des mines seront acquittées sur les fonds spéciaux des mines.

74. Le budget de ce service sera réglé d'avance, pour chaque exercice, sur le rapport de notre ministre de l'intérieur et l'avis du directeur général : des crédits seront

ouverts, comme pour les autres parties de l'administration publique.

75. Tous les ans, dans le courant de la première quinzaine de février au plus tard, il sera rendu, par les ingénieurs des mines qui seraient chargés de surveiller des
établissemens au compte du gouvernement, un compte en
deniers sous la forme d'état de situation, dont le modèle
leur sera transmis.

76. Lorsque les ingénieurs dirigeront par eux-mêmes
une mine en exploitation pour le compte du gouvernement, ils deviendront personnellement comptables; ils ré-
digeront en cette qualité et signeront eux-mêmes les états
de situation qu'ils devront envoyer au directeur général,
à l'époque indiquée dans l'article précédent, et dans la
forme qui leur sera prescrite.

77. Les comptes des établissemens qui forment les écoles
d'application, seront préparés par l'ingénieur en chef directeur, dans le sein du comité de l'école, qui les visera.

78. Les comptes ou états de situation seront soumis à
l'examen du directeur général, au premier mars de chaque
année, et définitivement arrêtés par le ministre.

TITRE VIII.

Bureaux de la direction générale des Mines.

79. Les bureaux de la direction générale des mines for-
meront, dans le même sens que ceux des ponts et chaussées, une division de ceux de l'intérieur; les employés
continueront de concourir avec les employés du ministère,
par la retenue qui sera exercée sur leur traitement, à la for-

mation d'une masse commune destinée au payement des retraites, pensions et secours.

Toutes les dispositions du décret du 4 juillet 1806. sont applicables aux employés des bureaux de la direction des mines.

80. A compter de l'exécution du présent décret, il sera prélevé, pendant dix ans, sur les fonds des redevances imposées sur les mines et usines, une somme de dix mille francs, pour le premier fonds des retraites et pensions à accorder à ceux des employés du ministère âgés ou infirmes dont la mise en retraite ne peut être différée. La distribution de cette somme sera soumise à l'approbation du gouvernement.

Le montant de ces fonds sera versé par trimestre, sur les ordonnances du ministre de l'intérieur, à la caisse d'amortissement.

TITRE IX.

Retraites et Pensions.

81. A dater de la publication du présent décret, il sera fait, chaque mois, une retenue de trois pour cent, sur les appointemens des ingénieurs de tout grade, jusques et compris les aspirans, pour former un fonds destiné à l'acquit des pensions, tant des ingénieurs qui seront dans le cas d'obtenir leur retraite, que de leurs veuves et de leurs enfans.

82. Les ingénieurs de tout grade actuellement en activité auront droit à la retraite après trente ans de service effectif, aux termes de l'article VIII du décret du 4

juillet 1806. Ceux qui sont entrés dans le corps depuis l'établissement de l'école polytechnique, n'auront droit à la retraite qu'après trente ans de service effectif dans ce corps.

A l'avenir, les trente ans dateront de la nomination comme aspirant, ou de l'âge de vingt ans, dans le cas où l'aspirant aurait été au-dessous de cet âge lors de sa nommination.

83. Les pensions et secours accordés aux veuves des ingénieurs des mines ne pourront excéder la moitié de la pension à laquelle le décédé aurait eu droit.

84. La quotité des pensions de retraite des ingénieurs, celles qui seront accordées à leurs veuves, et les secours dont leurs enfans orphelins seront susceptibles, seront réglés conformément aux dispositions du titre VIII du décret d'organisation des ponts et chaussées.

85. Une réserve sera faite sur les fonds des pensions, pour pourvoir aux secours annuels qui seront accordés aux enfans orphelins.

86. Tout ingénieur destitué perd ses droits à la pension, quand il aurait le temps de service nécessaire pour l'obtenir : il ne peut prétendre ni au remboursement des sommes retenues sur son traitement pour les pensions, ni à aucune indemnité équivalente.

Il en est de même des ingénieurs qui passeraient à un autre service hors du corps des mines, sans la permission expresse du gouvernement.

87. Les appointemens des ingénieurs seront payés par mois ; les ordonnances délivrées à cet effet seront sujettes à la retenue de trois pour cent : il sera fait mention expresse de la retenue sur les ordonnances.

88. Il sera prélevé, sur le fonds spécial des mines, une somme de vingt-cinq mille francs, pour former le premier

fonds des retraites et pensions à accorder à ceux des ingénieurs âgés ou infirmes dont la mise en retraite ne peut
être différée, et aux veuves actuellement existantes, susceptibles de pensions.

La durée de ce prélèvement, et sa quotité, seront
ultérieurement réglées en raison de l'accroissement que
recevra le corps des mines.

TITRE X.

Dispositions générales.

89. Lorsque les ingénieurs des mines auront été employés pour l'exécution des jugemens des cours, et lorsqu'ils auront été commis pour des travaux dépendans particulièrement des départemens et des communes, ou qu'ils
auront été requis, comme experts, dans des discussions
entre des exploitans, chefs d'usines et autres particuliers,
ils seront remboursés de leurs frais de voyage et autres
dépenses, d'après la fixation qui en sera faite par les cours,
les tribunaux ou le préfet, selon les cas, et d'après un
mandat du préfet, rendu exécutoire, ou en vertu d'une
ordonnance de justice.

90. Il sera fait un inventaire détaillé de tous les plans,
papiers et cartes, et des instrumens appartenant à l'état,
existans dans les bureaux des ingénieurs en chef et des
ingénieurs ordinaires. Le double de cet inventaire vérifié
et visé par l'ingénieur du grade supérieur dans la division
sera adressé au directeur général dans le courant de l'année qui suivra l'exécution du présent décret.

En cas de décès d'un ingénieur de tout grade en activité de service, les sous-préfets et les maires feront former des oppositions aux scéllés, s'il en est apposé : s'il n'est pas apposé de scellés, ils feront, sans délai, procéder au récolement de l'inventaire des bureaux, à l'enlèvement des objets énoncés, et au séquestre de tous les plans, mémoires et cartes relatifs au service des mines.

Les sous-préfets informeront de ces mesures le directeur général, qui désignera le successeur du décédé ou tel autre ingénieur, pour faire le triage de ce qui appartiendra à l'état.

Si, parmi les papiers, cartes ou plans appartenant à la succession, il s'en trouve qui puissent être utiles au service des mines et usines, ils seront retenus en en payant la valeur.

91. Il pourra être accordé, pour récompenser des services distingués, aux ingénieurs qui auront obtenu leur retraite, le brevet simplement honoraire d'un grade supérieur.

92. Le directeur général des mines rédigera et soumettra à notre ministre de l'intérieur les instructions genérales nécessaires à l'exécution du présent décret.

93. Nos ministres de l'intérieur, des finances et du trésor public, sont chargés, etc.

TABLEAU

DES DÉPARTEMENS QUI COMPOSENT CHACUNE DES DIVISIONS DE L'EMPIRE FRANÇAIS, SOUS LE RAPPORT DU SERVICE DES MINES.

Première Division.

Meuse-Inférieure, Roer, Ourte, Sambre-et-Meuse, Forêts, Ardennes, Meuse, Marne.

Deuxième Division.

Deux-Nèthes, Dyle, Escaut, Lys, Jemmapes, Nord, Pas-de-Calais, Somme, Bouches-de-l'Escaut, Bouches-du-Rhin.

Troisième Division.

Rhin-et-Moselle, Sarre, Mont-Tonnerre, Moselle, Meurthe, Bas-Rhin, Vosges, Haut-Rhin, Haute-Marne, Haute-Saône.

Quatrième Division.

Aisne, Oise, Seine-Inférieure, Eure, Eure-et-Loir, Seine-et-Oise, Seine, Seine-et-Marne, Aube, Yonne, Loiret, Loir-et-Cher.

Cinquième Division.

Calvados, Manche, Orne, Sarthe, Mayenne, Ille-et-Vilaine, Côtes-du-Nord, Finistère, Morbihan Loire-Inférieure, Maine-et-Loire, Indre-et-Loire.

Sixième Division.

Doubs, Jura, Côte-D'or, Nièvre, Cher, Allier, Saône-et-Loire, Ain, Rhône, Loire, Haute-Loire, Puy-de-Dôme, Cantal.

Septième Division.

Indre, Vienne, Deux-Sèvres, Vendée, Charente, Charente-Inférieure, Haute-Vienne, Creuse, Corrèze, Dordogne, Gironde, Lot-et-Garonne, Lot, Aveyron.

Huitième Division.

Léman, Mont-Blanc, Isère, Hautes-Alpes, Basses-Alpes, Alpes-Maritimes, Drôme, Var, Bouches-du-Rhône, Vaucluse.

Neuvième Division.

Ardèche, Lozère, Gard, Hérault, Tarn, Aude, Haute-Garonne, Gers, Landes, Hautes-Pyrénées, Basses-Pyrénées, Arriége, Pyrénées-Orientales.

Dixième Division.

Pô, Marengo, Stura, Sesia, Doire, Montenotte, Gênes, Apenins, Taro.

Onzième Division.

Arno, Méditerranée, Ombrone, Trasimène, Rome, Elbe, Liamone, Golo.

Douzième Division (1).

. . . .

DÉCRET

RELATIF A L'ASSIETTE DES REDEVANCES FIXES ET PROPOR-
TIONNELLES SUR LES MINES.

Au palais de St-Cloud, le 6 mai 1811.

Sur le rapport de notre ministre de l'intérieur ;
Notre conseil d'état entendu ;
Voulant pourvoir au mode de recouvrement des redevances fixes et proportionnelles à percevoir sur les mines,
en exécution des articles 33, 34, 52 et 54 de la loi du
21 avril 1810.

(1) Un décret du 5 avril 1811 a porté le nombre des ingénieurs en
chef des mines à dix-huit au lieu de quinze.

Considérant qu'aux termes de la loi, aucune mine ne peut être exploitée sans concession ;

Qu'il existe un grand nombre de mines qui n'ont encore pu être concédées, et qui cependant sont en pleine exploitation sans titre légal ;

Qu'à la rigueur ces extractions devraient être suspenpendues ;

Que cependant elles fournissent au besoin du commerce ; et qu'il est juste d'accorder aux exploitans de bonne foi le temps de remplir les formalités nécessaires pour se mettre en règle et obtenir des concessions ;

Qu'en attendant les exploitans continueront de jouir des mines et de s'en attribuer le produit ;

Qu'étant provisoirement admis à participer aux mêmes avantages que les concessionnaires, il est conforme aux principes de la justice et du bon ordre qu'ils en partagent les charges,

Nous avons décrété et décretons ce qui suit :

TITRE I.er

Assiette de la redevance fixe.

SECTION I.re

ASSIETTE DE LA REDEVANCE FIXE SUR LES MINES CONDÉDÉES.

Art. 1er. Immédiatement après la publication du présent décret, chaque préfet fera dresser le *tableau de toutes les mines concédées* existant dans son département.

2. Ces tableaux des concessions de mines énonceront (conformément au modèle n.° 1er.), le nom et la dési-

gnation de la mine concédée, sa situation ; les nom, profession et demeure des concessionnaires ; la désignation et la date du titre de concession exprimée en kilomètres carrés et fractions de kilomètre carré jusqu'à deux décimales, et la somme à percevoir.

3. S'il n'y a pas de double des titres de concession d'une mine déposé à la préfecture, le préfet en instruira immédiatement le concessionnaire qui, dans le délai d'un mois, sera tenu d'en faire le dépôt, en original ou expédition authentique, et il lui en sera remis un récépissé : faute par lui de fournir son titre, la contenance de sa concession sera provisoirement portée au *tableau*, sur le pied de l'évaluation approximative qui en sera faite par le préfet, sur l'avis de l'ingénieur des mines ; le concessionnaire sera imposé en conséquence, sauf le dégrèvement comme il sera dit art. 7.

4. La réduction en nouvelles mesures de l'étendue superficielle énoncée en mesures anciennes dans les actes de concession, sera opérée par les ingénieurs des mines ; et leurs procès-verbaux de réduction seront annexés aux titres déposés dans les préfectures, et copie en sera remise aux concessionnaires.

5. Si la contenance superficielle d'une concession ne se trouve point énoncée dans le texte du titre, soit en kilomètre carrés, soit en lieues carrées, soit en tout autre mesure anciennement en usage, le préfet en préviendra immédiatement le concessionnaire, qui sera tenu de justifier, dans le délai d'un mois, par un arpentage légal, ou relevé sur des cartes exactes, de la surface rigoureusement contenue dans les limites prescrites par l'acte de concession ; et, faute par lui de faire cette justification, la contenance du terrain sera provisoirement portée sur le *tableau*,

et la redevance provisoirement exigible, conformément à la disposition de l'art. 3 ci-dessus.

6. La vérification de la surface des concessions sera faite par l'ingénieur des mines du département ; à cet effet, les concessionnaires qui seront dans le cas de l'article précédent, fourniront un plan de leur concession en triple expédition, et dressé sur une échelle de dix millimètres pour cent mètres : ce plan, accompagné d'un procès-verbal d'arpentage détaillé, sera envoyé au préfet, qui le transmettra à l'ingénieur des mines, pour être vérifié sur le terrain s'il y a lieu, et visé par lui.

7. Aussitôt que les concessionnaires qui seraient restés en retard relativement à l'exécution des art. 3, 5 et 6 ci-dessus, auront satisfait aux dispositions prescrites par ces mêmes articles, ils seront admis en dégrèvement, en raison de la différence de l'étendue réelle de leur concession ' d'avec celle qui leur aura été provisoirement attribuée sur les tableaux et sur les rôles, en vertu de la décision du préfet, mais seulement pour l'avenir.

8. La contenance des concessions anciennes, dont la surface excède le *maximum*, et qui n'ont point été réduites conformément à la loi de 1791, sera portée sur les tableaux pour son étendue actuelle, jusqu'à l'époque où les concessionnaires se seront mis en règle pour obtenir la fixation définitive des limites de leurs concessions et celle de la redevance.

9. Quant aux concessions dont le titre n'exprimerait ni contenance superficielle positive, ni limites suffisamment précisées pour que la justification exigée par les articles 5 et 6 fût actuellement praticable, elles seront taxées, par provision, conformément à la disposition de l'article 3, jusqu'à la fixation définitive des limites.

10. Les *tableaux des concessions* de mines arrêtés par les préfets serviront de *matrices de rôle* ; ils seront rectifiés chaque année, soit par suite de mutation de propriété, soit en raison des réductions ou augmentations survenues en vertu de décisions légales, et seront transmis, pour la confection des rôles aux directeurs des contributions directes.

SECTION II.

ASSIETTE DE LA REDEVANCE FIXE SUR LES MINES EXPLOITÉES SANS CONCESSION RÉGULARISÉE OU SANS AUCUNE CONCESSION.

11. Immédiatement après la publication du présent décret, chaque préfet fera dresser le *tableau des mines exploitées* dans son département sans concession régularisée, ou sans aucune concession.

Ces tableaux énonceront (conformément au modèle n.° 11) le nom et la désignation de la mine exploitée sans concession, sa situation ; les nom, profession et demeure des exploitans ; la date de leur demande en concession, confirmation ou limitation de concession ; l'étendue superficielle du terrain qui leur aura été provisoirement assigné ou attribué par les autorités anciennes ou actuelles, ou sur lequel s'étend leur exploitation, quoique les limites n'en aient pas encore été déterminées ; exprimée en kilomètrés carrés jusqu'à deux décimales, et la somme à percevoir.

12. Les particuliers qui exploitent des mines non encore concédées, et qui ne sont point en règle, seront tenus de faire, dans le mois de la publication du présent décret, une déclaration de la contenance superficielle du terrain dont ils veulent obtenir la concession. Le préfet, après avoir pris l'avis de l'ingénieur des mines, évaluera la quotité de

surface à attribuer provisoirement à l'exploitant ; celui-ci sera imposé en conséquence, sauf son recours au dégrèvement, s'il y a lieu, dès qu'il aura obtenu une concession.

13. Les exploitans non concessionnaires qui négligeront de se conformer à l'article précédent, seront considérés comme occupant une étendue superficielle égale au *maximum* fixé par la loi du 28 juillet 1791 ; et ils seront portés au tableau pour être taxés en conséquence, sauf dégrèvement lorsqu'ils se seront mis en règle.

14. Les *tableaux des mines exploitées sans concession*, ainsi formés, seront arrêtés par les préfets, et serviront provisoirement de *matrices de rôles* ; ils seront rectifiés chaque année, soit en raison des mutations, quant aux exploitans, soit en raison des réductions ou augmentations survenues en vertu de décisions légales, et seront transmis, pour la confection des *rôles*, aux directeurs des contributions directes.

15. Les concessionnaires de mines et les exploitans non concessionnaires ne pourront, dans aucun cas, se prévaloir de la quotité de surface qui leur aura été provisoirement attribuée sur les tableaux et rôles concernant la redevance fixe, pour inquiéter ou troubler les exploitations voisines, ni pour appuyer aucune de leurs prétentions sur la fixation définitive de l'étendue et des limites de leur exploitation.

TITRE II.

Assiette de la redevance proportionnelle.

SECTION Ire

ASSIETTE DE LA REDEVANCE PROPORTIONNELLE SUR LES MINES
CONCÉDÉES.

16. La *matrice de rôle* pour la redevance proportionnelle sur les mines concédées, qui sont en extraction, sera
dressée *d'après des états d'exploitation* (conformes au modèle n.° IV).

17. Il y aura un *état d'exploitation* pour chaque mine
concédée : la confection en sera divisée en deux parties,
savoir : 1.° La partie descriptive, 2.° la proposition de l'é-
valuation du produit net imposable.

18. La partie descriptive des états d'exploitation sera
faite par l'ingénieur des mines du département, après
avoir appelé et entendu les concessionnaires ou leurs agens,
conjointement avec les maires et adjoints de la commune
ou des communes sur lesquelles s'étendent les concessions,
et les deux répartiteurs communaux qui seront les plus
forts imposés.

Elle comprendra le nom et la nature des mines, le numéro des articles, les noms des communes, les nom,
profession et demeure des concsssionnaires, possesseurs
ou usufruitiers ; la désignation sommaire des ouvrages
souterrains entretenus et exploités , ainsi que celle des machines ; enfin, la désignation des bâtimens et usines servant à l'exploitation.

19. La proposition de l'évaluation du produit net imposable, sera faite par les mêmes individus désignés à

159

l'article précédent, et portée à l'avant-dernière colonne du tableau.

La déclaration du produit net du revenu à laquelle se tiendront le propriétaire ou ses agens, sera mentionnée au tableau si elle diffère de l'évaluation.

20. Les préfets régleront les époques auxquelles les ingénieurs des mines, maires, adjoints et répartiteurs, devront se réunir, de manière à ce que la partie descriptive des états d'exploitation et la proposition d'évaluation soient achevées sans délai cette année, et que par la suite elles aient subi, avant le quinze mai de chaque année, les changemens qu'il sera nécessaire d'y faire annuellement.

21. Les mines dont la concession superficielle s'étendra sur deux ou plusieurs communes, seront portées sur les états d'exploitation, au nom de la commune où sont situés les bâtimens d'exploitation, usines et maisons de direction. Il en sera de même des mines dont la concession superficielle s'étendra sur les frontières de deux ou plusieurs départemens.

22. Les états ainsi préparés, seront certifiés et signés par les ingénieurs des mines, maires, adjoints et répartiteurs qui auront concouru à leur formation.

23. D'après ces états, l'ingénieur des mines fera préparer la *matrice de rôle* (conformément au modèle n.° v), en y laissant en blanc la colonne des évaluations définitives du produit net imposable, il transmettra le tout au préfet, qui le soumettra au comité d'évaluation.

24. Ce comité sera composé du préfet, de deux membres du conseil général du département nommés par le préfet, du directeur des contributions et de l'ingénieur des mines, et de deux des principaux propriétaires de mines dans les départemens où il y a un nombre d'exploitations suffisant.

25. Le comité est chargé de déterminer les évaluations définitives du produit net imposable de chaque mine; d'en faire porter l'expression au bas de chaque état d'exploitation, à l'avant-dernière colonne de la matrice du rôle, et d'arrêter les états et matrices.

26. Le comité d'évaluation procédera aux appréciations du produit net imposable, soit d'office, soit en ayant égard aux déclarations des exploitans qui les auront fournies.

27. Les exploitans concessionnaires, ou usufruitiers ou leurs ayant-cause, sont tenus de remettre au secrétariat de la préfecture, le plutôt possible, pour cette année, et, pour les années suivantes avant le premier mai, *la déclaration détaillée* du produit net imposable de leurs exploitations; faute de quoi, l'appréciation aura lieu d'office.

28. Pour éclairer le comité, le préfet et l'ingénieur des mines réuniront d'avance tous les renseignemens qu'ils jugeront nécessaires, notamment ceux concernant le produit brut de chaque mine, la valeur des matières extraites ou fabriquées, le prix des matières premières employées et de la main-d'œuvre, l'état des travaux souterrains, le nombre des ouvriers, les ports ou lieux d'exportation ou consommation, et la situation plus ou moins prospère de l'établissement. Le comité d'évaluation aura égard à ces renseignemens.

Ces éclaircissemens seront, autant que possible, placés dans de nouvelles colonnes ajoutées, selon les lieux et les circonstances, au modèle de tableau n.° IV.

Pour la présente année, le revenu net de 1810 servira de base aux appréciations; et cette évaluation se fera, soit en suivant les formes indiquées aux articles 16 et suivans, soit d'après les renseignemens énoncés au présent article et l'avis du comité.

29. Les états d'exploitations et la matrice de rôle pour les mines concédées, resteront déposés chez le directeur des contributions, pour servir à la confection des rôles.

SECTION II.

ASSIETTE DE LA REDEVANCE PROPORTIONNELLE SUR LES MINES NON CONCÉDÉES.

30. Il sera procédé pour les mines non concédées régulièrement, ou exploitées sans aucune concession, comme pour les mines concédées ; mais les états d'exploitations seront intitulés différemment. Il y aura une matrice de rôle séparée, conforme au tableau n.° VII.

Chaque état d'exploitation considéré comme section , formera un article dans la matrice de rôle.

TITRE III.

Abonnemens pour la redevance proportionnelle.

31. Les exploitans, concessionnaires ou non concessionnaires, qui désireront jouir de la faveur de l'abonnement, déposeront dans le délai d'un mois, après la publication du présent décret, pour les années 1811 et 1812, et pour les années ultérieures avant le 15 avril, au secrétariat de la préfecture de leur département, leur *soumission* appuyée de motifs détaillés : il leur en sera délivré un reçu.

Faute par ces exploitans de déposer leur soumission dans le délai prescrit, ils seront imposés proportionnellement à leur revenu net présumé, comme il est dit au titre précédent.

32. Les soumissions d'abonnement pour 1811 et 1812

pourront être acceptées sur l'avis des préfets par le directeur général des mines, d'après une estimation, faite sur les renseignemens indiqués à l'art. 28, du produit des mines pour lesquelles sera proposé l'abonnement.

33. Pour les années 1813 et suivantes, les soumissions d'abonnement seront acceptées, modifiées ou rejetées, après avoir pris l'avis du comité d'évaluation, lorsque les opérations prescrites au titre II auront eu lieu.

34. Les abonnemens seront approuvés, savoir :

Par le préfet, sur l'avis de l'ingénieur des mines, quand l'évaluation du revenu net donnera une redevance au-dessous de mille francs ;

Par le ministre de l'intérieur, sur le rapport du directeur général, quand la redevance sera au-dessus de mille jusqu'à trois mille francs ;

Et au-dessus de trois mille francs, par un décret rendu en conseil d'état.

35. *L'état certifié des abonnemens* qui auront été admis, sera transmis au directeur des contributions pour être employé sur le rôle ; il accompagnera le *mandement* qui sera annuellement délivré par le préfet pour l'imposition de la redevance proportionnelle.

TITRE IV.

De la confection des Rôles.

SECTION I.re

DES RÔLES POUR LA REDEVANCE FIXE.

36. Chaque directeur des contributions fera dresser le *rôle de la redevance fixe*, sur les mines concédées et sur les mines exploitées sans concession régulière ou sans aucune concession, d'après le tableau qui lui sera transmis chaque année par le préfet.

37. Le rôle confectionné (conformément au modèle n.° III), énoncera les noms, qualités et demeures des concessionnaires, usufruitiers et exploitans non concessionnaires ; le nom de la mine concédée ou exploitée sans concession, celui de la commune où devra se faire la perception ; enfin l'étendue superficielle de la concession, ou bien celle du terrain provisoirement assigné ou attribué à l'exploitation. La cote se composera du montant de la redevance telle qu'elle aura été portée sur le tableau fourni par le préfet, du montant des dix centimes additionnels pour fonds de non-valeur, et du montant des cenmes pour frais de perception.

Après avoir été vérifié et rendu exécutoire par le préfet, le rôle sera renvoyé au directeur des contributions, chez lequel il restera déposé.

SECTION II.

DES RÔLES DE LA REDEVANCE PROPORTIONNELLE.

38. Les *rôles* pour la redevance proportionnelle sur les mines exploitées en vertu d'une concession ou sans concession, seront dressés par le directeur des contributions (conformément au modèle n.° viii), d'après les *matrices*, états d'abonnemens et mandemens des préfets.

39. A cet effet, le directeur des contributions imposera, sur chaque exploitant non abonné, une somme égale au vingtième du produit net de son exploitation ; il portera à l'article de chaque abonné le montant de son abonnement, et ajoutera aux cotes, soit de l'abonnement, soit de la redevance déterminée officiellement, le montant des dix centimes additionnels pour les fonds de non-valeur, et celui des centimes pour frais de perception.

Le rôle ainsi confectionné sera adressé au préfet, pour être vérifié et rendu exécutoire : il restera déposé chez le directeur des contributions.

TITRE V.

Du Recouvrement.

40. Le recouvrement des redevances fixes et proportionnelles sera effectué par le percepteur des contributions de la commune où est située la mine. Lorsque le terrain concédé ou provisoirement assigné et attribué aux exploitans non concessionnaires embrassera plusieurs

communes , le percepteur de la commune où seront situés les bâtimens , usines et maisons de direction , sera seul chargé du recouvrement.

41. Les percepteurs poursuivront les recouvremens sur les rôles délivrés par le directeur des contributions , vérifiés et certifiés par le préfet.

42. La somme à allouer pour les frais de perception aux percepteurs, receveurs d'arrondissement et receveurs généraux , sera réglée , ainsi que le mode de payement ou de retenue , par une décision de notre ministre des finances.

43. Il sera fait écriture séparée de la perception des redevances fixes et proportionnelles dans les journaux et registres des receveurs d'arrondissement et receveurs généraux.

TITRE VI.

Des Décharges, Réductions, Remises et Modérations.

44. Tout particulier concessionnaire ou non concessionnaire exploitant de mines , qui , par vente , bail , cessation de travaux ou toute autre cause légale , aurait cessé d'être imposable aux redevances fixes et proportionnelles , et qui aurait été porté sur les rôles , et tous ceux qui réclameront des réductions , soit en raison des taxes d'office , faute d'avoir fait régulariser en temps utile leurs exploitations , soit pour cause d'erreur dans l'énoncé de l'étendue superficielle des concessions , adresseront leurs réclamations au préfet.

45. Ces réclamations seront accompagnées de pièces

justificatives ; elles seront renvoyées à l'ingénieur des mines, qui, après avoir fait les vérifications nécessaires, fournira son avis motivé.

46. S'il y a lieu à ce que la cote soit réduite, le conseil de préfecture prononcera la quotité de la réduction, sauf le pourvoi selon les lois.

47. Les exploitans concessionnaires ou non concessionnaires qui se croiront trop imposés à la redevance proportionnelle, se pourvoiront également par-devant le préfet.

48. Le préfet enverra les réclamations au sous-préfet de l'arrondissement, au directeur des contributions et à l'ingénieur des mines, pour avoir leur avis ; il enverra aussi au maire de la commune pour avoir l'avis des répartiteurs qui auront été entendus, selon l'art. 18, et il soumettra le tout au conseil de préfecture, qui prononcera sur la réduction de la cote.

49. Si les sous-préfet, directeur des contributions et ingénieur des mines, ne conviennent pas de la sur-taxe, deux experts seront nommés, l'un par le préfet et l'autre par le réclamant. A l'époque fixée par le préfet, ces experts se rendront sur les lieux avec le contrôleur des contributions ; et, en présence de l'ingénieur des mines et du réclamant ou de son fondé de pouvoir, ils vérifieront les faits exposés dans la réclamation, et rectifieront, s'il y a lieu, l'appréciation du revenu net de l'exploitation.

50. Le contrôleur des contributions rédigera un procès-verbal des dire des experts et des parties intéressées ; il y joindra son avis, ainsi que celui de l'ingénieur des mines, et adressera le tout au sous-préfet, qui le transmettra au préfet. Le conseil de préfecture, après avoir

vu l'avis du directeur des contributions, prononcera sur la réclamation, sauf le pourvoi, comme il est dit art. 46.

51. Les frais d'expertise, de présence et de vérification, seront réglés par le préfet.

52. Quand la réclamation aura été reconnue non fondée, les frais seront supportés par le réclamant.

53. Si elle est reconnue fondée, les frais seront pris sur la portion du fonds de non-valeur mis à la disposition du préfet, ainsi qu'il sera dit ci-après.

54. Lorsque, par des événemens extraordinaires, un exploitant aura éprouvé des pertes, il adressera sa pétition détaillée au préfet, qui la renverra à l'ingénieur des mines.

L'ingénieur se transportera sur les lieux, vérifiera les faits en présence des maires, constatera la quotité de la perte, et en adressera un procès-verbal détaillé au préfet, qui prendra l'avis du sous-préfet de l'arrondissement et du directeur des contributions.

55. Le préfet réunira les différentes demandes qui lui auront été faites dans le cours de l'année en remises et modération ; et l'année expirée, il fera entre les contribuables dont les réclamations auront été reconnues justes et fondées, la distribution des sommes qu'il pourra accorder sur les fonds de non-valeur mis à sa disposition.

56. L'état de distribution sera envoyé au directeur général des mines, pour être soumis au ministre de l'intérieur et recevoir son approbation.

57. Sur les dix centimes imposés additionnellement à la redevance proportionnelle, moitié est mise à la disposition des préfets pour être employée aux frais de confection des états, tableaux, matrices et rôles, aux dé-

charges et réductions , remises et modérations , ainsi qu'aux frais d'expertise et de vérification de réclamation en dégrèvement ; l'autre moitié restera à la disposition particulière du ministre de l'intérieur , sera destinée principalement à accorder des supplémens de fonds aux départemens auxquels le *maximum* des centimes additionnels ne suffirait pas pour faire face aux dépenses précédemment énoncées , et à accorder des remises et modérations extraordinaires aux départemens où les exploitations auraient éprouvé des accidens majeurs.

58. Nos ministres de l'intérieur et des finances sont chargés , etc.

DÉPARTEMENT

REDEVANCE FIXE SUR LES MINES.

(Modèle N.º I.er).

d

TABLEAU des Mines concédées dans le département d   pour l'année mil huit cent

NOM et désignation de la Mine concédée et numéros.	SITUATION.		NOMS, Prénoms, qualités, professions et demeures des concessionnaires ou usufruitiers.	Désignation du titre de concession.	ÉTENDUE de la concession, exprimée en kilomètres carrés et en fraction de kilomètres carrés, jusqu'à 2 décimales.		SOMMES à imposer.		OBSERVATIONS et Mutations.
	Arrondissement.	Canton.	COMMUNES (En commençant par celle où sont situés les bâtimens servant à l'exploitation).							
N.º I.er Mine de plomb de Canisy.	Pradelle.	Monestié	Castelnau et Langogne.	Charles Durand, Philipe Henrion, et Marie Duval de Saint-Flour.	Arrêt du Conseil du 1.er septemb. 1771.	45kil. 95hec.		459 fr. 50 c		
N.º II. Mine de houille de Linange.	Idem.	Obières.	Linange.	Charles de Rochesauve.	. . . .	48	92	489	20	Le titre de concession n'ayant point été fourni, la contenance superficielle a été provisoirement et approximativement évaluée par le Préfet pour la présente année.
N.º III. Mine de cuivre de Saint-Cernin.	Idem.	Suguis et Saugues.	Saint-Cernin, Allance et Aiban.	Victoire de Lamotte.	Arrêt du Conseil du 20 mai 1787.	18	52	185	20	La surface de la concession n'étant point exprimée dans le titre, elle a été provisoirement et approximativement évaluée par le Préfet pour cette année.
TOTAUX.										

Fait et arrêté le présent Tableau, conformément au décret impérial du   et portant la contenance superficielle totale des concessions des Mines dans le département d   à   kilomètres carrés, et hectares, et le montant de la somme à imposer à   fr.   cent.

Pour être, le présent Tableau, transmis au directeur des contributions directes, et lui servir de matrice pour la confection du rôle de la redevance fixe sur les mines concédées pendant l'année mil huit cent.

Fait à   ce   mil huit cent.

Par le Préfet,
Le Secrétaire de Préfecture,

Le Préfet de département,

REDEVANCE FIXE SUR LES MINES.

(Modèle N.º II).

d

TABLEAU des Mines exploitées sans concession dans le département d   pour l'année mil huit cent

NOM et désignation de la Mine exploitée sans concession et numéros.	SITUATION.		NOMS, Prénoms, professions et demeures des particuliers exploitant sans concessions.	DATE de la demande en concession.	ÉTENDUE provisoire assignée ou attribuée à l'exploitation, exprimée en kilomètres carrés, et fractions de kilomètres carrés, jusqu'à 2 décimales.	SOMMES à imposer.	OBSERVATIONS et Mutations.
	Arrondissement.	Canton. COMMUNES (En commençant par celle où sont situés les bâtimens servant à l'exploitation).					
N.º I.er Mine de houille de St.-Flour.	Suze.	Suze. Ste.-Marguerite.	Théodore et Jean Marchau frères.	8 déc. 1810.	15kil. 50hec.	155 fr. 00 c	
N.º II. Mine de cuivre de St.-Marcel. etc.	Aost.	S.-Marcel Saint-Marcel.	Alexandre Melzi.	Il n'y a aucune demande formée.	118 52	1,185 20	L'exploitant n'ayant présenté aucune demande en concession, on a attribué à son exploitation le maximum de surface.
TOTAUX.							

Fait et arrêté le présent Tableau, conformément au décret impérial du   et portant la contenance totale des surfaces de terrain assignées et attribuées provisoirement aux exploitations des Mines non concédées dans le département de   à   kilomètres carrés, et   hectares, et le montant de la somme à imposer, à   francs   centimes.

Pour être, le présent Tableau, transmis au directeur des contributions directes, et lui servir de matrice pour la confection du rôle de la redevance fixe sur les mines exploitées sans concession pendant l'an mil huit cent.

A   le   au mil huit cent.

Par le Préfet,
Le Secrétaire de Préfecture,

Le Préfet de département,

(Modèle N.° III).

REDEVANCE FIXE SUR LES MINES.

AN

RÓLE des sommes qui doivent être payées en l'an mil huit cent par les concessionnaires , possesseurs ou usufruitiers et exploitans non concessionnaires des Mines du département d

Redevance fixe en principal. . . . .
Centimes pour fonds de non-valeur. . . . . . .
Centimes pour frais de perception. . . . .

TOTAL de la somme à percevoir à titre de redevance fixe sur les Mines du département d

ÉMARGEMENS.	NOMS, PRÉNOMS, QUALITÉS, PROFESSIONS ET DEMEURES des concessionnaires , possesseurs ou usufruitiers , et exploitans sans concession. DÉSIGNATION des mines , de l'étendue des concessions, de celle des terrains assignés et attribués provisoirement aux exploitans sans concession , et des communes où la perception doit être effectuée.	MONTANT des cotes en principal , centimes additionnels et centimes pour frais de perception.
	ARRONDISSEMENT d ART. 1.er	

ARRONDISSEMENT d

ART. 1.er

Commune d

Le sieur   concessionnaire de la Mine d   demeurant à   pour une étendue superficielle de   kilomètres carrés et   hectares , payera la somme de

SAVOIR :

en principal. . . . .
pour centimes additionnels. . . . .
centimes pour frais de perception . . .

ART. 2.

Commune d

Le sieur   exploitant non concessionnaire de la Mine d   demeurant à   pour une étendue superficielle provisoire de   kilomèt. carrés et   hectares , paiera la somme de

SAVOIR : etc. , etc.

RÉCAPITULATION DU RÔLE.

N.ᵒˢ des pages.	Montant des taxes.	N.ᵒˢ des pages.	Montant des taxes.
		ci-contre . .	
A reporter. .			
	Total général		

Vu le présent Rôle de la redevance fixe sur les Mines du département d

pour l'an mil huit cent   après avoir procédé à sa vérification, en avons arrêté le montant à la somme de   laquelle se compose de   montant du principal de la redevance fixe, tel qu'il a été établi par nos Tableaux des Mines concédées, ou exploitées sans concession, dressés le   de la somme de   montant des 10 centimes pour fonds de non-valeur autorisés par la loi du 21 avril 1810, et de plus de celle de   montant des centimes alloués pour frais de perception.

Pour le recouvrement dudit Rôle être fait et le montant versé en totalité par les percepteurs, entre les mains des receveurs particuliers d'arrondissement dans les délais prescrits, à l'exception de la somme de   pour frais de perception, qui sera retenue par les percepteurs.

Enjoignons à tous les concessionnaires, possesseurs ou usufruitiers, et exploitans sans concession, leurs représentans ou ayant-cause, à quelque titre que ce soit, d'acquitter les sommes y contenues entre les mains des percepteurs, dans les délais prescrits, sous peine d'y être contraints.

Fait et arrêté à   ce   mil huit cent

Par le Préfet,
Le Secrétaire général,

Le Préfet du département,

ARRONDISSEMENT
d
                                    Mines concédées du département d
Commune
d   ÉTAT d'exploitation de la Mine d   commune d   arrondissement d

NOM et nature de la Mine et Numéros.	COMMUNES (En commençant par celles où les bâtimens, Mines et maisons de direction sont situés).	NOMS, Professions et demeures des concessionnaires ou usufruitiers.	DÉSIGNATION des ouvrages entretenus et exploités, tels que puits, galeries, et autres excavations régulières et irrégulières, et machines.				Nombre et terme moyen. ouvriers.	Désignation des bâtimens et usines.		Évaluation du produit net imposable	Mutations.
			Nombres et espèces.	DIMENSIONS. Mètres courans.	Mètres cubes.	Machines.		Nombre et nature.	Contenance superficielle.		
									Arpens métriques	Francs.	
N.º I.er Mine de houille d'argentier	Sainte-Foi et Mirande.	Alexandre Laforce et C.ie, demeurant à Paris.	2 Puits.. 1 bure.. 2 cheminées. 16 galeries.	155 20 35 500	600 40 50 1,310 2,000	Une machine à feu et une à molettes.		Maison de la direction à un étage, renfermant 5 magasins ou ateliers.	0 75	60,000	

Fait et arrêté par nous, ingénieur des Mines, maires et adjoints et répartiteurs d   commune d
à   ce   de l'an mil huit cent

L'Ingénieur des Mines,   Les Maires, Adjoints et Répartiteurs,

DÉPARTEMENT de

REDEVANCE PROPORTIONNELLE SUR LES MINES. (Modèle N.º V).

Mines concédées.

Matrice de rôle pour la redevance proportionnelle sur les Mines exploitées en vertu de concession dans le départ. d

NOMS, PRÉNOMS, Surnoms, Professions et demeures des concessionnaires ou usufruitiers, et articles de la matrice.	N.ᵒˢ	NOMS et NATURE.	COMMUNES.	REVENU net.	FIXATION du revenu net imposable.	MUTATIONS.
ART. 1.ᵉʳ Le sieur Charles Davaux, négociant, demeurant à Nantes.	10.	Mine de houille de l'Albucque.	Flesset, Rozières et Saint-Guéry, arrondissement (voisin) d	50,000 fr.	40,000 fr.	
ART. 2. La Comp.ⁱᵉ Rousset, Jean et Dallemagne, ayant son domicile à Paris.	32. 15.	Mine plomb de Bourgne. Mine de fer d'Azérac.	Aubin, Fontaines, Allance et Digne, département (voisin) d Brassac.	12,500 fr. 4,000	14,500 fr.	
			TOTAL	66,500 fr.	54,500 fr.	

Fait et arrêté par nous, membres du Comité d'évaluation, pour le revenu net imposable total des Mines exploitées en vertu de concession dans le département de   à la somme de
à   ce   de l'an mil huit cent

L'Ingénieur des Mines,   Les Membres du Comité d'évaluation,

d

d   ARRONDISSEMENT

Mines non concédées du département d

d   Commune

ÉTAT d'exploitation de la Mine d   commune d   arrondissement d

NOM et nature de la Mine et Numéros.	COMMUNES (En commençant par celle où les bâtimens, usines et la maison de direction sont situés).	NOMS, Professions et demeures des exploitans non concessionnaires	DÉSIGNATION Des ouvrages entretenus et exploités, tels que puits, galeries, et autres excavations régulières et irrégulières, et machines.				Désignation des bâtimens et usines.		Évaluation du produit net imposable	MUTATIONS.
			Nombres et espèces.	Longueur totale.	Cubage total.	Machines.	Nombre et nature.	Contenance superficielle.		
				Mètres courans.	Mètres cubes.			Arpens métriques.	Francs.	
N.º II.r Mine de plomb et argent de Latour.	Palombes, Néronde et Sugny arrondissement (voisin) d	Veuve St-Hyacinthe, demeurant à Lyon.	3 Puits. . 4 galeries. 15 excavations irrégulières.	121 240 «	450 500 400 1,350	Deux machines à molettes.	Maison de la direction, à 2 étages, et usines renfermant 2 bocards, 1 laverie, 10 cases de grillage, 2 fourneaux de reverbère, 1 fourneau à manche, 1 fourneau de coupelle, 3 magasins et 5 ateliers	150	80,000	

Fait et arrêté par nous, ingénieur des Mines, maires et adjoints et répartiteurs d   commune d

A   ce   de l'an mil huit cent

L'Ingénieur des Mines,   Les Maires, Adjoints et Répartiteurs,

DÉPARTEMENT de REDEVANCE PROPORTIONNELLE SUR LES MINES. (Modèle N.º VII).

Mines non concédées.

Matrice de rôle pour la redevance proportionnelle sur les Mines exploitées sans concession dans le département d

NOMS, PRÉNOMS, Surnoms, Professions et demeures des exploitans non concessionnaires, et articles de la matrice.	N.ᵒˢ	NOMS et NATURES.	COMMUNES.	REVENU net.	TOTAL du revenu net imposable.	MUTATIONS.
ART. 1.ᵉʳ Veuve Saint-Hyacinthe, demeurant à Lyon.	1.ᵉʳ	Mine de plomb et argent de Latour.	Palonbbes et Néronde et Suguy, arrondissement (voisin) d	80,000 fr.	60,000 fr.	
ART. 2. La Comp.ⁱᵉ St.-Cernin et Banzely, ayant son domicile à Bordeaux.	12.	Mine d'alun de St.-George.	Najac et Laval et Bleymard, département (voisin) d	50,000 fr.	51,000 fr.	
TOTAL.........				130,000 fr.	111,000 fr.	

Fait et arrêté par nous, membres du Comité d'évaluation, pour le revenu net imposable total des Mines exploitées sans concession dans le département de   à la somme de

à   ce   de l'an mil huit cent

L'Ingénieur des Mines,   Les Membres du Comité d'Évaluation,

d

(Modèle N.º VIII).

REDEVANCE PROPORTIONNELLE SUR LES MINES.

AN

Rôle des sommes qui doivent être payées en l'an   *par les con-*
cessionnaires exploitans , possesseurs ou usufruitiers et exploitans
non concessionnaires des Mines du département d

Redevance en principal , { abonnemens . . . . }
                            { sommes à imposer d'office. . }
                            { sur les Mines non abonnées. }

Centimes pour fonds de non-valeur. . . . .

Centimes pour frais de perception. . . . .

    TOTAL de la somme à percevoir sur les Mines ex-
ploitées du département d   pour l'an

ÉMARGEMENS.	NOMS , PRÉNOMS , PROFESSIONS ET DEMEURES des concessionnaires , possesseurs ou usufruitiers et exploitans non concessionnaires. DÉSIGNATION DES MINES EXPLOITÉES , et Noms des communes où la perception doit être effectuée.	MONTANT des cotes en principal , centimes additionnels et centimes pour frais de perception.
	ARRONDISSEMENT d	
	ART. 1.er	
	Commune d	
	Le sieur demeurant à conces-sionnaire de la Mine d pour un revenu d payera la somme totale de	
	SAVOIR :	
	en principal.	
	pour centimes additionnels.	
	centimes pour frais de perception . . .	
	ART. 2.	
	Commune d	
	Le sieur demeurant à exploitant non concessionnaire de la Mine d payera , par abonnement , la somme totale de	
	SAVOIR :	
	pour le montant de son abonnement. .	
	pour centimes additionnels.	
	centimes pour frais de perception. . . .	

RÉCAPITULATION DU RÔLE.

N.ᵒˢ des pages	Montant des taxes.	N.ᵒˢ des pages.	Montant des taxes.
		ci-contre . .	
A reporter. .			
	TOTAL général		

Vu le Rôle de la redevance proportionnelle sur les Mines exploitées du département d pour l'an après avoir procédé à sa vérification, en avons arrêté et arrêtons le montant en principal à la somme de égale à celle fixée par notre mandement du laquelle se compose de la somme de montant des abonnemens, et de celle de montant de la portion du principal qui a dû être imposée d'office sur les contri-tribuables non abonnés ; plus, du montant des 10 centimes additionnels autorisés par la loi du 21 avril 1810, et de celui des centimes alloués pour frais de perception par pour le recouvrement dudit Rôle être fait et le montant versé en totalité par les percepteurs, entre les mains des receveurs particuliers d'arrondissement, dans les délais prescrits, à l'exception de la somme de pour frais de perception, qui sera retenue par les percepteurs.

Enjoignons à tous les concessionnaires, possesseurs, usufruitiers, et exploitans non concessionnaires, leurs représentans ou ayant-cause, à quelque titre que ce soit, d'acquitter les sommes y contenues entre les mains des percepteurs, dans les délais prescrits, sous peine d'y être contraints.

Fait et arrêté à ce de l'an mil huit cent

Par le Préfet,   *Le Préfet du département,*
Le Secrétaire général,

ARRÊTÉ

CONCERNANT LES OPPOSITIONS ET LES DEMANDES EN
CONCURRENCE.

Du 27 octobre 1812.

Le ministre de l'intérieur,

Vu le rapport de M. le directeur général des mines,
par lequel il représente la nécessité de fixer, d'une manière invariable, le vrai sens et la véritable application
des dispositions de l'art. 28 de la loi sur les mines,
du 21 avril 1810, afin que l'art. 26 de la même loi reçoive
strictement son exécution.

Vu l'avis du conseil général des mines, du 20 avril
dernier.

Considérant, à l'égard des demandes en concession
formées sous le régime de la loi du 21 avril 1810, que
ces demandes doivent, aux termes de l'art. 23 de cette
loi, être publiées et affichées pendant quatre mois consécutifs ;

Que les oppositions à ces demandes, ainsi que les
prétentions en préférence, ne doivent être admises par
les préfets aux termes de l'art. 26, qu'autant qu'elles
sont notifiées à la préfecture, au plus tard le dernier
jour du quatrième mois des affiches et publications de
la demande primitive ;

Considérant, à l'égard des demandes en concession,
instruites sous le régime de la loi de 1791, et qui ont
été publiées et affichées conformément à cette loi, que
ces demandes ne sont susceptibles d'une nouvelle instruction, et de nouvelles publications et affiches, que relativement aux droits des propriétaires de la surface,

d'après l'avis du conseil d'état, approuvé le 11 juin 1810, et que par conséquent aucune opposition, ni demande en concurrence, n'est plus admissible par les préfets contre les demandes primitives ;

Considérant que, jusqu'à ce que le conseil d'état soit saisi de l'instruction sur une demande en concession de mines, c'est au ministre de l'intérieur seul qu'il appartient de renvoyer à la décision des tribunaux, les oppositions motivées sur la propriété de la mine demandée, comme étant acquise aux opposans par concession ou autrement, et dont la connaissance est réservée à l'autorité judiciaire par l'article 28 de la loi, soit que ces oppositions aient été notifiées aux préfets, dans l'intervalle des quatre mois de délai, pour les publications et affiches des demandes, soit qu'elles aient été introduites directement auprès du ministre, dans les formes prescrites en cet article ;

Considérant enfin que, quel que soit le motif des oppositions tardives ou formées en temps utile, il importe à l'administration supérieure de les connaître et d'être mise à même d'en apprécier le mérite, ainsi que l'influence qu'elles peuvent avoir sur la décision à intervenir, arrête :

Art. 1.ᵉʳ Toutes oppositions ou demandes en concurrence, formées contre une demande en concession nouvelle, et notifiées dans les formes prescrites par l'art. 26 de la loi du 21 avril 1810, à la préfecture d'un département, après le dernier jour du quatrième mois de l'affiche de cette demande, ne pourront être admises par le préfet, pour faire partie de l'instruction d'après laquelle il statuera sur la demande en concession, conformément à l'art. 27 de la même loi, comme si ces oppositions ou demandes en concurrence, n'avaient point eu lieu.

2. Le préfet auquel ces oppositions ou demandes tardives auront été notifiées, les transmettra néanmoins séparément au ministre, avec un arrêté constatant les motifs pour lesquels elles n'auront pas été comprises et discutées dans l'instruction principale sur la demande en concession, et son avis sur le mérite de ces oppositions.

3. Les oppositions ou demandes en concurrence, contre les demandes en concession publiées et affichées sous le régime de la loi de 1791, survenues depuis la nouvelle publication et affiches de ces demandes, ayant pour objet la fixation des droits attribués aux propriétaires de la surface, par les articles 6 et 42 de la loi, ne pourront également être admises par les préfets pour faire partie de l'instruction principale, lorsque ces oppositions ne seront point directement relatives à la fixation de ces droits, soit que ces oppositions ou demandes aient été introduites dans les quatre mois des nouvelles publications et affiches, soit qu'elles l'aient été postérieurem ent dans l'un ou l'autre cas, ces oppositions ou demandes seront transmises, ainsi qu'il est dit en l'art. précédent.

4. Toutes les fois qu'une opposition à une demande en concession, notifiée à la préfecture dans le délai prescrit en l'art. 26 de la loi, sera motivée sur la propriété de la mine, acquise à l'opposant par concession ou autrement, et qu'ainsi la connaissance sera susceptible d'en appartenir aux tribunaux, d'après les dispositions de l'article 28 de la loi, le préfet ne pourra en ordonner le renvoi de son propre mouvement, mais il exprimera son avis sur la nature de cette opposition, par un arrêté particulier, et préparatoire, qu'il transmet-

tra , avec l'opposition et les pièces à l'appui , au ministre de l'intérieur, lequel statuera sur le renvoi aux tribunaux, s'il y a lieu.

5. M. le directeur général des mines est chargé de l'exécution du présent arrêté.

CIRCULAIRE

DE SON EXCELLENCE LE MINISTRE DE L'INTÉRIEUR

CONCERNANT LES DEMANDES EN CONCURRENCE.

Du 3 novembre 1812.

Monsieur le préfet , la loi du 21 avril 1810, ordonne (art. 23) que les demandes en concession seront publiées et affichées pendant quatre mois.

Conformément à l'article 26 , *les oppositions* à ces demandes seront admises devant le préfet , jusqu'au dernier jour du quatrième mois, à compter de la date de l'affiche.

D'après le même article, les demandes en concurrence sont admises , notifiées et enregistrées de la même manière et dans le même délai que les oppositions.

Nulle part , la loi n'a prescrit que les oppositions fussent affichées ni publiées ; il ne s'est élevé aucun doute à ce sujet de la part des fonctionnaires chargés de la faire exécuter.

Il n'en est pas de même *des demandes en concurrence.*

Elles ont donné lieu à la question de savoir si elles doivent être soumises aux formalités des publications et affiches.

Une demande en concurrence n'est qu'une opposition à la demande primitive ; et le législateur lui a imprimé ce caractère, en la mentionnant cumulativement dans l'art. 26 avec les oppositions.

En effet, si cette demande avait lieu à la fin du quatrième mois, et qu'elle dût être affichée pendant quatre mois, l'instruction se prolongerait jusqu'au huitième mois ; si à cette époque, il se présentait un nouveau concurrent, sa réclamation reporterait l'instruction au douzième mois ; et alors il n'y aurait pas de raison de voir le terme de ces retardemens administratifs.

Le législateur n'a pu avoir l'intention d'exposer l'administration à un semblable résultat.

Il a donc évidemment assimilé les demandes en concurrence aux oppositions, pour lesquelles il n'a pas exigé la publication de l'affiche, mais qui doivent être notifiées aux parties.

C'est dans ce sens que la loi doit être exécutée.

Les *demandes en concurrence* devant être mises comme les oppositions, sous les yeux de l'autorité supérieure, examinées par elle, et discutées, s'il y a lieu, en conseil d'état, les demandeurs en concurrence ont la certitude d'obtenir justice, sans qu'ils aient droit de réclamer la formalité d'affiches et de publication, formalité inutile en elle-même, non prescrite par la loi, et qui n'aurait d'autre effet que d'éterniser les affaires.

J'ai cru, Monsieur le préfet, devoir vous donner connaissance de ces observations, afin que vous puissiez en faire l'application aux cas analogues qui se présenteront.

DÉCRET

CONTENANT DES DISPOSITIONS DE POLICE RELATIVES A L'EXPLOITATION DES MINES.

Au palais des Tuileries, le 3 janvier 1813.

Sur le rapport de notre ministre de l'intérieur ;

Les événemens survenus récemment dans l'exploitation des mines de quelques départemens , ayant excité d'une manière particulière notre sollicitude en faveur de nos sujets occupés journellement aux travaux des mines , nous avons reconnu que ces accidens peuvent provenir, 1.º de l'inexécution des clauses des cahiers des charges imposées aux concessionnaires pour la solidité de leurs travaux ; 2.º du défaut de précaution contre les inondations souterraines et l'inflammation des vapeurs méphytiques et délétères ; 3.º du défaut de subordination des ouvriers ; 4.º de la négligence des propriétaires des mines à leur procurer des secours nécessaires ; et voulant prévenir, autant qu'il est en nous , le retour de ces malheurs , par des mesures de police spécialement applicables à l'exploitation des mines ;

Notre conseil d'état entendu , nous avons décrété , etc.

TITRE 1.er

Dispositions préliminaires.

Art. 1.er Les exploitans des mines qui , conformément aux dispositions de la loi du 21 avril 1810 , ont le droit d'obtenir les concessions de leurs exploitations actuelles , seront tenus d'en former la demande dans le délai d'un an , à dater de la publication du présent décret.

2. Leurs demandes seront adressées aux préfets, qui leur en feront délivrer certificat, et qui les feront passer au directeur général des mines, avec leur avis et celui de l'ingénieur sur la fixation définitive des limites des concessions demandées.

TITRE II.

Dispositions tendant à prévenir les accidens.

3. Lorsque la sûreté des exploitations ou celle des ouvriers pourra être compromise par quelque cause que ce soit, les propriétaires seront tenus d'avertir l'autorité locale, de l'état de la mine qui serait menacée ; et l'ingénieur des mines, aussitôt qu'il en aura connaissance, fera son rapport au préfet, et proposera la mesure qu'il croira propre à faire cesser les causes du danger.

4. Le préfet, après avoir entendu l'exploitant ou ses ayant cause dûment appelés, prescrira les dispositions convenables par un arrêté qui sera envoyé au directeur général des mines, pour être approuvé, s'il y a lieu, par le ministre de l'intérieur.

En cas d'urgence, l'ingénieur en fera mention spéciale dans son rapport, et le préfet pourra ordonner que son arrêté soit provisoirement exécuté.

5. Lorsqu'un ingénieur, en visitant une exploitation, reconnaîtra une cause de danger imminent, il fera, sous sa responsabilité, les réquisitions nécessaires aux autorités locales, pour qu'il y soit pourvu sur-le-champ, d'après les dispositions qu'il jugera convenables, ainsi qu'il est pratiqué en matière de voirie lors du péril imminent de la chute d'un édifice.

6. Il sera tenu , sur chaque mine , un registre et un plan constatant l'avancement journalier des travaux , et les circonstances de l'exploitation dont il sera utile de conserver le souvenir. L'ingénieur des mines devra , à chacune de ses tournées , se faire représenter ce registre et ce plan : il y insérera le procès-verbal de visite , et ses observations sur la conduite des travaux. Il laissera à l'exploitant , dans tous les cas où il le jugera utile , une instruction écrite sur le registre , contenant les mesures à prendre pour la sûreté des hommes et celle des choses.

7. Lorsqu'une partie ou la totalité d'une exploitation sera dans un état de délabrement ou de vétusté tel que la vie des hommes aura été compromise ou pourrait l'être , et que l'ingénieur des mines ne jugera pas possible de la réparer convenablement , l'ingénieur en fera son rapport motivé au préfet , qui prendra l'avis de l'ingénieur en chef et entendra l'exploitant ou ses ayant cause.

Dans le cas où la partie intéressée reconnaîtrait la réalité du danger indiqué par l'ingénieur , le préfet ordonnera la fermeture des travaux.

En cas de contestation , trois experts seront nommés , le premier par le préfet , le second par l'exploitant , et le troisième par le juge de paix du canton.

Les experts se transporteront sur les lieux ; ils y feront toutes les vérifications nécessaires , en présence d'un membre du conseil d'arrondissement délégué à cet effet par le préfet , et avec l'assistance de l'ingénieur en chef. Ils feront au préfet un rapport motivé.

Le préfet en référera au ministre , en donnant son avis.

Le ministre , sur l'avis du préfet et sur le rapport du directeur général des mines , pourra statuer , sauf le recours au conseil d'état.

Le tout sans préjudice des dispositions portées , pour les cas d'urgence, dans l'art. 4 du présent décret.

8. Il est défendu à tout propriétaire d'abandonner, en totalité , une exploitation , si auparavant elle n'a été visitée par l'ingénieur des mines.

Les plans intérieurs seront vérifiés par lui ; il en dressera procès-verbal , par lequel il fera connaître les causes qui peuvent nécessiter l'abandon.

Le tout sera transmis par lui , ainsi que son avis, au préfet du département.

9. Lorsque l'exploitation sera de nature à être abandonnée par portions ou par étages , et à des époques différentes , il y sera procédé successivement et de la manière ci-dessus indiquée.

Dans les deux cas , le préfet ordonnera les dispositions de police , de sûreté et de conservation qu'il jugera convenables d'après l'avis de l'ingénieur des mines.

10. Les actes administratifs concernant la police des mines et minières dont il a été fait mention dans les articles précédens , seront notifiés aux exploitans , afin qu'ils s'y conforment dans les délais prescrits ; à défaut de quoi, les contraventions seront constatées par procès-verbaux des ingénieurs des mines, conducteurs, maires , autres officiers de police , garde-mines. On se conformera à cet égard aux articles 93 et suivans de la loi du 21 avril 1810 ; et en cas d'inexécution , les dispositions qui auront été prescrites, seront exécutées d'office aux frais de l'exploitant , dans les formes établies par l'art. 37 du décret impérial du 18 novembre 1810.

TITRE III.

Mesures à prendre en cas d'accidens arrivés dans les Mines, Minières, Usines et Ateliers.

11. En cas d'accidens survenus dans une mine, minière, usines et ateliers qui en dépendent, soit par éboulement, par inondation, par le feu, par asphyxie, par rupture des machines, engins, câbles, chaînes, paniers, soit par émanations nuisibles, soit par toute autre cause, et qui auraient occasioné la mort ou des blessures graves à un ou plusieurs ouvriers, les exploitans, directeurs, maîtres mineurs et autres préposés sont tenus d'en donner connaissance aussitôt au maire de la commune, et à l'ingénieur des mines, et en cas d'absence au conducteur.

12. La même obligation leur est imposée dans le cas où l'accident compromettrait la sûreté des travaux, celle des mines ou des propriétés de la surface, et l'approvisionnement des consommateurs.

13. Dans tous les cas, l'ingénieur des mines se transportera sur les lieux : il dressera procès-verbal de l'accident séparément ou concurremment avec les maires et autres officiers de police ; il en constatera les causes, et transmettra le tout au préfet du département.

En cas d'absence, les ingénieurs seront remplacés par les élèves-conducteurs et garde-mines assermentés devant les tribunaux. Si les uns et les autres sont absens, les maires ou autres officiers de police nommeront les experts à ce connaissant, pour visiter l'exploitation et mentionner leur dire dans un procès-verbal.

14. Dès que le maire et autres officiers de police auront été avertis , soit par les exploitans , soit par la voie publique , d'un accident arrivé dans une mine ou usine , ils en préviendront immédiatement les autorités supérieures : ils prendront , conjointement avec l'ingénieur des mines, toutes les mesures convenables pour faire cesser le danger et en prévenir les suites ; ils pourront , comme dans le cas de péril imminent , faire des réquisitions d'outils , chevaux , hommes , et donneront les ordres nécessaires.

L'exécution des travaux aura lieu sous la direction de l'ingénieur ou des conducteurs , et , en cas d'absence , sous la direction des experts délégués à cet effet par l'autorité locale.

15. Les exploitans seront tenus d'entretenir sur leurs établissemens, dans la proportion du nombre des ouvriers et de l'étendue de l'exploitation , les médicamens et les moyens de secours qui leur seront indiqués par le ministre de l'intérieur , et de se conformer à l'instruction réglementaire qui sera approuvée par lui à cet effet.

16. Le ministre de l'intérieur , sur la proposition des préfets et le rapport du directeur général des mines , indiquera celle des exploitations qui , par leur importance et le nombre des ouvriers qu'elles emploient , devront avoir et entretenir à leurs frais un chirurgien spécialement attaché au service de l'établissement.

Un seul chirurgien pourra être attaché à plusieurs établissemens à la fois , si ces établissemens se trouvent dans un rapprochement convenable. Son traitement sera à la charge des propriétaires , proportionnellement à leur intérêt.

17. Les exploitans et directeurs des mines voisines

de celle où il serait arrivé un accident, fourniront tous les moyens de secours dont ils pourront disposer, soit en hommes, soit de toute autre manière, sauf le recours pour leur indemnité, s'il y a lieu, contre qui de droit.

18. Il est expressément prescrit aux maires et autres officiers de police de se faire représenter les corps des ouvriers qui auraient péri par accident dans une exploitation, et de ne permettre leur inhumation qu'après que le procès-verbal de l'accident aura été dressé, conformément à l'art. 81 du Code Napoléon, et sous les peines portées dans les art. 358 et 359 du code pénal.

19. Lorsqu'il y aura impossibilité de parvenir jusqu'au lieu où se trouvent les corps des ouvriers qui auront péri dans les travaux, les exploitans, directeurs et autres ayant cause seront tenus de faire constater cette circonstance par le maire ou tout autre officier public, qui en dressera procès-verbal et le transmettra au procureur du roi, à la diligence duquel, et sur l'autorisation du tribunal, cet acte sera annexé aux registres de l'état civil.

20. Les dépenses qu'exigeront les secours donnés aux blessés, noyés ou asphyxiés, et la réparation des travaux, seront à la charge des exploitans.

21. De quelque manière que soit arrivé un accident, les ingénieurs des mines, maires et autres officiers de police, transmettront immédiatement leurs procès-verbaux aux sous-préfets et aux procureurs du roi. Les procès-verbaux devront être signés et déposés dans les délais prescrits.

22. En cas d'accidens qui auraient occasioné la perte ou la mutilation d'un ou plusieurs ouvriers, faute de s'être conformé à ce qui est prescrit par le présent règlement, les exploitans, propriétaires et directeurs

pourront être traduits devant les tribunaux , pour l'aplication , s'il y a lieu , des dispositions des articles 319 et 320 du code pénal , indépendamment des dommages et intérêts qui pourraient être alloués au profit de qui de droit.

TITRE IV.

Dispositions concernant la police du personnel.

SECTION I.re

DES INGÉNIEURS , PROPRIÉTAIRES DE MINES , EXPLOITANS ET AUTRES PRÉPOSÉS.

23. Indépendamment de leurs tournées annuelles , les ingénieurs des mines visiteront fréquemment les exploitations dans lesquelles il serait arrivé un accident , ou qui exigeraient une surveillance particulière. Les procès-verbaux seront transcrits sur un registre ouvert à cet effet dans les bureaux des ingénieurs ; ils seront en outre transmis aux préfets des départemens.

24. Les propriétaires des mines , exploitans et autres préposés , fourniront aux ingénieurs et aux conducteurs tous les moyens de parcourir les travaux , et notamment de pénétrer sur tous les points qui pourraient exiger une surveillance spéciale. Ils exhiberont le plan tant intérieur qu'extérieur , et les registres de l'avancement des travaux , ainsi que du contrôle des ouvriers : ils leur fourniront tous les renseignemens sur l'état d'exploitation , la police des mineurs et autres employés ; ils les feront accompagner par les directeurs et maîtres

mineurs, afin que ceux-ci puissent satisfaire à toutes les informations qu'il serait utile de prendre sous les rapports de sûreté et de salubrité.

SECTION II.

DES OUVRIERS.

25. A l'avenir, ne pourront être employés en qualité de maîtres mineurs ou chefs particuliers des travaux des mines et minières, sous quelque dénomination que ce soit, que des individus qui auront travaillé comme mineurs, charpentiers, boiseurs ou mécaniciens, depuis au moins trois années consécutives.

26. Tout mineur de profession ou autre ouvrier, employé soit à l'intérieur, soit à l'extérieur dans l'exploitation des mines et minières, usines et ateliers en dépendans, devra être pourvu d'un livret, et se conformer aux dispositions de l'arrêté du 9 frimaire an XII.

Les registres d'ordre sur lesquels l'inscription aura lieu dans chaque commune, seront conservés au greffe de la municipalité, pour y recourir au besoin.

Il est défendu à tout exploitant d'employer aucun individu qui ne serait pas porteur d'un livret en règle, portant l'acquit de son précédent maître.

27. Indépendamment des livrets et registres d'inscription à la mairie, il sera tenu sur chaque exploitation un contrôle exact et journalier des ouvriers qui travaillent, soit à l'intérieur, soit à l'extérieur des mines, minières, usines et ateliers en dépendans ; ces contrôles seront inscrits sur un registre qui sera coté par le maire et paraphé par lui tous les mois.

Ce registre sera visé par les ingénieurs , lors de leur tournée.

28. Dans toutes leurs visites , les ingénieurs des mines devront faire faire , en leur présence , la vérification des contrôles des ouvriers.

Le maire de la commune pourra faire cette vérification quand il le jugera convenable , surtout dans le moment où il y aura lieu de présumer qu'il peut y avoir quelque danger pour les individus employés aux travaux.

29. Il est défendu de laisser descendre ou travailler dans les mines ou minières les enfans au-dessous de dix ans.

Nul ouvrier ne sera admis dans les travaux , s'il est ivre ou en état de maladie : aucun étranger n'y pourra pénétrer sans la permission de l'exploitant ou du directeur, et s'il n'est accompagné d'un maître mineur.

30. Tout ouvrier qui , par insubordination ou désobéissance envers le chef des travaux , contre l'ordre établi , aura compromis la sûreté des personnes ou des choses , sera poursuivi et puni selon la gravité des circonstances , conformément à la disposition de l'art. 22 du présent décret.

TITRE V.

Dispositions générales.

31. Les contraventions aux dispositions de police ci-dessus , lors même qu'elles n'auraient pas été suivies d'accidens , seront poursuivies et jugées conformément au titre X de la loi du 21 avril 1810 , sur les mines , minières et usines.

32. Notre ministre de l'intérieur est chargé , etc.

CIRCULAIRE [1]

DU DIRECTEUR GÉNÉRAL DES MINES,

RELATIVE A L'EXÉCUTION DU DÉCRET DU 3 JANVIER 1813.

Du 17 février 1813.

Monsieur le préfet, les nombreux accidens auxquels sont exposés les ouvriers employés aux travaux des mines, ont fait connaître la nécessité d'un règlement de police qui prescrivît les mesures propres à prévenir, autant que possible, ces fâcheux événemens.

Ce règlement fait l'objet du décret du 3 janvier dernier, inséré au bulletin des lois (n.° 467).

La loi du 21 avril 1810, n'avait pas fixé de délai aux exploitans actuels, pour se mettre en mesure d'obtenir la concession de leur exploitation.

Par les art. 1 et 2 du tit. 1.er du règlement, il leur est accordé le délai d'un an, à dater de la publication du décret, pour former leur demande et remplir les formalités qui sont prescrites.

Je vous prie de vouloir bien donner une attention particulière à l'exécution des dispositions de ces articles, et prendre en conséquence, des mesures pour que tous les exploitans des mines de votre département, qui ne sont pas pourvus de titres réguliers de concessions, vous adressent leur demande avant l'expiration du délai fixé, et dans les formes voulues par la loi du 21 avril 1810. L'accomplissement de cette disposition sera un premier pas vers l'ordre ; il peut seul prévenir les

---

1 Mines. — Police générale.

événemens désastreux , et assurer la conservation des exploitations.

Vous voudrez bien remarquer que ces articles sont également applicables à toutes les *mines de fer en filons*, *couches ou amas*, comme aux *mines d'alluvion*, exploitées par puits ou galerie. La plus grande partie de ces mines a été exploitée jusqu'ici, sans ordre comme sans titre, par les maîtres de forges ou pour leur compte. Il est donc bien important que ces exploitations soient régularisées et soumises au mode de concessions ; mode avantageux pour les maîtres d'usines eux-mêmes.

Il n'est que trop reconnu que les accidens les plus graves, et qui ont les suites les plus funestes, proviennent souvent d'une cause éloignée, mais qui ne prend un caractère fâcheux que parce que, dès sa naissance, on a négligé d'apporter le remède convenable.

Ces sortes d'événemens n'auront pas lieu, si les mesures de précautions indiquées dans le tit. 2 sont exécutées avec soin.

Il ne vous paraîtra pas moins nécessaire de donner des ordres et de surveiller la confection des plans et la tenue des registres prescrits par l'art. 6.

L'art. 36 du décret du 18 novembre 1810, ainsi que l'instruction du ministre de l'intérieur, du 3 août précédent, ont déjà ordonné l'exécution de ces mesures. Les plans doivent être dressés sur l'échelle d'*un millimètre pour mètre*. Ils peuvent seuls fournir aux ingénieurs des mines, les moyens d'exercer leur surveillance ; et, comme ils n'existent encore que sur un très-petit nombre d'exploitations, il devient urgent de faire exécuter cette disposition conservatrice des hommes et des choses.

Si, malgré la surveillance qui va être exercée, il survient encore des accidens qui ne pouvaient pas être prévus , le tit. 3 du décret contient toutes les dispositions qui devront être exécutées , selon la nature et la gravité des accidens qui se seront manifestés.

Vous remarquerez sans doute , M. le préfet , que, par l'art. 15 de ce même titre , les exploitans sont tenus d'entretenir sur leurs établissemens dans la proportion du nombre des ouvriers , et de l'étendue de l'exploitation , les médicamens et les moyens de secours qui leur seront prescrits , et de se conformer à l'instruction qui sera approuvée par le ministre de l'intérieur.

J'ai l'honneur de vous envoyer cette instruction , qui est approuvée par son excellence ; je vous en adresse un nombre suffisant d'exemplaires pour être distribués à chacun des exploitans et chefs d'usines qui se trouvent dans votre département. Elle a été rédigée par M. Salmade, docteur en médecine de la Faculté de Paris, homme recommandable par ses talens , et qui n'a indiqué que ceux des traitemens dont l'efficacité a été bien constatée par l'expérience.

Il est donc bien à désirer que lors des accidens qui pourraient survenir , on suive exactement selon leur espèce et leur gravité, les procédés qui sont prescrits par cette instruction.

Il n'est pas moins nécessaire, M. le préfet , que vous exigiez que les exploitans et maîtres d'usines , de la nature de celles qui sont indiquées dans le décret de police , se tiennent toujours pourvues des médicamens prescrits à la fin de cette même instruction , comme premiers secours qui doivent être administrés aussitôt après l'accident.

Les quantités de chaque espèce n'ont pas été assignées ;

elles doivent dépendre du nombre d'ouvriers qui sont employés dans chaque établissement. Vous aurez donc à diriger, sur ce point, MM. les maires des communes.

Aux termes de l'art. 16, vous aurez à indiquer celles des exploitations qui, par leur importance, devront avoir et entretenir, à leurs frais, un chirurgien spécialement attaché au service de l'établissement.

Une boîte, dite de secours, telle qu'elle est décrite également à la fin de l'instruction, devra être placée dans chaque établissement au service duquel un chirurgien sera spécialement attaché.

Une seule pourra suffire, par *commune*, pour les divers établissemens. Il est juste qu'elle soit achetée et entretenue aux frais de tous les exploitans, en raison du nombre des ouvriers employés.

Le *titre* 4 ne mérite pas moins de fixer toute votre attention, puisqu'il s'agit de la police du personnel ; si les dispositions qu'il renferme sont bien exécutées, elles pourront contribuer à diminuer le nombre des accidens, qui n'arrivent le plus souvent que par la négligence ou l'imprévoyance des ouvriers.

Les moyens de répression contre les délits, sont indiqués dans le titre 5 ; leur application peut seule garantir l'efficacité des mesures qui sont prescrites par ce règlement.

MM. les ingénieurs des mines sont appelés à concourir, avec l'administration, à l'exécution de ces mesures ; leur zèle doit vous répondre de leur empressement à vous seconder dans toutes les parties du service pour lequel ils pourront être requis.

DÉCRET [1]

RELATIF AUX MANUFACTURES ET ATELIERS QUI RÉPANDENT
UNE ODEUR INSALUBRE OU INCOMMODE.

Du 15 octobre 1810.

Art. 1.er A compter de la publication du présent
décret, les manufactures et ateliers qui répandent une
odeur insalubre ou incommode, ne pourront être formés
sans une permission de l'autorité administrative : ces
établissemens seront divisés en trois classes.

La première classe comprendra ceux qui doivent être
éloignés des habitations particulières ;

La seconde, les manufactures et ateliers dont l'éloignement n'est pas rigoureusement nécessaire, mais dont
il importe néanmoins de ne permettre la formation
qu'après avoir acquis la certitude que les opérations
que l'on y pratique sont exécutées de manière à ne pas
incommoder les propriétaires du voisinage, ni à leur
causer des dommages.

Dans la troisième classe, seront placés les établissemens qui peuvent rester sans inconvénient auprès des
habitations, mais doivent rester soumis à la surveillance
de la police.

2. La permission nécessaire pour la formation des
manufactures et ateliers compris dans la première classe,
sera accordée avec les formalités ci-après par un décret
rendu en notre conseil d'état.

Celle qu'exigera la mise en activité des établissemens

1 Bulletin n.° 323.

compris dans la seconde classe, le sera par les préfets, sur l'avis des sous-préfets.

Les permissions pour l'exploitation des établissemens placés dans la dernière classe, seront délivrées par les sous-préfets, qui prendront préalablement l'avis des maires.

3. La permission pour les manufactures et fabriques de première classe ne sera accordée qu'avec les formalités suivantes.

La demande en autorisation sera présentée au préfet, et affichée par son ordre dans toutes les communes à cinq kilomètres de rayon.

Dans ce délai [1], tout particulier sera admis à présenter ses moyens d'opposition.

Les maires des communes auront la même faculté.

4. S'il y a des oppositions, le conseil de préfecture donnera son avis, sauf la décision au conseil d'état.

5. S'il n'y a pas d'opposition la permission sera accordée, s'il y a lieu, sur l'avis du préfet et le rapport de notre ministre de l'intérieur.

6. S'il s'agit de fabrique de soude, ou si la fabrique doit être établie dans la ligne des douanes, notre directeur général des douanes sera consulté.

7. L'autorisation de former des manufactures et ate-

---

1 Il y a visiblement une lacune, puisque le délai n'est pas mentionné ; mais il a été fixé à un mois, par une décision de M. le ministre de l'intérieur rappelée par la circulaire de M. le directeur-général des manufactures et du commerce, en date du 4 mars 1815. Il ne s'agit ici que de la publication des demandes pour des établissemens de 1.re classe ; car pour ceux de 2.e et 3.e classe, les demandes ne doivent point être affichées ; suivant les articles 7 et 8, il suffit d'une information de *commodo et incommodo*.

liers compris dans la seconde classe, ne sera accordée qu'après que les formalités suivantes auront été remplies.

L'entrepreneur adressera d'abord sa demande au sous-préfet de son arrondissement, qui la transmettra au maire de la commune dans laquelle on projette de former l'établissement, en le chargeant de procéder à des informations de *commodo et incommodo*. Ces informations terminées, le sous-préfet prendra sur le tout un arrêté qu'il transmettra au préfet; celui-ci statuera, sauf le recours à notre conseil-d'état par toutes parties intéressées.

S'il y a opposition, il y sera statué par le conseil de préfecture, sauf le recours au conseil d'état.

8. Les manufactures et ateliers ou établissemens portés dans la troisième classe, ne pourront se former que sur la permission du préfet de police de Paris, et sur celle du maire dans les autres villes.

S'il s'élève des réclamations contre la décision prise par le préfet de police ou les maires, sur une demande en formation de manufacture ou d'atelier compris dans la troisième classe, elles seront jugées en conseil de préfecture.

9. L'autorité locale indiquera le lieu où les manufactures et ateliers compris dans la première classe pourront s'établir, et exprimera sa distance des habitations particulières. Tout individu qui ferait des constructions dans le voisinage de ces manufactures et ateliers après que la formation en aura été permise, ne sera plus admis à en solliciter l'éloignement.

10. La division en trois classes des établissemens qui répandent une odeur insalubre ou incommode, aura lieu conformément au tableau annexé au présent décret. Elle servira de règle, toutes les fois qu'il sera question

de prononcer sur des demandes en formation de ces établissemens.

11. Les dispositions du présent décret n'auront point d'effet rétroactif : en conséquence tous les établissemens qui sont aujourd'hui en activité, continueront à être exploités librement, sauf les dommages dont pourront être passibles les entrepreneurs de ceux qui préjudicient aux propriétés de leurs voisins : les dommages seront arbitrés par les tribunaux.

12. Toutefois, en cas de graves inconvéniens pour la sûreté publique, la culture ou l'intérêt général, les fabriques et ateliers de première classe qui les causent pourront être supprimés, en vertu d'un décret rendu en notre conseil d'état, après avoir entendu la police locale, pris l'avis des préfets, reçu la défense des manufacturiers ou fabricans.

13. Les établissemens maintenus par l'art. 11, cesseront de jouir de cet avantage, dès qu'ils seront transférés dans un autre emplacement, ou qu'il y aura une interruption de six mois dans leurs travaux. Dans l'un et l'autre cas, ils rentreront dans la catégorie des établissemens à former, et ils ne pourront être remis en activité qu'après avoir obtenu, s'il y a lieu, une nouvelle permission.

14. Nos ministres, etc.

Établissemens et ateliers qui ne pourront plus être formés dans le voisinage des habitations particulières, et pour la création desquels il sera nécessaire de se pourvoir de l'autorisation du ministre de l'intérieur.

Amidoniers.

Artificiers.

Bleu de Prusse.

Boyaudiers.

Charbon de terre épuré.

Chiffonniers.

Colle forte.

Cordes à instrumens.

Cretonniers.

Ecarrissage.

Eau forte, acide sulfurique, etc.

Suif brun.

Ménagerie.

Minium.

Fours à plâtre.

Fours à chaux.

Porcheries.

Poudrette.

Rouissage du chanvre.

Sel ammoniac.

Soude artificielle.

Taffetas et toiles vernis.

Tueries.

Tourbe carbonisée.

Triperies.

Echaudoirs.

Cuirs vernis.

Cartonniers.

Fabriques de vernis.

Fabriques d'huile de pied ou de corne de bœuf.

ÉTABLISSEMNS et ateliers dont l'éloignement des habitations n'est pas rigoureusement nécessaire, mais dont il importe néanmoins de ne permettre la formation qu'après avoir acquis la certitude que les opérations que l'on y pratique sont exécutées de manière à ne pas incommoder les propriétaires du voisinage , ni à leur causer des dommages. Pour former ces établissemens , l'autorisation du préfet sera nécessaire.

Blanc de céruse.
Chandeliers.
Corroyeurs.
Dépôts de cuirs verts.
Distilleries d'eau-de-vie.
Fonderies de métaux.
Affinage de métaux au fourneau à manche.
Teinturiers.
Hongroyeurs.
Mégisseries.
Pompes à feu.
Suif en branche.
Noir d'ivoire.
Noir de fumée.
Plomberies.
Plomb de chasse.
Salle de dissection.
Fabrique de tabac.
Taffetas cirés.
Vacheries.
Blanchîment de toiles par l'acide muriatique oxigéné.
Les filatures de soie.

Établissemens et ateliers qui peuvent rester sans inconvénient auprès des habitations particulières , et pour la formation desquels il sera nécessaire de se munir d'une permission du sous-préfet.

Alun.
Boutons.
Brasseries.
Ciriers.
Colle de parchemin et amidon.
Cornes transparentes.
Caractères d'imprimerie.
Doreurs sur métaux.
Papiers peints.
Savonneries, etc.
Vitriols.

ORDONNANCE DU ROI

CONTENANT RÈGLEMENT SUR LES MANUFACTURES, ÉTABLISSEMENS
ET ATELIERS QUI RÉPANDENT UNE ODEUR INSALUBRE
OU INCOMMODE.

Du 14 janvier 1815.

Art. 1.er A compter de ce jour, la nomenclature jointe à la présente ordonnance servira seule de règle pour la formation des établissemens répandant une odeur insalubre ou incommode.

2. Le procès-verbal d'information *de commodo et incommodo*, exigé par l'article VII du décret du 15 octobre 1810, pour la formation des établissemens compris dans la seconde classe de la nomenclature, sera pareillement exigible, en outre de l'affiche de la demande, pour la formation de ceux compris dans la première classe.

Il n'est rien innové aux autres dispositions de ce décret.

3. Les permissions nécessaires pour la formation des établissemens compris dans la troisième classe, seront délivrées dans les départemens, conformément aux articles II et VIII du décret du 15 octobre 1810, par les sous-préfets, après avoir pris préalablement l'avis des maires et de la police locale.

4. Les attributions données aux préfets et aux sous-préfets par le décret du 15 octobre 1810, relativement à la formation des établissemens répandant une odeur insalubre ou incommode, seront exercées par notre directeur-général de la police dans toute l'étendue du

département de la Seine , et dans les communes de Saint-Cloud , de Meudon et de Sèvres du département de Seine et Oise.

5. Les préfets sont autorisés à faire suspendre la formation ou l'exercice des établissemens nouveaux qui , n'ayant pu être compris dans la nomenclature précitée , seraient cependant de nature à y être placés. Ils pourront accorder l'autorisation d'établissement pour tous ceux qu'ils jugeront devoir appartenir aux deux dernières classes de la nomenclature , en remplissant les formalités prescrites par le décret du 15 octobre 1810 , sauf dans les deux cas à en rendre compte à notre directeur-général des manufactures et du commerce.

NOMENCLATURE des manufactures , établissemens et ateliers répandant une odeur insalubre ou incommode , dont la formation ne pourra avoir lieu sans une permission de l'autorité administrative.

PREMIÈRE CLASSE.

ETABLISSEMENS et ateliers qui ne pourront plus être formés dans le voisinage des habitations particulières , et pour la création desquels il sera nécessaire de se pourvoir d'une autorisation de Sa Majesté , accordée en conseil d'état.

Acide nitrique (eau forte), (fabrication de l').

Acide pyroligneux (fabrique de l'). Lorsque les gaz se répandent dans l'air sans être brûlés.

Acide sulfurique (fabrication de l').

Affinage des métaux au fourneau à manche , au fourneau à coupelle , ou au fourneau à reverbère.

Amidoniers.

Artificiers.

Bleu de Prusse (fabrique de) Lorsqu'on n'y brûlera pas

la fumée et le gaz hydrogène sulfuré.

Cendre gravelée (fabrique de), lorsqu'on laisse répandre la fumée au dehors.

Cendres d'orfévre (traite- ment des) par le plomb.

Chanvre (rouissage du) en grand par son séjour dans l'eau.

Charbon de terre (épurage du) à vases ouverts.

Chaux (fours à) permanens.

Indépendamment des formalités prescrites par le décret du 15 octobre 1810, la formation des établissemens de ce genre, ne pourra avoir lieu qu'après que les agens forestiers en résidence sur les lieux auront donné leur avis sur la question de savoir si la reproduction des bois dans le canton, et les besoins des communes environnantes, permettent d'accorder la permission.

Colle forte (fabrique de).

Cordes à instrumens (fabrique de).

Cretonniers.

Cuirs vernis.

Ecarrissage.

Echaudoirs.

Encre d'imprimerie (fabrique de).

Fourneaux (hauts).

Les Etablissemens de ce genre ne seront autorisés qu'autant que les entrepreneurs auront rempli les forlités prescrites par la loi du 21 avril 1810, et par les instructions du ministre de l'intérieur.

GLACES (Fabrique de).

Indépendamment des formalités prescrites par le décret du 15 octobre 1810, la formation des fabriques de ce genre ne pourra avoir lieu qu'après que les agens forestiers en résidence sur les lieux auront donné leur avis sur la question de savoir si la reproduction des bois dans le canton, et les besoins des communes environnantes, permettent d'accorder la permission.

Goudron (fabrication du).
Huile de pied de bœuf (fabrique d').
Huile de poisson (fabrique d').
Huile de térébenthine et huile d'aspic (distilleries en grand, d').
Huile rousse (fabrique d').

Litharge (fabrication de la).
Massicot (fabrique de).
Ménageries.
Minium (fabrication du).
Noir d'ivoire et noir d'os (fabriques de) lorsqu'on n'y brûle pas la fumée.
Orseille (fabrication de l').
Plâtre (fours à) permanens.

Indépendamment des formalités prescrites par le décret du 15 octobre 1810 , la formation des fabriques de ce genre ne pourra avoir lieu qu'après que les agens en résidence sur les lieux auront donné leur avis sur la question de savoir si la reproduction des bois dans le canton, et les besoins des communes environnantes, permettent d'accorder la permission.

Pompes à feu ne brûlant pas la fumée.
Porcheries.
Poudrette.
Rouge de Prusse (fabrique de) à vases ouverts.
Sel ammoniac (ou muriate d'ammoniac) (fabrication du) par le moyen de la distillation des matières animales.
Soufre (distillation du).
Suif brun (fabrication du).
Suif en branche (fonderie du) à feu nu.

Suif d'os (fabrication du).
Sulfate d'ammoniac (fabrication du) par le moyen de la distillation des matières animales.
Sulfate de cuivre (fabrication du) au moyen du soufre et du grillage.
Sulfate de soufre (fabrication du (à vases ouverts).
Sulfures métalliques (grillage des) en plein air.
Tabac (combustion des côtes du) en plein air.

Taffetas cirés (fabriques de)
Taffetas et toiles vernis
(fabrication des).
Tourbe (carbonisation de
la) à vases ouverts.
Tripiers.

Tueries, dans les villes dont
la population excède dix
mille âmes.
Vernis (fabriques de).
Verres, cristaux et émaux,
(fabriques de).

Indépendamment des formalités prescrites par le décret du 15 octobre 1810, la formation des fabriques de ce genre ne pourra avoir lieu qu'après que les agens forestiers en résidence sur les lieux auront donné leur avis sur la question de savoir si la reproduction des bois dans le canton, et les besoins des communes environnantes, permettent d'accorder la permission.

DEUXIÈME CLASSE.

ÉTABLISSEMENS et ateliers dont l'éloignement des habitations n'est pas rigoureusement nécessaire, mais dont il importe néanmoins de ne permettre la formation qu'après avoir acquis la certitude que les opérations qu'on y pratique seront exécutées de manière à ne pas incommoder les propriétaires du voisinage, ni à leur causer des dommages.

Pour former ces établissemens, l'autorisation du préfet sera nécessaire, sauf, en cas de difficulté, ou en cas d'opposition de la part des voisins, le recours à notre conseil d'état.

Acier (fabrique d').
Acide muriatique (fabrication de l') à vases clos.
Acide muriatique oxigéné (fabrication de l').

Acide pyroligneux (fabriques d'), lorsque les gaz sont brûlés.
Ateliers à enfumer les lards.
Blanc de plomb ou de cé-

ruse (fabrique de).

Bleu de Prusse (fabriques de) , lorsqu'elles brûlent leur fumée et le gaz hydrogène sulfuré , etc.

Cartonniers.

Cendres d'orfévres (traitement des) par le mercure et la distillation des amalgames.

Cendres gravelées (fabrication des) lorsqu'on brûle la fumée , etc.

Chamoiseurs.

Chandeliers.

Chapeaux (fabriques de).

Charbon de bois fait à vases clos.

Charbon de terre épuré , lorsqu'on travaille à vases clos.

Châtaignes (dessication et conservation des).

Chiffonniers.

Cires à cacheter (fabrique de).

Corroyeurs.

Couverturiers.

Cuirs verts (dépôts de).

Cuivre (fonte et laminage de).

Eau-de-vie (distillerie d').

Faïence (fabrique de).

Fondeurs en grand au fourneau à reverbère.

Galons et tissus d'or et d'argent (brûleries en grand des).

Genièvre (distillerie de).

Goudron (fabriques de) à vases clos.

Hareng (saurage du).

Hongroyeurs.

Huiles (épuration des) au moyen de l'acide sulfurique.

Indigoteries.

Liqueurs (fabrication des).

Maroquiniers.

Mégissiers.

Noir de fumée (fabrication du)

Noir d'ivoire et noir d'os (fabrication des) , lorsqu'on brûle la fumée.

Or et argent (affinage de l'), au moyen du départ et du fourneau à vent.

Os (blanchîment des) pour les éventaillistes et les boutonniers.

Papiers (fabriques de).

Parcheminiers.

Pipes à fumer (fabrication des).

Plomb (fonte du) et laminage de ce métal.

Poêliers-fournalistes.

Porcelaine (fabrication de la)

Potiers de terre.

Rouge de Prusse (fabriques de) , à vases clos.

Salaisons (dépôts de).

Sel , ou muriate d'étain (fabrication du).

Sucre (raffinerie de).

Suif (fonderie de) au bain marie ou à la vapeur.

Sulfate de soude (fabrication du) à vases clos.

Sulfate de fer et de zinc , (fabrication des) , lorsqu'on forme ces sels de toutes pièces avec l'acide sulfurique et les substances métalliques.

Sulfures métalliques (grillage de) dans les appareils propres à retirer le soufre ou à utiliser l'acide sulfureux qui se dégage.

Tabacs (fabriques de).

Tabatières en carton (fabrication des).

Tanneries.

Toiles (blanchîment des) par l'acide muriatique oxigéné.

Tourbe (carbonisation de là) à vases clos.

Tuileries et briqueteries.

TROISIÈME CLASSE.

Etablissemens et ateliers qui peuvent rester sans inconvénient auprès des habitations particulières , et pour la formation desquels il sera néanmoins nécessaire de se munir d'une permission , aux termes des articles II et VIII du décret du 15 octobre 1810 et de l'article III de la présente ordonnance.

Acétate de plomb (sel de Saturne) (fabrication de l').

Batteurs d'or et d'argent.

Blanc d'Espagne (fabriques de).

Bois dorés (brûleries des).

Boutons métalliques (fabrication des).

Borax (raffinage du).

Brasseries.

Briqueteries ne faisant qu'une seule fournée en plein air , comme on le fait en Flandre.

Buanderies.

Camphre (préparation et raffinage du).

Caractères d'imprimerie (fonderies de).

Cendres (laveurs de).

Cendres bleues et autres précipitées du cuivre (fabrication de).

Chaux (fours à) ne travaillant pas plus d'un mois par année.

Ciriers.

Colle de parchemin et d'amidon (fabriques de).

Corne (travail de la) pour la réduire en feuilles.

Cristaux de soude (fabriques de) (sous-carbonate de soude cristallisé).

Doreurs sur métaux.

Eau seconde (fabrication de l') des peintres en bâtimens, alkalis caustiques et dissolution.

Encre à écrire (fabrique d').

Essayeurs.

Fer-blanc (fabrique de).

Feuilles d'étain (fabrication des).

Fondeurs au creuset.

Fromages (dépôts de).

Glaces (étamage des).

Laques (fabrication des).

Moulins à huile.

Ocre jaune (calcination de l') pour le convertir en ocre rouge.

Papiers peints et papiers marbrés (fabriques de).

Plâtre (fours à) ne travaillant pas plus d'un mois par année

Plombiers et Fonteniers.

Plomb de chasse (fabrication du).

Pompes à feu, brûlant leur fumée.

Potasse (fabriques de).

Potiers d'étain.

Sabots (ateliers à enfumer les)

Salpêtre (fabrication et affinage du).

Savonneries.

Sel de soude sec (fabrication du) sous-carbonate de soude sec.

Sel (raffineries de).

Soude (fabrication de la) . ou décomposition du sulfate de soude.

Sulfate de cuivre (fabrication du) au moyen de l'acide sulfurique et de l'oxide de cuivre, ou du carbonate de cuivre.

Sulfate de potasse (raffinage du).

Sulfate de fer et d'alumine. Extraction de ces sels, des matériaux qui les contiennent tout formés, et transformation du sulfate d'alumine en alun.

Tartre (raffinage du).

Teinturiers.

Teinturiers-dégraisseurs.

Tueries, dans les communes dont la population est au-dessous de dix mille habi-tans.

Vacheries, dans les villes dont la population excède cinq mille habitans.

Vert de-gris et verdet (fabri-cation du).

Viandes (salaison et prépara-tion des).

Vinaigre (fabrication du).

L'accomplissement des formalités établies par le décret du 15 octobre 1810 et par notre présente ordonnance, ne dispense pas de celles qui sont prescrites pour la for-mation des établissemens qui seront placés dans le rayon des douanes, ou sur une rivière, qu'elle soit navigable ou non : les règlemens à ce sujet continueront à être en vigueur.

Pour copie conforme, etc.

ORDONNANCE DU ROI

PORTANT CRÉATION D'UNE ÉCOLE DE MINEURS A ST-ETIENNE
(Loire).

Du 2 août 1816.

Art. 1.er Il sera établi à St-Etienne (département de la Loire) une école de mineurs pour l'enseignement des jeunes gens qui se destinent à l'exploitation et aux tra-vaux des mines.

2. L'école sera composée d'un ingénieur en chef des mines, directeur, et de trois professeurs qui seront choisis parmi les ingénieurs attachés à l'arrondissement des mines, dont St-Etienne est le chef-lieu.

3. L'enseignement aura pour objet, 1.º l'exploitation proprement dite ; 2.º la connaissance des principales substances minérales et de leur gisement, ainsi que l'art de les essayer et de les traiter ; 3.º les élémens des mathématiques, la levée des plans et le dessin.

4. L'instruction de l'école sera gratuite. Les élèves ne pourront être admis avant l'âge de quinze ans accomplis, ni après l'âge de vingt-cinq ans ; et pour obtenir leur admission, ils devront faire preuve de bonne conduite, de capacité et d'une instruction telle au moins que celle qui s'acquiert dans les écoles primaires.

5. Tous les objets généraux de service, tels que la division, les époques et les programmes des cours, la discipline des élèves, la comptabilité, etc. seront délibérés dans un conseil d'administration composé du directeur de l'école, président, et des professeurs.

Ces délibérations, et en général toutes celles relatives à l'enseignement, seront soumises à l'approbation de notre ministre secrétaire-d'état au département de l'intérieur, sur le rapport du directeur général des ponts et chaussées et des mines.

ARRÊTÉ MINISTÉRIEL

PORTANT RÈGLEMENT POUR L'ÉCOLE DES MINEURS DE ST-ETIENNE. [1]

Du 6 décembre 1816.

Art. 1.ᵉʳ Les concours ouverts conformément à l'ordonnance du 5 décembre 1816, auront pour objet :

A. Le style,

B. L'écriture courante,

[1] Acte organique.

C. L'écriture moulée et le lavis de la carte,

D. La description minéralogique d'une contrée,

E. L'analyse des substances minérales,

F. La coupe des pierres et des bois,

G. Des projets (avec plans, détails, devis et mémoires) d'exploitation souterraine, ou à ciel ouvert, des galeries d'écoulement, de laveries, de bocards, de fonderies d'usines, de traitement de minerais et de fourneaux propres à ce traitement, etc.

H. Des projets de machines d'épuisement, machines d'extraction, machines soufflantes, et de toute autre machine applicable à quelque partie de l'art et de la science de l'ingénieur des mines.

Mais il ne pourra être proposé que trois sujets de concours au plus par année, non compris ceux de style et d'écriture courante.

2. Les élèves qui auront été envoyés dans les départemens, seront tenus de soumettre au conseil de l'école, à la rentrée des classes, un journal détaillé de l'emploi de leur temps et de leurs observations personnelles. Le conseil, au vu du journal, pourra leur accorder, s'il le juge convenable, un certain nombre de points qui ne pourra excéder soixante.

3. Les élèves qui resteront à Paris s'exerceront pendant l'intervalle des cours, d'une année à l'autre, aux opérations docimastiques, à la levée des plans superficiels et souterrains, et aux nivellemens. Conduits par l'inspecteur des études ou les professeurs, ils feront des couches minéralogiques dans les environs de Paris ; ils visiteront les usines et les ateliers minéralogiques, et leurs machines les plus importantes ; ils suivront les travaux d'entretien et de soutènement des carrières situées

au dehors de la capitale ; enfin , ils apprendront à faire des devis , des projets d'exploitation et de construction qui y sont relatives , à rédiger des cahiers de charges pour les concessions de mines et les permissions , et ils étudieront les lois et les règlemens sur les mines.

4. Les examens qui ont lieu à la fin des cours se font devant les membres du conseil de l'école , et sur les réponses verbales et écrites des élèves aux questions qui leur sont proposées , lesquelles sont les mêmes pour tous ; enfin , sur leurs analyses chimiques et leurs dessins.

5. Le conseil de l'école , d'après l'avis et les notes des examinateurs , attribue à chaque élève , pour chaque partie de science qui est l'objet de l'examen , un nombre de points qui représente les degrés de connaissance dont il a fait preuve par ses réponses verbales et écrites , et par ses analyses et dessins.

Ce nombre ne peut jamais excéder un maximum fixé pour chaque partie de l'enseignement , (*voir le tableau n.º 1 , annexé au présent règlement*) ; et il est égal à la moitié de ce maximum , quand les réponses de l'élève font présumer qu'il a les connaissances et l'aptitude qui peuvent être strictement exigées pour passer au grade d'aspirant.

6. Outre les points acquis par les élèves dans les examens , il peut leur en être attribué d'autres :

1.º Pour les ouvrages qu'ils produisent au concours ;

2.º Pour leur assiduité et leur application aux exercices de l'école à Paris , ou dans les écoles pratiques , ou auprès des ingénieurs dans les départemens ;

3.º Pour leur expérience acquise pendant une ou plusieurs années à faire des analyses , à lever des plans et niveler , à conduire des travaux , etc.

4.º Pour chaque langue vivante et étrangère qu'ils prouveront être en état de traduire et de parler, soit en entrant à l'école, soit après leur admission.

Mais, dans ces différens cas, ces points ne peuvent excéder les maximums fixés dans les tableaux n.ᵒˢ 2 et 3 annexés au présent règlement.

7. Les sommes des points obtenus par chaque élève dans les différens examens et dans tous les cas qui sont désignés dans l'article précédent, servent d'échelle de comparaison pour apprécier le mérite des élèves et assigner leur rang dans chaque classe.

8. A égalité de degrés, on préférera pour les grades des classes, ceux des élèves qui auront tenu la meilleure conduite, et dont le nombre des degrés aura été mérité par des connaissances plus variées ; et, s'il y avait en même temps entre un ou plusieurs élèves égalité de mérite sous le rapport de la conduite et de la variété des connaissances, on aurait égard à la date de leur entrée à l'école, pour déterminer leur rang entr'eux.

9. S'il vient à vaquer une place de la première classe, elle est donnée à l'élève qui se trouve le premier sur la liste de la seconde classe.

10. S'il vient à vaquer une place d'aspirant, elle sera donnée à l'élève de première classe qui aura obtenu les meilleures notes dans le cours de ses études, et qui réunira, en outre, les deux conditions suivantes :

La première, qu'il a acquis ses *medium* dans tous les examens, c'est-à-dire, la moitié du *maximum* des points fixés pour chacun d'eux ;

La seconde, qu'il a passé trois campagnes, ou séjourné douze mois consécutifs dans une école pratique ou sur un établissement de mines, et qu'il a été reconnu par le conseil de l'école avoir l'expérience ou les connaissances pratiques nécessaires.

Le directeur général déterminera sa destination et lui donnera une commission sous l'approbation du ministre de l'intérieur.

11. L'inspecteur des études, et, en son absence, la personne qu'il aura désignée, fera l'appel des élèves à l'heure où ils doivent arriver ; il tiendra note des absens et la transmettra au directeur général.

L'inspecteur veillera très-attentivement à ce que les cours des professeurs aient lieu aux jour et heure indiqués.

12. Les élèves ne pourront sortir de l'école qu'à l'heure prescrite, ou qu'avec la permission de l'inspecteur des études, à toute autre heure.

13. Aucun élève ne pourra s'absenter pour un ou plusieurs jours, pour des affaires urgentes, ou autre cause légitime, que sur une autorisation de l'inspecteur des études.

Il ne pourra être accordé aucun congé portant permission de quitter Paris, sans l'autorisation du directeur général.

14. Il sera tenu un registre du personnel des élèves ; il en sera fait, tous les trois mois, un extrait contenant :

L'état des élèves qui composent l'école, avec l'indication de leur rang dans chaque classe, celle des progrès de chacun dans les différentes parties d'enseignement, et des observations sur leur moralité, leur zèle, leur assiduité et leur capacité.

Cet extrait du registre sera remis par le conseil de l'école au directeur général.

15. Les élèves pourront être punis,

1.º Par des réprimandes faites par le professeur et l'inspecteur des études ;

2.º Par des réprimandes faites par le conseil de l'école, quand les plaintes sont de nature à y parvenir ;

3.º Par les arrêts ordonnés par le directeur général, sur les rapports qui lui parviendront ;

4.º Enfin, par l'expulsion, prononcée par le ministre, sur le rapport du directeur général.

16. Les élèves qui se seront le plus distingués ou dans les examens, ou par des ouvrages produits au concours, ou par leurs travaux pratiques, recevront, à titre de récompense et d'encouragemens, ou des livres, ou des instrumens propres au service des mines. La somme totale qui sera employée chaque année à cet objet ne pourra excéder cinq cents francs. On gravera sur les instrumens, et l'on écrira sur les livres le nom de l'élève, l'espèce du prix qu'il aura remporté et l'année du concours.

17. Dans le cas où un élève se serait distingué extraor-dinairement, le directeur général pourrait proposer au ministre de lui accorder, pour récompense, des frais suffisans pour un voyage de deux ans, en Allemagne, en Suède et en Angleterre, pour y visiter les mines.

TABLEAUX

ANNEXÉS A L'ARRÊTÉ PORTANT RÈGLEMENT INTÉRIEUR DE L'ÉCOLE DES MINES.

TABLEAU N.º I.

Nombres principaux des points à attribuer aux Élèves, dans les différens examens.

Examens.	Maximum.	Medium.
Exploitation.	1500	750
Minéralurgie	1350	675
Minéralogie.	1050	525
Géologie.	1050	525
Docimasie	1050	525
Dessin	1050	525

TABLEAU N.º II.

Nombres à attribuer aux Élèves pour leur assiduité, leur expérience et la connaissance des langues étrangères.

nombre de points.

1.º Pour l'Elève qui se sera le plus distingué par son assiduité et son application 50

2.º Pour l'Elève qui aura acquis une expérience suffisante pour faire des essais et des analyses, pour lever les plans, faire des nivellemens, conduire des travaux. 60

3.º Pour l'Elève qui prouvera qu'il sait écrire et parler une langue étrangère. 100

TABLEAU N.º III.

OBJETS DU CONCOURS.	NOMBRES à attribuer aux ouvrages qui ont mérité		
	Le I.er Prix.	Le II.e Prix.	L'admission au concours.
Ecriture courante.	20	15	»
Style : mémoire sur un objet donné.	5o	4o	«
Ecriture moulée et lavis de carte	6o	5o	»
Description d'une mine et des travaux d'exploitation	6o	5o	20
Description d'une usine et des travaux métallurgiques de cette usine.	6o	5o	20
Description minéralogique d'une contrée . . .	100	8o	4o
Analyse des minéraux	100	8o	4o
Coupe des pierres ou des bois	100	8o	4o
Projet d'une machine, etc.	100	8o	4o
Projet d'exploitation, de galeries d'écoulement, de laveries ou de bocards.	120	100	6o
Projets de fourneaux, d'usines, de fonderies et de traitement de minerai	120	100	5o

ORDONNANCE DU ROI

RELATIVE A L'ORGANISATION ET A L'ADMINISTRATION DE
L'ÉCOLE DES MINES. [1]

Du 5 décembre 1816.

TITRE 1.er

Organisation et Administration.

Art. 1.er L'école des mines, créée par l'arrêt du
conseil d'état du roi, du 19 mars 1783, est rétablie à
Paris, et elle aura dans les départemens une ou plusieurs
succursales, sous le titre d'*écoles pratiques des mineurs*.
Ces écoles pratiques, dont le régime et les relations avec
l'école des mines à Paris, seront déterminés par un
règlement ultérieur, seront particulièrement consacrées
à l'exploitation de la houille et au traitement du fer ; et,
s'il est possible, à l'exploitation et au traitement de
l'étain, de l'argent, du plomb et du cuivre.

2. L'école des mines est placée sous la surveillance
du ministre secrétaire-d'état au département de l'intérieur, et sous l'administration du conseiller d'état directeur général des mines, assisté du conseil de l'école.

3. Le conseil sera présidé par le conseiller d'état directeur général, et composé de trois inspecteurs généraux, des professeurs et de l'inspecteur des études.

4. Il y aura près de cette école et dans le même local,
1.º une collection minéralogique et géologique ; 2.º une

[1] Acte organique.

collection des produits des arts qui ont pour objet le travail ou le traitement des substances minérales ; 3.º une bibliothèque ; 4.º un dépôt de plans, dessins et modèles relatifs à l'art des mines ; 5.º un laboratoire de chimie, et un dépôt des produits des essais et des analyses.

5. La garde des collections minéralogiques et des produits des arts, sera confiée, ainsi que le dépôt des plans et la bibliothèque, à l'inspecteur des études, et le dépôt des produits chimiques susceptibles d'emploi, au professeur, chef du laboratoire ; toutefois, le conservateur actuel de la collection des minéraux conservera son traitement et ses fonctions.

Les produits chimiques non susceptibles d'emploi seront annuellement réunis aux collections.

6. Les professeurs de l'école seront au nombre de quatre, savoir :

Un professeur de minéralogie et de géologie,

Un professeur de docimasie,

Un professeur de l'exploitation des mines,

Un professeur de minéralurgie.

Les chaires de docimasie et de minéralurgie pourront être réunies.

7. Il y aura un maître de dessin qui enseignera aux élèves le dessin des machines, des constructions et des plans souterrains, le lavis de la carte et la stéréotomie pratique.

Il pourra être donné des maîtres de langue allemande et anglaise, à ceux des élèves qui se feront distinguer par leur travail et leur bonne conduite.

8. Le professeur de docimasie est en même temps chef du laboratoire, et chargé, à ce titre, de faire tous les essais et toutes les analyses qui lui seront ordonnées par

le directeur général et le conseil de l'école, et d'en tenir un registre exact.

9. Les professeurs et l'inspecteur des études seront nécessairement pris parmi les ingénieurs des mines, et nommés par le ministre, sur la proposition du directeur général.

10. Le conseil se réunira au moins une fois par mois ; il délibérera sur toutes les affaires relatives à la discipline et à l'administration de l'école, à l'instruction et au personnel des élèves, et sur toutes les mesures propres à coordonner toutes les parties de l'enseignement tant théorique que pratique.

11. En l'absence du directeur général, le conseil sera présidé par le plus ancien des inspecteurs généraux ; mais alors, les délibérations du conseil devront être soumises à son approbation.

12. Le conseil est chargé de recueillir et de rassembler tous les matériaux nécessaires pour compléter la description minéralogique de la France.

1.º En augmentant la collection qui est commencée pour cet objet ;

2.º En réunissant le plus grand nombre possible de descriptions particulières et les coordonnant entre elles.

3.º En dirigeant la confection des différentes cartes sur lesquelles seront tracées les différentes formations et natures de terrains.

Les gîtes des minerais, les mines abandonnées et les mines exploitées.

Les fonderies et les usines minéralurgiques.

Les limites de concessions de mines.

A la fin de chaque année, le conseil rendra un compte détaillé du travail de chacun de ses membres et des résultats obtenus ; il y joindra un inventaire partiel des accroissemens des collections et dépôts.

13. Le nombre des élèves ingénieurs des mines est fixé à neuf , savoir :

Cinq de première classe , quatre de seconde classe.

Ils seront pris parmi les élèves de l'école polytechnique qui, ayant complété leurs études et rempli les conditions exigées par les règlemens , auront été choisis par l'administration de l'école polytechnique.

Chaque élève recevra un traitement réglé ainsi qu'il suit :

Ceux de première classe. . . . .   900 f.

Ceux de seconde classe.   800

14. Outre les neuf élèves ingénieurs , il pourra y avoir à l'école des mines des élèves externes, dont le nombre sera de neuf au plus , et qui seront envoyés , soit par les préfets , soit par les concessionnaires ou les propriétaires d'établissemens métallurgiques.

15. Les élèves ingénieurs et les élèves externes sont tenus de se fournir de livres et autres objets nécessaires à leur instruction.

16. Il sera pris , chaque année , sur les fonds de l'administration des mines , la somme nécessaire pour les dépenses de l'école , consistant en traitement des élèves ingénieurs , d'un maître de dessin , du garde des collections , etc. salaires des gardes salles et du portier , prix à distribuer à la fin des cours , frais de chauffage , lumière , frais particuliers du laboratoire , achats de livres d'art , d'instrumens , et confection de modèles.

TITRE II.

17. Les cours de l'école des mines commenceront, chaque année, le 15 novembre, et finiront le 15 avril.

18. Tous les jours (les dimanches et fêtes exceptés), les élèves se réuniront à l'école, depuis huit heures du matin jusqu'à quatre heures après-midi.

19. Chaque année, dans le mois qui précédera l'ouverture des cours, le conseil déterminera les objets d'étude dont on devra s'occuper dans l'année scolaire, et fixera les jours et les heures des leçons et des exercices.

Les professeurs sont tenus, avant l'ouverture des cours, de soumettre au conseil le précis développé de chacune de leurs leçons.

20. Le conseil proposera des sujets de concours, et désignera les élèves qui seront tenus de s'y appliquer.

21. Les examens des élèves des mines sur toutes les parties de sciences et d'art qui leur sont enseignées, auront lieu dans la deuxième quinzaine d'avril ; et tous les ouvrages qu'ils auront produits au concours seront jugés à la même époque.

22. Au 1.er mai, ceux des élèves qui en auront été jugés capables, seront envoyés dans les écoles pratiques et dans les grandes exploitations de mines.

Ils s'y occuperont sous les ordres du directeur particulier de ces écoles, ou des ingénieurs auprès de qui ils auront été placés, de tous les travaux de mines ou de fonderies qui s'y exécutent, et de la description minéralogique de la contrée.

Ils rentreront à l'école au 15 novembre au plus tard.

Ils recevront, pendant leur mission , le même traitement que les aspirans , et une indemnité de campagne de 100 fr.

23. Lorsqu'il vaquera une place d'aspirant , elle sera donnée par le ministre de l'intérieur à l'élève de première classe qui sera le plus avancé dans ses études.

24. L'élève qui , après le temps fixé , ne sera pas jugé admissible au grade d'aspirant , cessera d'être compris sur le tableau des élèves ; il en sera de même de ceux qui ne suivront pas avec exactitude les cours ou les exercices , ou qui tiendront une conduite répréhensible. Ces exclusions auront lieu sur la décision du ministre de l'intérieur , la proposition du directeur général et la délibération du conseil de l'école.

TITRE III.

25. L'institution des élèves externes ayant pour but principal de former des directeurs d'exploitations et d'usines , ils seront soumis , avant leur admission , à un examen où ils devront faire preuve qu'ils sont en état de suivre les cours de l'école.

Les connaissances exigées de ces élèves sont déterminées , chaque année , par le conseil de l'école.

26. Les élèves externes ne pourront , en aucun cas , prétendre aux places d'ingénieurs qui viendraient à vaquer dans le corps royal des mines ; mais il sera pris des mesures pour qu'à leur sortie de l'école théorique , ou de l'école pratique de St-Etienne , ils soient convenablement placés dans les grandes exploitations ou établissemens des mines.

27. Les élèves externes admis sur certificats donnés par les examinateurs , suivront à l'école des mines , à Paris, les mêmes cours et les mêmes exercices que les élèves ingénieurs.

28. Ils pourront aussi être envoyés aux écoles pratiques ou dans de grandes exploitations des mines.

29. Ils subiront, tous les ans , dans la deuxième quinzaine d'avril , des examens, et seront classés entr'eux suivant les résultats de ces examens.

3o. Après trois ans au moins et six ans au plus de séjour dans l'école théorique et dans les écoles pratiques , ceux d'entr'eux qui seront reconnus suffisamment instruits recevront un diplôme délivré par le directeur général , sur la proposition du conseil de l'école : ce diplôme constatera le temps pendant lequel ils auront suivi les cours et les exercices de l'école à Paris ; le séjour qu'ils auront fait , soit dans les écoles pratiques , soit sur des exploitations de mines ; le genre et l'étendue des connaissances qu'ils auront acquises.

31. Si l'élève externe, après trois ans de séjour à l'école théorique , n'est pas suffisamment instruit, le conseil de l'école décidera s'il doit y rester une quatrième année.

32. Aucun élève ne peut rester plus de quatre ans à l'école de théorie et plus de six ans aux écoles théorique et pratique.

33. Les règlemens d'ordre intérieur de l'école seront arrêtés par notre ministre de l'intérieur , sur la proposition du directeur général.

RÈGLEMENT MINISTÉRIEL

RELATIF A L'ADMISSION DES ÉLÈVES EXTERNES A L'ÉCOLE
ROYALE DES MINES. [1]

Du 3 juin 1817.

Connaissances exigées pour l'admission.

Art. 1.er Les connaissances exigées pour l'admission des élèves externes à l'école royale des mines, sont :

1.º L'arithmétique et l'exposé du nouveau système métrique ;

2.º L'algèbre comprenant la résolution des équations des deux premiers degrés, la démonstration de la formule du binome de Newton (dans le cas seulement des exposans entiers et positifs).

3.º La théorie des proportions et progressions, celle des logarithmes et l'usage des tables.

4.º La géométrie élémentaire, la trigonométrie rectiligne et l'usage des tables des sinus.

5.º La discussion des lignes représentées par les équations du 1.er et du 2.e degré à deux inconnues, les propriétés principales des sections coniques.

6.º Les élémens de statique.

7.º Les élémens d'hydrostatique.

8.º Les connaissances élémentaires de physique et de chimie, comprenant les propriétés générales et particulières des corps, la classification des substances et leur nomenclature.

1 Acte organique.

2. Les candidats seront tenus d'écrire sous la dictée de l'examinateur, plusieurs phrases françaises, afin de constater qu'ils savent écrire lisiblement, et qu'ils possèdent les principes de leur langue.

3. Ils seront tenus de copier une tête d'après l'un des dessins qui leur seront présentés.

CONDITIONS D'ADMISSION.

4. Les candidats seront âgés de dix-huit ans au moins, et de vingt-cinq ans au plus.

5. Ils devront prouver, par un certificat des autorités du lieu de leur domicile, qu'ils sont de bonnes vie et mœurs.

6. Ils devront aussi prouver qu'ils ont eu la petite vérole ou qu'ils ont été vaccinés.

MODE D'ADMISSION.

7. Les candidats aux places d'élèves externes seront examinés dans les départemens, soit par les inspecteurs divisionnaires, soit par tout autre membre du corps royal des mines, qui sera désigné à cet effet par le directeur général des ponts et chaussées et des mines, sur la proposition du conseil de l'école.

8. Seront déclarés admissibles ceux qui, dans ces examens auront prouvé qu'ils possèdent toutes les connaissances exigées ci-dessus, dans les art. 1, 2 et 3.

9. Seront aussi admissibles ceux qui ne posséderaient pas les connaissances exigées sous les n.ºs 5, 7 et 8 de l'article 1.er et par l'article 3, s'ils répondent d'une manière distinguée aux questions relatives aux connaissances prescrites sous les n.ºs 1, 2, 3, 4 et 6 de l'article 1.er, et s'ils satisfont en outre à l'article 2.

10. Seront enfin réputés admissibles les candidats qui auraient fait ou feraient encore partie d'une liste d'admissibles à l'école royale polytechnique ; et en conséquence , ils seront dispensés de subir l'examen prescrit par l'article 7.

11. Tous les candidats déclarés admissibles suivant les art. 8 et 9 , ou réputés admissibles suivant l'art. 10 , auront le droit de suivre à Paris tous les cours de l'école royale ; mais ils ne pourront prendre part aux exercices, qui sont réservés aux seuls élèves externes.

12. Pour être reçu définitivement élève externe , les admissibles subiront un examen à Paris , devant le conseil de l'école.

Ce conseil déterminera l'ordre de mérite des candidats, et en présentera la liste au directeur général , qui statuera , sous l'approbation de Son Exc. le ministre secrétaire d'état de l'intérieur.

13. Cette liste sera accompagnée d'une colonne d'observations , contenant les notes qui pourraient tendre à faire donner la préférence, à égalité de mérite , à tel ou tel candidat , comme , par exemple , aux fils de directeurs ou de concessionnaires de mines , de chefs ou propriétaires d'usines minéralurgiques.

14. Les élèves qui seraient admis sans avoir les connaissances relatées dans les n.ºs 5 , 7 et 8 de l'art. 1.er seront tenus , pendant la première année , de suivre les cours pour les acquérir. Ils subiront , à la fin de la même année , des examens sur ces diverses parties d'enseignement.

Ceux qui , avant leur admission , n'auraient pas satisfait à la condition prescrite à l'art. 3 , devront étudier le dessin de la tête sous le professeur de l'école.

15. Les examens, dans les départemens, auront lieu lorsqu'il se présentera des candidats. Ces candidats devront s'adresser au directeur général, qui leur indiquera l'époque de l'examen.

16. L'examen définitif sera fait, à Paris, dans la seconde quinzaine d'octobre, lorsqu'il y aura des places vacantes.

17. Cette année, il y aura extraordinairement un examen définitif dans la seconde quinzaine de juin.

DISPOSITIONS GÉNÉRALES.

18. Les élèves admis indiqueront, à leur entrée à l'école, l'espèce de mine ou d'usine à la conduite de laquelle ils se destinent plus particulièrement, afin que les études de chacun puissent être dirigées vers la partie qu'il aura préférée.

19. Ils seront tenus de se pourvoir des objets suivans :

Un étui de mathématiques, semblable à celui qui est exigé à l'école polytechnique ;

Trois règles et une équerre ;

Un grand carton ;

Une boîte de crayons assortis et un porte-crayon ;

Une boîte de couleurs, avec godets et soucoupes ;

Un tablier de laboratoire.

20. Ils seront invités à se procurer les livres ci-après :

Le traité d'exploitation des mines, par Délius ;

Les voyages métallurgiques de Jars et Duhamel ;

La fonte des mines, par Schlutter ;

La Sidérotecknie, par M. Hassenfratz ;

Un traité de minéralogie récemment publié ;

Un traité élémentaire de chimie, id.

RÈGLEMENT MINISTÉRIEL

RELATIF A L'ORGANISATION DE L'ÉCOLE DES MINEURS DE
ST-ETIENNE (LOIRE). 1

Du 3 juin 1817.

TITRE 1.er

De l'administration de l'école.

Art. 1.er L'administration de l'école des mineurs de
Saint-Etienne, sous le rapport tant du personnel que
du matériel, est, aux termes de l'art. 2 de l'ordonnanee
du 2 août 1816, confiée à un ingénieur en chef des
mines, directeur.

2. Il est chargé de la conservation des différentes collections et du mobilier de l'école ; il peut en confier la
surveillance aux professeurs, sans toutefois que cela
puisse nuire aux fonctions de ces derniers, ou au service dont ils sont chargés comme ingénieurs.

3. Chaque année, il sera dressé des inventaires des
collections et du mobilier ; ils seront arrêtés par le
conseil d'administration, en double expédition ; l'une
restera entre les mains du directeur de l'école, et l'autre
sera transmise à l'administration générale des ponts et
chaussées et des mines.

4. Le conseil d'administration, composé conformément
à l'art. 5 de l'ordonnance du 2 août 1816, du directeur
de l'école, président, et des professeurs, s'assemblera

1 Acte organique.

au moins une fois par mois , et en outre , toutes les fois que le directeur le jugera convenable.

En cas de partage , le président aura voix prépondérante.

5. Les fonctions de secrétaire seront remplies par le plus jeune des professeurs.

6. Toutes les délibérations du conseil d'administration seront inscrites sur un registre particulier , par le secrétaire , et signées des membres délibérans.

7. Ces délibérations , toutes les fois qu'elles emporteront décision , seront soumises à l'approbation du directeur général des ponts et chaussées et des mines , par le directeur de l'école.

8. En cas de maladie ou d'absence , le directeur de l'école , sera remplacé par le professeur du grade le plus élevé , ou , à égalité de grade , par le plus ancien. Dans les mêmes cas , les professeurs seront suppléés les uns par les autres , ou par le directeur.

9. Il sera alloué , à titre de frais fixes , savoir : au directeur de l'école , une somme annuelle de 1500 f. , et à chacun des professeurs , une somme annuelle de 800 f.

TITRE II.

De l'admission des élèves.

10. Les élèves sont admis par le directeur général des ponts et chaussées et des mines , sur la présentation des préfets des départemens.

11. Ces élèves seront pris , de préférence , parmi les fils ou neveux des mineurs , chefs d'ouvriers d'usines ,

maîtres mineurs, directeurs, ou exploitans de mines ou usines.

12. Tout prétendant à l'admission adressera sa demande au préfet de son département, en produisant à l'appui, 1.º un extrait de son acte de naissance, prouvant qu'il a l'âge prescrit par l'art. 4 de l'ordonnance du 2 août 1816 (15 à 25 ans); 2.º un certificat d'un officier de santé, attestant qu'il a une bonne constitution, et qu'il a été vacciné ou qu'il a eu la petite vérole; 3.º un certificat du maire de sa commune, constatant qu'il est de bonnes vie et mœurs, et indiquant en outre s'il est fils ou neveu de mineur, chef d'ouvriers, d'usine, maître mineur, directeur ou exploitant de mines ou usines.

13. Le préfet fera examiner le candidat par l'ingénieur des mines du département, ou, à son défaut, par telle personne qu'il jugera convenable, afin de s'assurer de son degré d'instruction, ou au moins s'il possède celle qu'on acquiert dans les écoles primaires, ainsi que cela est exigé par l'art. 4 de l'ordonnance royale du 2 août 1816.

14. La demande, appuyée des pièces exigées par l'art. 12 ci-dessus, et d'un certificat d'instruction et de capacité délivré par l'examinateur, sera adressée, par le préfet, au directeur général des ponts et chaussées et des mines, qui statuera définitivement.

15. En cas d'admission, l'élève sera tenu de se rendre à Saint-Etienne, pour l'époque qui lui sera indiquée; et les pièces qui le concernent seront transmises au directeur de l'école; en cas de non admission, elles seront renvoyées à la partie intéressée, par l'intermédiaire du préfet.

16. Le nom des élèves admis sera porté sur un regⁱstre particulier, tenu à cet effet. Chaque inscription formera un article distinct où seront consignés ; 1.º l'extrait des pièces produites pour l'admission ; 2.ᵉ les résultats des examens subis par l'élève pendant le cours de l'enseignement ; 3.º une notice sur son exactitude et sa conduite ; 4.º une copie du certificat qui lui sera délivré à sa sortie de l'école.

17. Les élèves seront tenus de se procurer des livres et autres objets nécessaires à leur instruction.

TITRE III.

De l'enseignement.

18. D'après les bases posées à l'art. 3 de l'ordonnance du 2 août 1816, l'enseignement de l'école de Saint-Etienne a pour objet :

1.º Les élémens de mathématiques, dont la connaissance est indispensable pour dresser les plans et mesurer les surfaces et les solides, la levée des plans superficiels et souterrains, le nivellement, les élémens du dessin appliqués au tracé et au lavis des plans, des machines et des constructions.

2.º Les élémens de l'exploitation proprement dite, comprenant la disposition générale des travaux d'une mine ; les divers moyens d'entailler et d'abattre la roche et les minerais, l'art d'étayer les excavations souterraines, les méthodes d'aérage, l'art de contenir les eaux, de les faire écouler et de les épuiser, les usages de la sonde, les divers moyens employés pour transporter et extraire les matières , et la connaissance des principales machines en usage dans toutes ces opérations.

3.º La connaissance élémentaire des principales substances minérales et de leur gisement , l'art d'essayer les minerais , surtout par la voie sèche ; les élémens de l'art de traiter en grand et d'obtenir économiquement les matières minérales les plus utiles.

19. Indépendamment des études ci-dessus et des exercices auxquels elles donneront lieu , soit à l'école, soit sur le terrain , les élèves suivront les travaux qui se font dans les mines des environs de St-Etienne , et le directeur avisera aux moyens de leur faire remplir successivement les emplois de charioteur , trieur , mineur , boiseur , sondeur , pompier et machiniste.

20. Le cours complet des études est divisé en deux années , et les élèves sont partagés en deux divisions. Ils pourront être autorisés à rester une troisième année.

21. L'année scolaire se compose de dix mois d'étude et de deux mois de vacances. Les cours et exercices commencent le 15 octobre et finissent le 15 août.

22. Dans le mois qui précédera l'ouverture des études, le directeur de l'école soumettra au directeur général des ponts et chaussées et des mines le programme des cours qui aura été déterminé par le conseil d'administration. Le programme règlera l'ordre et la durée, soit des leçons , soit des exercices et applications sur le terrain et dans l'intérieur des mines , sans préjudice des travaux manuels dont il est parlé à l'article 19.

Les professeurs devront, avant l'ouverture , soumettre au conseil le précis de chacune de leurs leçons.

TITRE IV.

De la discipline de l'école.

23. Tous les jours, (les dimanches et fêtes exceptés) les élèves suivront les leçons et exercices, aux heures assignées et pendant le temps prescrit. Ils ne pourront s'en dispenser ou s'éloigner, que pour des raisons majeures, et seulement avec l'autorisation du directeur.

24. Les élèves de chaque classe prendront place selon l'ordre de mérite assigné par les concours de chaque mois.

25. L'appel des élèves sera fait à l'ouverture des divers exercices et des leçons de l'école, et les absens sans cause légitime seront pointés.

26. Toute faute, négligence ou indocilité, sera punie, suivant la gravité du cas, 1.º par un avertissement ou une réprimande du professeur ; 2.º par une remontrance particulière du directeur ; 3.º par une réprimande donnée à l'élève, soit par le conseil d'administration, soit en séance particulière, soit en présence de tous les élèves.

27. En cas d'inaptitude reconnue aux études, d'insubordination répétée ou de fautes graves, le conseil d'administration pourra provisoirement interdire à l'élève l'entrée de l'école ; mais son renvoi définitif ne pourra avoir lieu qu'en vertu d'une décision du directeur général des ponts et chaussées et des mines.

28. Les élèves sont soumis à la surveillance du directeur ou des professeurs, même hors des leçons et exercices.

29. Ils sont autorisés à porter un frac bleu de roi, croisé sur la poitrine, avec des boutons de métal jaune,

ayant pour légende : ÉCOLE DE MINEUR DE ST-ETIENNE, et au centre une fleur de lis.

30. Tous les mois, il y aura un concours dans chaque classe, pour entretenir l'émulation des élèves, déterminer leur ordre de mérite et donner les mesures de leurs progrès.

31. Tous les ans, à la fin des études un concours général aura lieu dans chaque classe, non-seulement sur toutes les parties de l'enseignement, mais encore sur l'écriture courante et la connaissance de la langue française. Les résultats de ces concours, combinés avec ceux des examens mensuels, serviront à déterminer le degré de mérite des élèves.

L'habitude acquise dans les opérations manuelles de la profession d'ouvrier mineur sera également prise en considération.

32. Les cours de chaque année seront terminés par une distribution de prix, consistant en livres ou en instrumens propres à la conduite des travaux de mines.

TITRE V.

De la sortie des élèves lorsque leurs études seront terminées.

33. Il sera délivré à chaque élève, à la sortie de l'école, par le conseil d'administration, un certificat constatant le temps pendant lequel il aura suivi les cours et exercices, et le genre et l'étendue des connaissances qu'il aura acquises.

34. Ceux des élèves dont la conduite aura été irréprochable, et qui se seront distingués par leur intelli-

gence et les progrès qu'ils auront faits dans les connaissances qu'un bon maître mineur doit posséder, recevront, indépendamment du certificat ci-dessus, le titre d'*élève breveté* de l'école des mineurs de Saint-Etienne.

Le brevet leur en sera délivré par le directeur général des ponts et chaussées et des mines, sur la proposition du conseil d'administration.

35. Les élèves brevetés de l'école des mineurs de Saint-Etienne pourront seuls, après leur sortie de l'école, continuer à en porter l'uniforme.

TITRE VI.

De la comptabilité.

36. Le budget de l'école de mineurs de St-Etienne, préparé en conseil d'administration, sera soumis, du 1.er au 15 novembre de chaque année, pour l'année suivante, au directeur général des ponts et chaussées et des mines, par l'intermédiaire du préfet de la Loire.

37. Les dépenses seront distinguées en dépenses fixes et dépenses variables.

38. Sont réputés dépenses fixes :

1.º Le prix de location des bâtimens de l'école, y compris les impositions ;

2.º Les frais fixes alloués au directeur et aux professeurs ;

3.º Les traitemens et gages des différentes personnes étrangères au corps des mines, qui peuvent être employées à l'année.

39. Pour la première année et pour les suivantes, s'il y a lieu, on ajoutera au budget un chapitre particulier.

comprenant toutes les dépenses de premier établissement. La proposition de ces dépenses sera appuyée de plans, de mémoires et de devis estimatifs.

40. La somme allouée par le budget annuel de l'école sera mise à la disposition du préfet du département de la Loire, au moyen de crédits ouverts sur le receveur général de ce département.

41. Toutes les pièces de dépenses arrêtées par le directeur de l'école, seront visées par le préfet, qui délivrera des mandats de payement aux parties prenantes.

42. Pour subvenir aux dépenses courantes, il sera délivré, à titre d'avance, par le préfet, au directeur de l'école, lorsque ce dernier en fera la demande, un ou plusieurs mandats sur le receveur général du département, jusqu'à concurrence de 2000 fr., à valoir sur les dépenses variables.

43. Tous les trois mois, le directeur de l'école formera une liasse des dépenses courantes qu'il aura soldées; cette liasse, accompagnée d'un bordereau récapitulatif et certifié, sera adressée au préfet, qui, après avoir visé chaque pièce, délivrera au directeur de l'école un mandat égal au montant de la dépense faite par ses mains, et à valoir sur les fonds à lui avancés par le receveur général du département.

44. A l'expiration de chaque trimestre, le directeur de l'école adressera au préfet, pour être visé et transmis à l'administration générale des ponts et chaussées et des mines, un état sommaire de situation, tant en recette qu'en dépense : cet état fera connaître, par aperçu, les besoins du service pour le trimestre suivant.

45. A la fin de chaque année, le directeur de l'école remettra également au préfet, qui le visera et le trans-

mettra à l'administration , un état général de situation , présentant en détail le compte des opérations de l'année expirée : cet état devra être certifié par le receveur général du département , quant aux payemens effectués.

46. Indépendamment de cet état de situation , le préfet demandera au receveur général , un compte particulier des recettes et dépenses faites pour le service de l'école. Ce dernier compte , visé par le préfet , sera transmis par lui , en double expédition , avec les pièces à l'appui , à la direction des ponts et chaussées et des mines. L'une des deux expéditions , approuvée , sera renvoyée au receveur général , pour sa décharge , et l'autre restera dans les archives de l'administration des ponts et chaussées et des mines.

TITRE VII.

Dispositions générales.

47. Les élèves mineurs dont les moyens d'existence n'auraient pas été suffisamment assurés pour le cours de leurs études , soit par leurs parens , soit par la libéralité des conseils généraux des départemens dans lesquels il existe un grand nombre d'établissemens d'industrie minérale , seront autorisés à travailler avec salaire dans les environs de Saint-Etienne , un certain nombre d'heures du jour , ou certains jours de la semaine.

48. Chaque année , à la fin des cours , il sera fait , par le conseil d'administration , au directeur général des ponts et chaussées et des mines , un rapport sommaire sur les progrès de chaque élève en particulier. Il sera donné connaissamce de l'article relatif à chacun d'eux , aux préfets des départemens par lesquels les élèves auront été envoyés.

ORDONNANCE DU ROI

PORTANT ÉTABLISSEMENT D'UNE CAISSE DE PRÉVOYANCE EN FAVEUR DES MINEURS DE RIVE-DE-GIER (LOIRE) [1].

Du 25 juin 1817.

Art. 1.er Il sera établi à Rive-de-Gier une *caisse de prévoyance*, en faveur des ouvriers qui travaillent à l'exploitation des mines des environs de cette ville. Cette caisse est destinée à secourir les malades, blessés, invalides et infirmes, ainsi que les veuves et orphelins en bas âge.

2. Chaque année, notre ministre de l'intérieur fera verser dans cette caisse ce qui restera disponible des sommes perçues pour les fonds de non-valeur, en sus des redevances fixes et proportionnelles imposées sur les mines des environs de Rive-de-Gier ; il y fera également verser les fonds de bienfaisance, dont il pourra autoriser l'emploi, d'après la proposition du préfet, et sur le rapport du directeur général des ponts et chaussées et des mines.

3. Tout concessionnaire ou exploitant, tout propriétaire de surface percevant une rente en nature sur le produit de l'extraction, et tout ouvrier employé aux travaux des mines, est admis à concourir à former le revenu de la caisse, et pourra, en conséquence, participer à son administration.

1 Acte organique.

4. Il sera, à cet effet, à la diligence du préfet du département de la Loire, ouvert à la mairie de Rive-de-Gier, un registre où seront inscrits les concessionnaires, exploitans, propriétaires de surface, et les ouvriers qui voudront faire partie de l'établissement.

5. L'administration de la caisse sera confiée à un comité composé du préfet de la Loire, président, et, en son absence, du sous-préfet de Saint-Etienne, de l'ingénieur en chef des mines de l'arrondissement, et, en son absence, de l'ingénieur ordinaire, du maire et du plus ancien curé de Rive-de-Gier, d'un officier de santé ou pharmacien nommé par le préfet, de membres amovibles pris parmi les concessionnaires ou exploitans, les propriétaires de surface et les anciens mineurs.

Pour la première fois seulement, et sur les premières listes qui lui seront adressées, le préfet désignera les personnes qui devront provisoirement compléter le comité d'administration.

6. Ce comité s'occupera, sans délai, de la rédaction d'un règlement général développant les conditions les plus convenables pour organiser l'établissement. Il fixera la forme et la quotité des différentes cotisations, le mode de versement et de comptabilité, l'ordre à suivre dans la distribution des secours et l'emploi des fonds, le nombre des membres amovibles du comité d'administration, le mode de remplacement ; enfin, la manière dont les comptes seront annuellement apurés et rendus à l'assemblée générale des membres de l'établissement.

7. Le règlement à intervenir sera soumis, par notre directeur général des ponts et chaussées et des mines, à l'approbation de notre ministre secrétaire d'état de l'intérieur.

RÈGLEMENT

Pour l'administration de la caisse de prévoyance, créée en faveur des ouvriers mineurs du canton houiller de Rive-de-Gier, arrêté en exécution de l'ordonnance royale du 25 juin 1817 et d'après le projet présenté par le comité provisoire, conformément à l'art. 6 de cette ordonnance.

Art. 1.er Sont admis à faire partie de la société, conformément à l'article 3 de l'ordonnance du 25 juin 1817, tout concessionnaire ou exploitant, tant pour lui que pour les ouvriers qu'il emploie, et tout propriétaire de surface percevant une rente en nature sur le produit de l'extratcion, qui aura souscrit l'engagement de se conformer aux obligations ci-après énoncées.

2. Les fonds de la société se composent :

1.º De ceux obtenus de la munificence royale, en vertu de l'article 2 de l'ordonnance précitée.

2.º D'un versement fait par les extracteurs, d'un centime par hectolitre de houille extraite dans leur exploitation, déduction faite du nombre des hectolitres livrés à titre de redevance aux propriétaires de la surface.

3.º Du versement fait par les propriétaires de la surface, de deux centimes par hectolitre de houille à eux livrés à titre de redevance.

4.º Des dons volontaires inférieurs à cette quotité, qui pourront être offerts par les propriétaires ou tout autre, sans néanmoins leur donner le droit de faire partie de la société.

3. L'administration de la caisse de prévoyance est gratuite : elle est confiée à un comité général et à une commission permanente.

4. Le comité général est composé de M. le préfet, président, et, en son absence, de M. le sous-préfet, de l'ingénieur en chef des mines de l'arrondissement, et, en son absence, de l'ingénieur ordinaire, du maire, du curé de Rive-de-Gier, de l'officier de santé désigné par M. le préfet, et de cinq membres amovibles pris parmi les concessionnaires ou exploitans, et les propriétaires de surface faisant partie de l'association.

5. La commission permanente est composée des membres amovibles du comité général, qui, au besoin, appelleront auprès d'eux l'officier de santé, membre du comité général ; le président de la commission permanente sera toujours le plus âgé de ses membres ; en cas de partage, la voix du président sera prépondérante.

6. Les ouvriers prendront part à l'administration ainsi qu'il suit :

Ils ne feront pas nominativement partie du comité ; mais, chaque fois qu'il y aura lieu à distribuer des secours, le gouverneur, un piqueur et un traîneur de l'exploitation où l'accident aura eu lieu, seront appelés à la séance de la commission ; ils n'auront pas voix délibérative, mais ils auront le droit de faire consigner leur avis sur le procès-verbal ; le choix des ouvriers, piqueur ou traîneur, se fera en prenant les plus anciens de l'atelier.

7. Les membres seront renouvelés tous les ans, de la manière suivante :

Dans chaque exploitation, la compagnie désignera un syndic et son suppléant ; les syndics seront divisés par série par la voie du sort, et fourniront chaque année, en suivant l'ordre des numéros, les quatre premiers membres amovibles, de manière à ce que tous les syndics soient successivement , d'année en année , appelés à participer à l'administration.

Les suppléans sont destinés à remplacer , en cas d'absence , le syndic de la compagnie exploitante à laquelle ils appartiennent ; le cinquième membre amovible sera élu par les propriétaires de la surface sociétaires , qui le prendront dans leur sein ; ils lui désigneront aussi un suppléant.

8. Il sera nommé un caissier , lequel sera désigné à la pluralité des voix , dans une assemblée composée de tous les syndics de chaque compagnie d'exploitans sociétaires , et de trois syndics élus par les propriétaires ou les suppléans de ces syndics.

Il fournira un cautionnement de 10,000 fr. , en immeubles libres ; son traitement ne pourra excéder 1000 f., sans préjudice des frais de location du bureau de la commission , fixés au *maximum* à la somme de 150 f. , et des frais et fournitures de bureau dont il justifiera.

Il réunira les fonctions de secrétaire , poursuivra le recouvrement des fonds et justifiera des diligences qu'il aura faites à cet égard , effectuera les dépenses sur les mandats délivrés par l'un des membres du comité général comme ordonnateur , lesquels mandats lui serviront de pièces comptables.

9. La commission permanente prononcera sur les demandes en admission dans la société ; elle déterminera la quotité des secours à accorder , vérifiera et arrêtera , tous les trois mois , l'état de la caisse ; elle rédigera ses comptes et le rapport de ses opérations , dans le courant du premier trimestre de chaque année , de manière à les présenter au comité général qui s'assemblera au 1.er du mois de mai , terme assigné à l'exercice annuel , et

époque du renouvellement des membres de la commission permanente.

10. Toute compagnie d'exploitant qui n'aurait point fait partie de la société, dès le principe, et qui désirerait y être admise, pourra y entrer d'ici au 1.er janvier 1819, sans être tenue à aucune mise de fonds autre que la cotisation, telle qu'elle a été fixée par l'art. 2 du présent; passé ce délai, elle ne pourra y être admise qu'en versant une somme qui sera ultérieurement fixée par la commission permanente, en rapport composé de l'importance de l'exploitation de la compagnie demanderesse et de la quotité des fonds existans en caisse à cette époque. Moyennant cette condition, les nouveaux sociétaires jouiront de tous les avantages que la société pourra offrir au moment de leur admission.

11. Il ne sera accordé, sous aucun prétexte, des secours aux ouvriers, veuves ou enfans d'ouvriers appartenant à des exploitations qui ne font point partie de la société ; ils seront exclusivement réservés aux ouvriers de tous genres, tant à l'intérieur qu'à l'extérieur, des exploitations soumissionnaires, sans distinction d'âge ni de quotité de salaire.

Les ouvriers employés au creusement de nouveaux puits auront également part aux secours, même avant l'extraction de la houille, si les entrepreneurs se sont soumis à faire partie de la société.

12. Aucun secours ne pourra être accordé à un ouvrier, à sa veuve ou à ses enfans, s'il n'a été, pendant la durée de son travail, muni d'un livret, conformément au règlement du 3 janvier 1813.

13. L'ouvrier blessé ou malade par suite de ses travaux dans les mines, recevra, chaque jour, 50 centimes

jusqu'à parfaite guérison, constatée par le médecin ou chirurgien qui lui aura donné des soins.

Il pourra lui être alloué, selon les besoins de sa famille, pendant le même temps, 25 centimes pour sa femme et pareille somme pour chacun de ses enfans incapables de travailler.

14. Tout vieillard de 60 ans et au-dessus, qui sera reconnu hors d'état de pouvoir travailler, et qui justifiera de trente ans de travaux dans les mines, jouira d'une retraite ou pension viagère de 75 centimes par jour ; néanmoins, ces pensions ne commenceront à avoir lieu et à être payées que dans cinq ans, à partir de l'époque de l'approbation du présent, par son Exc. le ministre de l'intérieur.

15. Il sera accordé aux veuves et enfans des ouvriers tués dans les travaux ou morts à la suite des travaux, une pension qui se composera, savoir :

Pour une veuve, de 50 centimes par jour.

Pour chacun de ses enfans au-dessous de dix ans, de 25 centimes ; pour chaque orphelin aussi au-dessous de dix ans, de 50 centimes.

16. Les veuves des ouvriers morts dans l'indigence et sans accidens extraordinaires, pourront, ainsi que leurs enfans, recevoir de la co.nmission des secours qu'elle modifiera d'après leur position.

17. Indépendamment du secours accordé dans l'art. 13 à l'ouvrier blessé, la commission entrera, jusqu'à la concurrence de 15 fr., dans les frais occasionés par le traitement et pansement d'un membre fracturé, ou d'une brûlure causée par le gaz hydrogène.

Elle entrera pour une somme de 5 fr. dans les frais de traitement d'une luxation.

Ces sommes seront payées aux médecins et chirurgiens que les ouvriers choisiront à leur gré, et pourront être augmentées, en cas de complication d'accidens extraordinaires, dûment constatés.

18. L'ouvrier qui perdra entièrement l'usage d'un bras ou d'une jambe, jouira de suite d'une pension égale à celle assignée aux vieillards, par l'article 14, et ses enfans seront traités comme ceux des veuves.

19. Tous les cas non prévus par le présent règlement, seront réglés, sur la proposition de la commission permanente, par le comité général, qui sera chargé en même temps d'interpréter les articles qui en seront susceptibles.

20. Le comité général recevra et arrêtera les comptes de la commission permanente, vérifiera les recettes et dépenses effectuées dans l'année, et s'assurera que les règlemens ont été observés dans la répartition des fonds; mais il ne pourra délibérer, ni sur la quotité des secours accordés par la commission permanente, ni sur la quotité d'aucune dépense autorisée par les règlemens.

21. Le comité général pourra, si l'augmentation progressive des fonds et des circonstances le permettent, proposer une diminution sur le montant de la cotisation des sociétaires, laquelle, dans aucun cas, ne sera augmentée.

22. Toute délibération du comité général, qui tendrait à modifier les dispositions du présent règlement, sera soumise à l'approbation du ministre secrétaire d'état de l'intérieur.

ORDONNANCE DU ROI

PORTANT RÈGLEMENT SUR LES MACHINES A FEU A HAUTE
PRESSION.

Au château des Tuileries, le 29 octobre 1823.

Louis , par la grâce de Dieu , etc.

Art. 1.er Les machines à feu à haute pression , ou celles dans lesquelles la force élastique de la vapeur fait équilibre à plus de deux atmosphères, lors même qu'elles brûleraient complètement leur fumée , ne pourront être établies qu'en vertu d'une autorisation obtenue conformément au décret du 15 octobre 1810 , pour les établissemens de deuxième classe.

Elles seront , en outre , soumises aux conditions de sûreté suivantes :

2. Lors de la demande en autorisation , les chefs d'établissement seront tenus de déclarer à quel degré de pression habituelle leurs machines devront agir.

Ils ne pourront dépasser le degré de pression déclaré par eux.

La pression sera évaluée en unités d'atmosphères , ou en kilogrammes par centimètre carré de surface exposé à la pression de la vapeur.

3. Les chaudières des machines à haute pression ne pourront être mises dans le commerce , ni employées dans un établissement , sans que , préalablement , leur force ait été soumise à l'épreuve de la presse hydraulique.

Toute chaudière devra subir une pression d'épreuve cinq fois plus forte que celle qu'elle est appelée à supporter dans l'exercice habituel de la machine à laquelle elle est destinée.

Après l'épreuve, et pour en constater le résultat, chaque chaudière sera frappée d'une marque indiquant, en chiffres, le degré de pression pour lequel elle aura été construite.

Les chefs d'établissement ne pourront faire emploi d'une chaudière qu'autant qu'elle sera marquée d'un chiffre exprimant au moins une force égale au degré de pression annoncé dans leur déclaration.

4. Il sera adapté deux soupapes, une à chaque extrémité de la partie supérieure de chaque chaudière. Leur dimension et leur charge seront égales, et devront être réglées tant sur la grandeur de la chaudière que sur le degré de pression porté sur son numéro de marque, de telle sorte toutefois que le jeu d'une seule des soupapes suffise au dégagement de la vapeur, dans le cas où elle acquerrait une trop grande tension.

La première soupape restera à la disposition de l'ouvrier qui dirige le chauffage ou le jeu de la machine.

La seconde soupape devra être hors de son atteinte et recouverte d'une grille dont la clef restera à la disposition du chef de l'établissement.

5. Il sera en outre adapté à la partie supérieure de chaque chaudière deux rondelles métalliques, fusibles aux degrés ci-après déterminés.

La première, d'un diamètre au moins égal à celui d'une des soupapes, sera faite en métal dont l'alliage soit de nature à se fondre ou à se ramollir suffisamment pour s'ouvrir à un degré de chaleur de dix degrés centigrades supérieurs au degré de chaleur représenté par la marque que doit porter la chaudière.

La seconde, d'un diamètre double de celui ci-dessus, sera placée près de la soupape de sûreté et enfermée sous la même grille. Elle sera faite en métal dont l'alliage soit de nature à se fondre ou à se ramollir suffisamment pour s'ouvrir à un degré de chaleur supérieur de vingt degrés centigrades à celui que représente la marque de la chaudière.

Ces rondelles seront timbrées d'une marque annonçant en chiffres le degré de chaleur auquel elles sont fusibles.

6. Une chaudière ne pourra être placée que dans un local d'une dimension au moins égale à vingt-sept fois son cube.

Ce local devra être éclairé au moins sur deux de ses côtés, par de larges baies de croisées fermées de châssis légers et ouvrant en dehors. Il ne pourra être contigu aux murs mitoyens avec les maisons voisines, et devra toujours être séparé, à la distance de deux mètres, par un mur d'un mètre d'épaisseur au moins. Il devra aussi être séparé par un mur de même épaisseur de tout atelier intérieur. Il ne pourra exister d'habitation ni d'atelier au-dessus de ce local.

7. Les ingénieurs des mines, dans les départemens où ils sont en résidence, et, à leur défaut, les ingénieurs des ponts et chaussées, sont chargés de surveiller les épreuves des chaudières et des rondelles métalliques. Ils les frapperont des marques dont les timbres leur seront remis à cet effet.

Lesdits ingénieurs s'assureront, dans leurs tournées, au moins une fois par an, que toutes les conditions prescrites sont rigoureusement observées. Ils visiteront les chaudières , constateront leur état et provoqueront la réforme de celles que le long usage ou une détérioration accidentelle leur ferait regarder comme dangereuses.

Les autorités chargées de la police locale exerceront une surveillance habituelle sur les établissemens pourvus de machines à haute pression.

En cas de contravention aux dispositions de la présente ordonnance , les chefs d'établissement pourront encourir l'interdiction de leur établissement , sans préjudice des peines , dommages et intérêts qui seraient prononcés par les tribunaux.

8. Notre ministre secrétaire d'état au département de l'intérieur fera publier une instruction sur les mesures de précautions habituelles à observer dans l'emploi des machines à haute pression.

Cette instruction sera affichée dans l'enceinte des ateliers.

9. Notre ministre secrétaire d'état au département de l'intérieur est chargé , etc.

———

INSTRUCTION

SUR LES MESURES DE PRÉCAUTIONS HABITUELLES A OBSERVER DANS L'EMPLOI DES MACHINES A VAPEUR A HAUTE PRESSION. 1

L'emploi des machines à vapeur à haute pression exige des précautions de tous les instans , de la part des ouvriers chauffeurs auxquels leur service est confié , et une surveillance constante de la part des propriétaires de ces machines. En négligeant les précautions nécessaires , les ouvriers peuvent occasioner des accidens funestes , dont ils seraient les premières victimes. En se

1 Direction générale des ponts et chaussées et des mines.

relâchant de la surveillance qui est indispensable , les propriétaires deviendraient la cause indirecte de ces accidens ; ils s'exposeraient d'ailleurs à des pertes considérables , telles que celles qui résulteraient de la destruction des machines , de la dégradation des ateliers et de la cessation des travaux.

Il est du devoir de tout propriétaire de ne confier la conduite de sa machine qu'à un ouvrier dont l'intelligence et la capacité soient bien reconnues , et qui soit non-seulement attentif, actif, propre et sobre , mais encore exempt de tout défaut qui pourrait nuire à la régularité du service. Rien ne doit déranger cette régularité , rien ne doit troubler ou détourner l'attention de l'ouvrier pendant le travail ; autrement il ne peut y avoir de sécurité dans l'établissement.

L'attention de l'ouvrier chauffeur et la surveillance du propriétaire doivent porter principalement sur les parties suivantes de la machine ; savoir : le foyer , la chaudière et les tubes bouilleurs, la pompe alimentaire et le niveau de l'eau dans la chaudière , les soupapes de sûreté , le manomètre. Il y a aussi quelques précautions à prendre relativement à l'enceinte extérieure.

DU FOYER.

Le principe d'après lequel on doit diriger le chauffage , est d'éviter une augmentation de chaleur trop brusque ou un refroidissement trop rapide. Dans l'un et l'autre cas , les tubes bouilleurs éprouvent partiellement des inégalités de température plus ou moins considérables , et qui , à raison de la variété des dilatations produites , peuvent occasioner des fêlures et des pertes.

Ainsi donc la mise au feu ne doit pas être poussée avec trop de vivacité, surtout lorsque le foyer a été tout à fait refroidi. On ne gagnerait du temps qu'en compromettant la conservation des tubes bouilleurs.

Lorsque le feu est arrivé au point d'activité nécessaire pour le jeu de la machine, on doit le conduire avec égalité, et à cet effet, tiser à propos et à ne jeter que les quantités de combustibles déterminées par l'expérience. Il faut éviter de laisser tomber le feu pendant le travail, et lorsque cela est arrivé, il n'est point convenable de projeter à la fois une trop grande quantité de combustible dans le foyer, car cette précipitation, qui aurait d'abord l'inconvénient de le refroidir momentanément, occasionerait ensuite un développement de chaleur excessif et dangereux.

Il est à propos d'exécuter dans le moins de temps possible les opérations du tisage et du rechargement de combustible, afin d'abréger l'action destructive que l'air froid peut exercer sur les tubes bouilleurs, en s'introduisant avec rapidité par l'ouverture de la porte du foyer.

On est dispensé de la plupart de ces précautions lorsque le foyer est muni d'un distributeur mécanique versant la houille au feu, et à mesure qu'elle est nécessaire ; mais alors l'ouvrier doit veiller à ce que ce distributeur ne manque pas d'aliment, et à ce que le versement soit uniforme et continu.

L'extinction du feu, lorsqu'elle n'est point conduite avec soin, est une des causes les plus ordinaires des accidens qui arrivent aux tubes bouilleurs. Le meilleur mode est de laisser le foyer chargé du résidu de la combustion, de fermer le registre de la cheminée ainsi que la porte du cendrier , et de luter avec un peu de terre grasse les joints de cette porte , et ceux de la porte du foyer. En procédant ainsi , on évite non-seulement que l'air ne refroidisse trop brusquement les tubes , mais encore qu'il ne contribue à oxider trop promptement leur surface extérieure. On profite de plus d'une partie du résidu de la combustion ; car ce résidu finit par s'éteindre à raison du défaut d'air , et l'on peut ensuite le retirer sans inconvénient.

DES TUBES BOUILLEURS ET DE LA CHAUDIÈRE.

Quelque pure que paraisse l'eau qu'on emploie , elle dépose toujours un sédiment terreux qu'il importe de ne pas laisser accumuler. En effet , ce sédiment se durcirait et s'épaissirait en peu de temps ; il augmenterait la difficulté de faire pénétrer dans les tubes bouilleurs et dans la chaudière la chaleur qui est nécessaire pour produire la vapeur avec le degré de tension convenable. Il faudrait faire un plus grand feu ; il en résulterait par conséquent plus de dépense de combustible et plus de chances et d'altération ou de rupture.

L'expérience a démontré qu'en introduisant dans les tubes bouilleurs et dans la chaudière une certaine quantité de pommes de terre, la substance de ces pommes de terre se mêle avec les sédimens terreux , sous forme de bouillie , et en prévient l'endurcissement ; mais à mesure que les sédimens augmentent , cette bouillie nuit à la production de la vapeur , soit par sa viscosité , soit par l'espace qu'elle occupe. Il vient un terme où l'enlèvement des dépôts devient indispensable ; ce terme arrive plus ou moins fréquemment suivant la nature des eaux.

C'est au propriétaire de chaque machine à chercher , par l'expérience , le période de temps le plus convenable pour le nettoyage , comme aussi de trouver le *minimum* de la quantité de pommes de terre qui doit être employé. Ces recherches ne tiennent pas seulement aux soins de la sûreté , mais encore à des considérations d'économie relativement à la facile production de la vapeur.

Lorsque , malgré toutes les précautions , un tube bouilleur vient à se fendre , l'ouvrier doit en avertir le propriétaire , et celui-ci ne doit pas hésiter à faire procéder au remplacement. Le rhabillage du tube ne ferait que masquer l'inconvénient , et le danger d'une rupture pourrait s'accroître en très-peu de temps.

Le propriétaire et l'ouvrier doivent observer avec attention les progrès de la détérioration superficielle que les tubes bouilleurs éprouvent à la longue ; ceux surtout qui sont fabriqués en tôle. Ils ne doivent pas attendre la visite de l'ingénieur pour provoquer de nouvelles épreuves de ces tubes , lorsque leur amincissement peut donner des doutes sur leur solidité.

Il en est de même des chaudières , mais comme les moyens d'observation sont moins multipliés , l'ouvrier et le propriétaire doivent saisir toutes les occasions de constater l'état des choses , soit lorsqu'il faut changer un ou plusieurs tubes bouilleurs , soit lorsqu'il y a des réparations à faire au foyer ou à la chemise de la chaudière , soit enfin toutes les fois qu'il est nécessaire de vider la chaudière pour la nettoyer. Mais , en outre , aucune des indications que les moindres suintemens peuvent donner , ne doit être négligée.

Lorsqu'on s'aperçoit d'une fuite à la jointure du plateau qui ferme un tube bouilleur ou à celui qui recouvre l'entrée de la chaudière, on ne doit point essayer d'y pourvoir pendant le travail, en serrant les écrous : on courrait le risque d'occasioner la rupture de ces plateaux, surtout lorsque le mastic qui garnit les bordures a eu le temps de s'endurcir ; en cas de rupture, l'ouvrier serait tué par les éclats ou brûlé par l'eau et la vapeur. Ces sortes de fuites ne doivent être réparées que lorsque le travail a cessé.

Lorsque les tubes bouilleurs et la chaudière sont à nettoyer, les propriétaires ne doivent pas exiger que les ouvriers entreprennent de vider l'eau avant que sa température ne soit suffisamment abaissée, surtout pour les machines dans lesquelles les plateaux des tubes bouilleurs ne sont point garnis de robinets.

DE LA POMPE ALIMENTAIRE ET DU NIVEAU DE L'EAU DANS LA CHAUDIÈRE.

Il est de la plus grande importance que l'eau de la chaudière soit maintenue au niveau qui est indiqué par la position horizontale du levier mû par le flotteur. Il ne faut pas que l'ouvrier s'en rapporte à la simple inspection du levier pour connaître la hauteur de l'eau dans la chaudière : il doit s'assurer très-souvent que les mouvemens du flotteur sont parfaitement libres. Il doit veiller surtout à ce que la garniture qui empêche la vapeur de s'échapper le long de la tige du flotteur ne serre pas trop cette tige ; car, si cela arrivait, les indications données par le flotteur cesseraient d'être exactes.

Ces dernières précautions sont également nécessaires pour les machines dans lesquelles les mouvemens d'abaissement du flotteur font ouvrir le tuyau nourricier, et portent ainsi le remède convenable à la diminution de l'eau dans la chaudière.

La surveillance de la pompe alimentaire n'est pas moins indispensable : si , par suite de négligence , la hauteur de l'eau avait très-notablement diminué dans la chaudière , il faudrait , aussitôt qu'on s'en apercevrait , rétablir ou augmenter peu à peu le jet nourricier ; car autrement on s'exposerait à des accidens. En effet , l'eau , en s'élevant rapidement contre les parois de la chaudière , que la chaleur aurait rougies , fournirait instantanément une trop grande quantité de vapeur , et il serait possible que l'accroissement de pression qui en résulterait fût supérieur à la pression que la chaudière pourrait supporter. Le danger de l'explosion serait imminent , si , dans une telle circonstance , les soupapes de sûreté n'étaient point en état de jouer librement , ou si , par suite d'une pratique imprudente ou coupable , elles se trouvaient surchargées de poids.

En général , le moindre inconvénient que le manque d'eau dans les chaudières puisse produire , c'est d'y occasioner des ruptures très-préjudiciables , quand bien même il n'y aurait pas d'explosion.

DES SOUPAPES DE SURETÉ.

Dans les machines dont les soupapes de sûreté sont à la disposition de l'ouvrier chauffeur , il est utile que cet ouvrier s'applique à en étudier le jeu et à bien connaître le degré d'adhérence qu'elles contractent ordinairement avec le collet sur lequel elles pressent , surtout lorsqu'elles ont été rodées récemment. Il faudrait avoir égard à cette adhérence , lors même que la soupape serait construite de telle manière que le plan de contact serait réduit à une zone circulaire très-étroite. Le chauffeur doit s'assurer très-fréquemment que les soupapes jouissent de toute la liberté de mouvement dont elles ont besoin pour remplir leur destination. A cet effet, il est bon qu'il soulève de temps en temps l'extrémité de la branche du levier qui supporte le poids servant de charge habituelle, afin de s'assurer que la soupape n'a pas contracté une trop forte adhérence.

Lorsque les soupapes d'une machine ne jouent pas librement, et lorsqu'en même temps on vient à leur donner le *maximum* de charge habituelle, elles ne peuvent remplir leur objet qu'imparfaitement ; elles retiennent la vapeur alors qu'elles devraient lui donner issue : la vapeur s'accumule et se comprime, et pourrait, suivant les circonstances, acquérir une force de tension qui surpasserait la résistance que la chaudière est capable d'opposer, et qui la ferait éclater.

Ce funeste effet pourrait encore être produit, si, dans l'intention de donner plus d'activité à la machine, on avait ajouté des poids à ceux qui composent le *maximum* de la charge habituelle des soupapes. De telles surcharges sont extrêmement dangereuses, l'ignorance du danger pourrait seule excuser les propriétaires de les ordonner, et l'ouvrier chauffeur de s'y prêter. Il faut que les ouvriers sachent bien que l'un des principaux effets d'une explosion serait d'épancher une immense quantité de vapeur brûlante qui leur causerait une mort cruelle.

De tels dangers seront beaucoup moins à craindre dans les machines qui seront établies en vertu de l'ordonnance royale du 29 octobre 1823 ; mais les soupapes n'en devront pas moins être surveillées et entretenues dans un état de liberté parfaite. En effet, pour peu que leur jeu devînt moins facile, il arriverait qu'à la moindre augmentation dans l'activité du feu, la vapeur, au lieu de s'échapper, acquerrait plus de chaleur et de tension, et il y aurait un terme où elle fondrait et romprait les rondelles de métal fusible qui devront être appliquées à chaque chaudière ; le travail de l'atelier serait inter-rompu, et le propriétaire encourrait les inconvéniens des retards résultant de la pose de nouvelles rondelles. Le propriétaire est particulièrement intéressé à visiter journellement la soupape qui sera renfermée sous le grillage en fer dont la clef devra rester à sa disposition.

En général les soupapes ont besoin d'être rodées très – fréquemment ; autrement elles finissent par laisser perdre de la vapeur. Ce soin d'entretien n'admet pas de négligence, car l'ouvrier ne pourrait y suppléer qu'en augmentant la charge habituelle : or, les propriétaires ne sauraient proscrire les surcharges avec trop de rigueur.

Lorsqu'on veut cesser tout à fait le feu, ou lorsqu'on le couvre seulement pour en retrouver le lendemain, il ne faut pas quitter l'atelier sans s'être assuré que les soupapes, convenablement déchargées, peuvent donner librement issue à la vapeur qui continue de se produire.

DU MANOMÈTRE.

Le manomètre, à raison de sa communication avec l'intérieur de la chaudière, indique, à chaque instant, la marche plus ou moins rapide de la production de la vapeur, et le degré de la force de pression qui en ré-sulte. Cette indication est donnée par le mouvement de a colonne de mercure renfermée dans le tube de verre ; elle se mesure au moyen de l'échelle qui est placée le long du tube.

Cet instrument est d'une grande utilité, lorsqu'il a été construit avec soin et gradué avec exactitude. Comme il est fragile, les propriétaires de machines doivent prendre les mesures nécessaires pour le préserver de tout accident, et le faire couvrir d'un grillage en fil de fer ou en fil de laiton.

Le propriétaire doit aussi donner ses soins pour que l'ouvrier comprenne la destination et les avantages de l'instrument, et sache à propos tirer parti de ses indications.

Enfin, il est du devoir de l'ouvrier de consulter très-fréquemment le manomètre, et de le prendre constamment pour guide dans la conduite du feu, quelle que soit d'ailleurs la charge, ou, en d'autres termes, la pression avec laquelle la machine travaille, suivant les besoins de l'atelier.

DE L'ENCEINTE DE LA MACHINE.

En supposant qu'une explosion pût arriver, c'est un moyen de la rendre moins dommageable que de tenir le local de la machine complètement isolé, et de ne placer les matériaux qu'on serait forcé d'emmagasiner dans son voisinage, qu'à la distance de plusieurs mètres. Le propriétaire se mettrait en contravention avec l'article 6 de l'ordonnance royale du 29 octobre 1823, s'il venait à remplir avec des matériaux résistans l'espace qu'il faut laisser du côté des habitations, entre les murs mitoyens et le mur de défense qui doit enceindre le local de la

.machine. Ce mur de défense ne peut remplir l'objet que l'ordonnance royale a eu en vue , qu'autant qu'il confine au dehors avec un espace vide.

Enfin , il est indispensable que le local de la machine puisse être bien fermé , et , qu'en l'absence du chauffeur , personne ne puisse s'y introduire. On conçoit , par exemple , que si , par malveillance , on venait à surcharger les soupapes ou à les bander avec des cales , lorsque le feu a été arrêté ou couvert , l'accumulation de la vapeur pourrait occasioner un accident. Les précautions habituelles que ce cas particulier peut exiger sont tout aussi importantes que celles qui concernent les différens cas qui ont été précédemment exposés. La prévoyance des propriétaires des machines et la vigilance des ouvriers chauffeurs ne doivent être en défaut dans aucun temps , dans aucune circonstance.

Paris , le 19 mars 1824.

Le conseiller d'état , directeur général des ponts et chaussées et des mines ,

Signé , Becquey.

Approuvé le 19 mars 1824.

Le ministre secrétaire d'état au département de l'intérieur ,

Signé , Corbière.

SECONDE INSTRUCTION

RELATIVE à l'exécution de l'ordonnance royale du 29 octobre 1823, sur les machines à vapeur, ou sur celles dans lesquelles la force élastique de la vapeur fait équilibre à plus de deux atmosphères, lors même qu'elles brûleraient complétement leur fumée.

L'ordonnance royale du 29 octobre 1823 a statué qu'à l'avenir aucune chaudière de machine à vapeur à haute pression ne pourrait être mise dans le commerce (et à plus forte raison employée) qu'autant qu'elle serait munie de deux soupapes et de deux rondelles de métal fusible, et qu'après avoir été éprouvée à l'aide d'une presse hydraulique et timbrée après l'épreuve.

Le fabricant de chaudières et de machines à haute pression qui aura des chaudières à faire vérifier, éprouver et timbrer, adressera une demande au préfet, qui la transmettra immédiatement à l'ingénieur des mines, s'il réside dans le département, et dans le cas contraire, à l'ingénieur des ponts et chaussées qui doit le suppléer. (art. 7 de l'ordonnance).

Le préfet veillera à ce que les opérations se fassent dans le plus court délai possible, afin qu'il n'en puisse résulter aucun inconvénient pour les besoins du commerce et de l'industrie.

L'ingénieur vérifiera d'abord si les dimensions des deux soupapes sont telles, que le jeu de l'une d'elles puisse suffire au dégagement de la vapeur, dans le cas où la vapeur acquerrait une trop grande tension.

Il vérifiera de même si les orifices dans lesquels les deux rondelles de métal fusible devront être encastrées, ont les diamètres convenables, savoir :

Pour la première, un diamètre au moins égal à celui de l'une des deux soupapes ;

Pour la seconde, un diamètre double.

Il reconnaîtra en même temps si la position de ces orifices est telle, que les rondelles puissent remplir leur destination.

L'épreuve de la chaudière n'aura lieu qu'après l'ajustement des deux rondelles. Cet ajustement sera précédé des opérations suivantes :

L'ingénieur déterminera, d'après la table ci-jointe, le degré de fusibilité du métal dont chaque rondelle devra être faite. Il vérifiera ensuite si le métal dont on se propose de fabriquer chaque rondelle est doué de la fusibilité requise. Cette vérification pourra avoir lieu de deux manières :

1.º Si le métal a été préparé par le fabricant de chaudières ou de machines, l'ingénieur procédera à l'essai des deux espèces de lingots qui devront fournir la matière des rondelles, en employant le mécanisme dont le fabricant fait lui-même usage, mais après en avoir vérifié l'exactitude ;

2.º Si le fabricant de chaudières ou de machines veut employer du métal fusible acheté dans le commerce, l'ingénieur n'aura qu'à constater si les deux lingots portent le timbre légal annonçant le degré de leur fusibilité, c'est-à-dire, si chacun d'eux est marqué du timbre qui a dû y être apposé par l'ingénieur des mines commis pour faire ces sortes d'essais dans la manufacture même du métal fusible ; ce timbre sera le même que celui dont il est parlé dans le paragraphe ci-dessous.

L'ingénieur, ayant acquis la certitude que les lingots sont composés, l'un de métal fondant à 10 degrés centigrades au-dessus de la température que la vapeur aura habituellement dans la chaudière, et l'autre de métal fondant à 20 degrés centigrades au-dessus de la même température, fera couler en sa présence les deux rondelles, et il apposera à chacune d'elles un timbre octogone portant la légende : *ponts et chaussées et mines*, au milieu de l'empreinte duquel il fera immédiatement graver, sous ses yeux, le degré de fusibilité des rondelles.

Les rondelles seront ensuite ajustées à la chaudière.

Dans le cas où le fabricant de machines se serait procuré des rondelles toutes faites, et qui auraient déjà été essayées et timbrées dans le lieu de leur fabrication, l'ingénieur n'aura d'autre soin à prendre que de vérifier les timbres indiquant les températures, avant que les rondelles soient ajustées à la chaudière (1).

En général, dans la vérification du degré de fusibilité du métal fusible, il faudra que l'ingénieur fasse attention qu'il ne s'agit pas de constater le degré où le métal devient parfaitement fluide, mais celui auquel le métal se ramollit assez pour céder à la pression de la vapeur. Cette distinction est importante, car les plaques de métal fusible sont susceptibles de perdre leur tenacité un peu avant d'arriver à la température qui détermine leur fusion parfaite. Le timbre doit, par conséquent, exprimer, non pas le degré de fusion parfaite, mais celui qui ramollit le métal d'une quantité suffisante pour rendre la plaque susceptible de s'ouvrir par la pression qu'elle éprouve sous cette température.

(1) Les fabricans trouveront du métal fusible pour toutes les températures requises, préparé d'après les indications de M. Gay-Lussac, membre de l'académie royale des sciences, chez M. Collardeau, rue de la Cerisaie, n.° 3, à Paris. (*Note de l'Auteur*).

La chaudière étant munie de ses tubes bouilleurs, de ses rondelles et de ses soupapes convenablement surchargées de poids, sera remplie d'eau, et on l'éprouvera à l'aide d'une presse hydraulique ou pompe de pression qui sera fournie par le fabricant, avec la main-d'œuvre nécessaire à son emploi.

La pression exercée devra être cinq fois plus forte que celle que la chaudière est destinée à supporter dans l'exercice habituel de la machine dont elle fera partie ; c'est-à-dire, par exemple, que si la chaudière est destinée à travailler à deux atmosphères, la pression d'épreuves sera portée à dix atmosphères.

Lorsque la chaudière aura résisté à cette épreuve, l'ingénieur y fera apposer, en sa présence, le timbre qui indiquera la pression à laquelle la machine devra habituellement travailler, exprimée en atmosphères.

Ce timbre consistera : 1.º en une plaque de cuivre, circulaire, frappée à la monnaie de Paris, portant en légende : *ordonnance du 29 octobre 1823*, et sur laquelle le nombre d'atmosphères et de demi-atmosphères sera marqué ; 2.º en trois vis de même métal, destinées à assujettir la plaque sur le corps de la chaudière au moyen de trous taraudés. Lorsque les vis auront été complètement enfoncées, l'ingénieur fera araser la tête de chaque vis à fleur de la plaque, de manière à faire disparaître la fente de cette tête. Il formera ensuite une empreinte sur la tête de chaque vis à l'aide d'un poinçon à fleurs de lys ayant un diamètre plus grand que celui de cette tête.

La plaque et les vis en cuivre seront fournis par le fabricant (1).

1 Les fabricans pourront s'en procurer de toute espèce, et au prix de la main-d'œuvre, à la monnaie royale des médailles, rue Guénégaud, n.º 8, à Paris.　　　　　(*Note de l'Auteur*).

Au moyen des dispositions qui précèdent, toutes les chaudières des machines à haute pression seront essayées au lieu même de leur fabrication, ce qui concentrera les épreuves dans un petit nombre de départemens.

S'il n'existe point de fabrique de chaudières dans le département, les opérations de l'ingénieur, à l'égard des chaudières qu'on y introduira pour le service, soit de machines à haute pression déjà permissionnées, soit de machines nouvelles et à permissionner, consisteront à vérifier les deux espèces de timbres que ces chaudières devront porter. Ces vérifications se feront aisément au moyen de *clichés*.

Un exemplaire de ces clichés est déposé aux archives de la préfecture, un autre au bureau de l'ingénieur des mines, ou, à son défaut, au bureau de l'ingénieur des ponts et chaussées.

Paris, le 7 mai 1825.

TABLE [1]

DES FORCES ÉLASTIQUES DE LA VAPEUR D'EAU A DIFFÉRENTES TEMPÉRATURES.

ÉLASTICITÉ de la vapeur en prenant la pression de l'atmosphère pour unité.	HAUTEUR de la colonne de mercure qui mesure l'élasticité de la vapeur.	TEMPÉRATURE correspondante sur le thermomètre centigrade.	PRESSION exercée de la vapeur sur un centimèt. carré de la soupape.
Atmosphères.	Mètres.	Degrés.	Kilogrammes.
1	0, 76	100	1, 033
1 1/2	1, 14	112 2	1, 549
2	1, 52	122	2, 066
2 1/2	1, 90	129	2, 582
3	2, 28	135	3, 099
3 1/2	2, 66	140 7	3, 615
4	3, 04	145 2	4, 132
4 1/2	3, 42	150	4, 648
5	3, 80	154	5, 165
5 1/2	4, 18	158	5, 681
6	4, 56	161 5	6, 198
6 1/2	4, 94	164 7	6, 714
7	5, 32	168	7, 231
7 1/2	5, 70	170 7	7, 747
8	6, 08	173	8, 264

1 Cette table a été dressée par l'académie des sciences.

ORDONNANCE DU ROI

RELATIVE A LA CONCESSION DE ROCHE-LA-MOLIÈRE ET
FIRMINY.

Du 30 août 1820.

Louis , par la grâce de Dieu , etc.

Sur le rapport de notre ministre , secrétaire d'état de l'intérieur ;

Vu notre ordonnance du 19 octobre 1814 , portant , art. 2 , que le sieur marquis D'Osmond est déclaré propriétaire incommutable des mines de houille de Roche-la-Molière et Firminy , département de la Loire ;

L'article 3 , ensemble les articles 11 et 12 de cette ordonnance ;

Le rapport et le règlement présentés les 24 décembre 1816 et 12 janvier 1817 , par les ingénieurs des mines départis ;

Les observations du sieur marquis D'Osmond , du 22 novembre 1816 , relatives au mode d'exécution du second considérant et de l'article 3 de ladite ordonnance ;

Les nouvelles observations , sous la date du 14 avril 1817 , présentées par les associés du titulaire et en son nom , sur le travail des ingénieurs des mines et portant référé aux premières observations ;

Celles des propriétaires de la surface du 4 avril 1817 , par lesquelles ils réclament contre la quotité des redevances proposées par les ingénieurs , invoquent les usages locaux et demandent une redevance supérieure à celle proposée ;

La lettre du préfet de la Loire, du 14 mars 1817, sur le travail des ingénieurs pour l'exécution de l'art 3 ;

Le rapport de l'inspecteur général des mines sur toutes les pièces de l'affaire, sous la date du 23 octobre 1817 ;

L'avis du 11 décembre 1817, délibéré en conseil général, les tableaux sous les n.ᵒˢ 1, 2 et 3, ensemble les projets de règlemens et tarifs y annexés, et l'avis de notre directeur général des ponts et chaussées et des mines ;

Les dernières observations présentées à notre consei d'état par le marquis D'Osmond, le 4 mai 1818 ;

Le marché passé entre les administrateurs des hospices de St-Etienne et le sieur Barthélemy Desjoyaux, le 23 août 1816, pour l'exploitation d'une houillière appartenant auxdits hospices ;

La lettre du S.ʳ Crozier, associé de M. D'Osmond, en date du 23 juillet 1818 ;

Un avis du comité de l'intérieur et du commerce, du 11 septembre 1818 ;

Un mémoire du S.ʳ Crozier, du 19 février 1819, et un nouveau rapport de notre directeur général des ponts et chaussées et des mines, du 14 mai 1819 ;

Notre conseil d'etat entendu,

Nous avons ordonné et ordonnons ce qui suit :

Art. 1.ᵉʳ La redevance en nature que le concessionnaire des mines de Roche-la-Molière et Firminy payera, en exécution de l'ordonnance du 19 octobre 1814, aux propriétaires de terrains où il exploitera des mines, est et demeure déterminée ainsi qu'il suit :

Pour les couches de deux mètres de puissance et au-dessus, à ciel ouvert, la redevance sera le quart du produit brut ; par puits, jusqu'à 5o mètres inclusivement, le sixième ; de 5o à 1oo mètres, le huitième ; de 1oo mètres à 15o mètres, le dixième ; de 15o à 2oo mètres, le douzième ; de 2oo mètres à 25o mètres, le quatorzième ; de 25o à 3oo mètres, le seizième ; et au-dessus de 3oo mètres, le vingtième.

Ces fractions diminueront d'un tiers pour les épaisseurs des couches de 2 à 1 mètre, de moitié pour les couches de 1 à $\frac{1}{2}$ mètre et de $\frac{3}{4}$ pour les couches au-dessous d'un demi-mètre ; le tout ainsi qu'il est expliqué au tableau ci-après :

Enfin toutes ces fractions seront réduites d'un tiers, dans le cas où le concessionnaire emploîrait la méthode d'exploitation, dite par *remblais*.

Néanmoins cette réduction n'aura lieu que dans le cas où il serait reconnu que l'application de cette méthode procure au moins l'enlèvement des cinq sixièmes de la houille contenue dans chaque tranche de couche en extraction.

TABLEAU DES REDEVANCES.

PROFONDEURS.	PUISSANCES DES COUCHES.			
	2 mètres et au-dessus.	2 à 1 mètre.	1 à 1/2 mètre.	au-dessous de 1/2 mètre.
A ciel ouvert.	1/4	1/6	1/8	1/16
Par puits, jusqu'à 50 mèt. inclusivement.	1/6	1/9	1/12	1/24
de 50 à 100 mètres .	1/8	1/12	1/16	1/32
de 100 à 150.	1/10	1/15	1/20	1/40
de 150 à 200.	1/12	1/18	1/24	1/48
de 200 à 250.	1/14	1/21	1/28	1/56
de 250 à 300.	1/16	1/24	1/32	1/64
au-dessus de 300 . .	1/20	1/30	1/40	1/80

2. Les nombres portés au tarif ci-dessus, à la colonne intitulée profondeur des puits, expriment les distances verticales qui existent entre le sol de chaque place d'accrochage (*ou recette de la houille à l'intérieur de la mine*), et le seuil bordant à l'extérieur l'orifice du puits, soit que l'extraction s'opère par des puits verticaux, soit qu'elle ait lieu par des puits inclinés, connus dans le département de la Loire, sous le nom de *fendues*.

3. Les puissances des couches de houille portées au tarif expriment les épaisseurs réunies des différens lits (ou mines) de houille dont se compose une même couche, distraction faite des bancs de rocher interposés entre ces lits.

4. La redevance sera délivrée, jour par jour, en nature, à moins que les propriétaires n'aiment mieux la recevoir en argent ; dans ce cas, elle sera payée chaque semaine par le concessionnaire, suivant le prix courant de la houille dans les marchés voisins.

5. Si le concessionnaire se propose de changer, en quoi que ce soit, la marche des travaux d'exploitation qui lui auront été prescrits par l'administration, en exécution de l'art. 12 de l'ordonnance du 19 octobre 1814, soit en transportant l'extraction de la houille sous des propriétés au-dessous desquelles elle ne devrait s'étendre qu'à une autre époque, d'après le plan d'exploitation qui aurait été arrêté, soit en faisant cesser l'exploitation de la houille sous des propriétés au-dessous desquelles ledit plan l'aurait établi, soit enfin de toute autre manière ; le concessionnaire ne pourra exécuter ces changemens et modifications qu'en se conformant aux instructions qui lui seront données par l'administration, aux termes de ladite ordonnance.

6. Lorsqu'il aura été reconnu nécessaire d'ouvrir un nouveau champ général d'exploitation, l'ouverture en sera autorisée et l'emplacement déterminé par notre ministre, secrétaire d'état de l'intérieur, sur le rapport de notre directeur général des ponts et chaussées et des mines, et sur le vu du tracé général des puits et autres ouvrages nécessaires pour aménager la nouvelle exploitation.

7. Toutefois une nouvelle ouverture de puits ou de galerie débouchant au jour, pourra avoir lieu avec la permission du préfet et sur le rapport des ingénieurs des mines, lorsque ce travail aura pour objet d'établir de simples communications d'airage ou de passage des ou-

vriers dans l'étendue d'un champ général d'exploitation précédemment autorisé par notre ministre, secrétaire d'état de l'intérieur.

8. Aussitôt que le concessionnaire portera les travaux d'extraction sous une nouvelle propriété superficielle, il en préviendra immédiatement le propriétaire, afin que celui-ci puisse, s'il ne juge pas convenable de s'en rapporter, soit aux registres, soit à la déclaration du concessionnaire, proposer un ouvrier ou un commis, à ses frais, pour vérifier le nombre de tonnes ou *bennes* de houille sorties de la mine, et s'assurer que la redevance est acquittée avec exactitude.

9. Si un propriétaire voisin d'une mine en exploitation présume que le concessionnaire travaille sous sa propriété, sans l'en avoir informé, il pourra s'adresser aux tribunaux, conformément aux art. 9 et 10 de la loi du 21 avril 1810.

10. En cas de contestation sur la quotité de l'extraction, le propriétaire pourra se pourvoir devant les tribunaux, afin de faire ordonner une expertise.

11. Le concessionnaire ne pourra abandonner tout ou partie des ouvrages souterrains pratiqués dans l'étendue d'un champ général d'exploitation, qu'il n'ait préalablement rempli les formalités prescrites par les art. 8 et 9 du règlement du 3 janvier 1813, concernant la police souterraine, et qu'il n'y ait été autorisé par le préfet, sur l'avis des ingénieurs des mines et après que les propriétaires de surfaces correspondantes intéressés auront été entendus.

Le concessionnaire sera tenu de notifier aux propriétaires intéressés l'autorisation du préfet, dans les huit jours qui suivront sa déchéance.

12. Dans le cas où l'abandon aurait lieu avant la notification de l'autorisation mentionnée en l'article précédent, les propriétaires pourront se pourvoir devant les tribunaux, à l'effet d'obtenir, aux frais du concessionnaire, l'ouverture des travaux abandonnés jusqu'au *vif-tir* au front des tailles, et en outre tels dommages–intérêts qu'il appartiendra.

Les propriétaires pourront aussi réclamer que l'exploitation des mines ainsi ouvertes, soit, s'il y a lieu, continuée d'office aux frais du concessionnaire, d'après le mode prescrit par notre ministre, secrétaire d'état de l'intérieur, conformément aux art. 49 et 50 de la loi du 21 avril 1810.

13. En cas de travaux d'exploitation ainsi exécutés d'office, les produits de l'extraction appartiendront au concessionnaire, déduction faite des frais et dépenses, et de la redevance en nature acquittée aux propriétaires de la surface.

14. Indépendamment des plans généraux, nécessaires ou tracés des travaux prescrits par les art. 11 et 12 de l'ordonnance du 19 octobre 1814, le concessionnaire fera lever sur l'échelle déterminée par les règlemens, les plans de détails nécessaires à la description complète des travaux souterrains et de leurs rapports avec les diverses propriétés de la surface.

Ces plans de détails seront dressés en double expédition, dont une restera aux mains du concessionnaire et l'autre sera déposée, aux époques prescrites, dans le bureau de l'ingénieur en chef.

Les propriétaires de surface pourront en tout temps prendre communication de ces plans au bureau de l'ingénieur en chef des mines ; et sur leur demande, il leur en sera délivré des expéditions certifiées , qu'ils payeront d'après le tarif qui restera déterminé par le préfet.

15. L'avancement des travaux des mines sera rapporté tous les trois mois sur les plans généraux , et les plans de détails mentionnés dans l'article précédent.

Ces plans seront certifiés par le concessionnaire , vérifiés par l'ingénieur ordinaire , et visés par l'ingénieur en chef. A la fin de chaque année , le concessionnaire fournira un nouveau plan général sur lequel l'ingénieur en chef tracera les profils des travaux à exécuter pendant l'exercice suivant , en exécution du projet général d'exploitation , qui , aux termes de l'art. 11 de l'ordonnance du 19 octobre 1814 , sera tracé par l'administration des mines , et approuvé par notre ministre , secrétaire d'état de l'intérieur , sur le rapport de notre directeur général ; ces tracés annuels seront soumis à l'approbation du préfet.

16. Les propriétaires des terrains au-dessous desquels les travaux devront être établis , seront tenus de fournir au bureau de l'ingénieur en chef , en simple expédition , et pour une fois seulement , les plans parcellaires de leurs propriétés. Ces plans seront dressés sur l'échelle adoptée par le cadastre , certifiés par un géomètre , vérifiés et visés par les ingénieurs des mines.

Le concessionnaire aura la faculté d'en obtenir des expéditions certifiées , qu'il payera d'après le tarif qui sera déterminé par le préfet.

17. Lorsque le concessionnaire n'aura pas remis, dans les délais prescrits par l'administration , les plans et expéditions qu'il est tenu de fournir en vertu des art. 14 et 15 du présent règlement , le préfet autorisera

l'ingénieur en chef des mines à faire exécuter ces plans d'office aux frais du concessionnaire, et il en règlera le prix, dont le recouvrement s'effectuera par la voie admise en matière de contributions directes.

18. Le préfet pourra de même autoriser la levée d'office des plans des surfaces au-dessous desquelles se trouveront les travaux du concessionnaire, lorsque les propriétaires seront dans le cas d'exercer leurs droits à la redevance en nature ; le prix de ces levées, réglé par le préfet, sera acquitté par les propriétaires proportionnellement à la superficie de leurs propriétés, et recouvré, s'il est nécessaire, par les voies admises en matière de contributions directes.

19. Conformément à l'art. 6 du règlement du 3 janvier 1813, relatif à la police souterraine, le concessionnaire tiendra, sur chaque exploitation en activité, un registre dans lequel seront inscrits, indépendamment de l'avancement journalier des travaux et des circonstances de l'exploitation dont il sera utile de conserver le souvenir, les noms, numéro et dimension des galeries et tailles d'exploitation, le nombre des ouvriers de différentes classes qui y sont employés, la puissance des couches de houille, le cubage de la houille excavée et la quotité de l'extraction exprimée en hectolitres, le cubage des parties de la mine remblayées, et des remblais descendus du jour, les noms des propriétaires sur les terrains desquels s'opère l'exploitation, avec l'indication de la redevance en nature qui leur revient suivant le tarif ci-annexé ; le tout conformément aux modèles et instructions qui leur seront transmis par la direction générale des mines.

20. Les contestations qui pourraient s'élever entre

les propriétaires et le concessionnaire , à raison du payement de la redevance en nature ou en argent, seront , aux termes des articles 87 , 88 , 89 , 90 , 91 et 92 de la loi du 21 avril 1810, portées devant les tribunaux.

En cas de contravention à la présente ordonnance , il sera procédé conformément aux articles 95 et 96 de ladite loi.

21. Notre ministre, secrétaire d'état de l'intérieur , est chargé de l'exécution de la présente ordonnance.

Donné en notre château des Tuileries , le trentième jour du mois d'août , l'an de grâce 1820 , et de notre règne le vingt-sixième.

Signé , Louis.

ORDONNANCE DU ROI [1]

CONTENANT REGLEMENT SUR LE MODE D'EXPLOITATION DU MINERAI DE FER DES TERRAINS HOUILLERS DU DÉPARTEMENT DE LA LOIRE.

Au château des Tuileries, le 21 novembre 1821.

Louis , par la grâce de Dieu , etc.

Sur le rapport de notre ministre , secrétaire d'état au département de l'intérieur ;

Sur ce qu'il nous a été représenté par notre ministre , secrétaire d'état au département de l'intérieur , qu'il est nécessaire de pourvoir , par un règlement général ,

1 Minerai de fer de la Loire , du 21 novembre 1821.

au mode d'exploitation du minerai de fer des terrains houillers du département de la Loire , lequel se pré-sente dans des gisemens qui n'avaient pas été exploités jusqu'ici ;

Notre conseil d'état entendu ,

Nous avons ordonné et ordonnons ce qui suit :

Art. 1.er Le minerai de fer , lorsqu'il se présentera à la surface du sol sans aucune connexité avec des couches de houille exploitables , et qu'il pourra être extrait à ciel ouvert , sans danger reconnu par l'administration pour son exploitation future , sera exploité conformément aux dispositions du titre 7 , section 2 de la loi du 21 avril 1810.

2. Le minerai de fer , quand il sera dans la profon-deur sans aucune connexité avec de la houille exploi-table , et toutes les fois qu'il y aura lieu de pousser des ouvrages souterrains , soit dans des terrains non compris dans une concession , ou dont le concessionnaire aurait été régulièrement déchu , soit dans des travaux abandon-nés de recherche et d'exploitation , ne pourra être exploité qu'en vertu d'un acte spécial de concession obtenu con-formément aux dispositions du titre 4 de la loi du 21 avril 1810 , et sous les réserves portées à l'article 70 de cette loi.

3. Le minerai de fer , lorsqu'il se présentera en con-nexité avec la houille exploitable , sera concédé , de pré-férence , au même concessionnaire que celui de la houille , à la charge par lui de payer , pour cette seconde con-cession , une rétribution nouvelle aux propriétaires du sol , de fournir le minerai de gré à gré , ou à dire d'experts , à l'usine qui sera déterminée par l'acte de concession , et sauf l'application , s'il y a lieu , de l'article 49 de la loi du 21 avril 1810.

4. Notre ministre secrétaire d'état de l'intérieur, est chargé de l'exécution de la présente ordonnance, qui sera insérée au bulletin des lois.

Donné en notre château des Tuileries, le 21 novembre, l'an de grâce 1821, et de notre règne le vingt-septième.

Signé Louis.

ORDONNANCE DU ROI. [1]

Paris, le 27 octobre 1824.

Charles, par la grâce de Dieu, etc.

Vu les demandes en concession formées pour le périmètre n.° 7 de l'arrondissement houiller de St-Etienne, département de la Loire;

Les actes notariés des 25 et 29 octobre 1823;

L'arrêté du préfet du 24 mars 1824, et les pièces à l'appui;

Le projet des clauses générales proposées par le même magistrat, le 13 du même mois, et les pièces y annexées;

Les avis du conseil général des mines, des 7 juillet, 18 et 27 août 1824, adoptés par notre conseiller d'état, directeur général des ponts et chaussées et des mines;

Vu toutes les pièces concernant les concessions demandées, et le plan général du périmètre n.° 7, présentant une subdivision en cinq concessions;

Notre conseil d'état entendu,

[1] Concession Ducros, 27 octobre 1824.

Nous avons ordonné et ordonnons ce qui suit :

Art. 1.er Il est fait concession au sieur Baron Bernon-de-Rochetaillée, sous le nom de concession Ducros, des mines de houille comprises dans les limites ci-après, conformément au plan général ci-annexé :

1.º Au *nord*, une ligne droite tirée de l'angle le plus au *nord* des bâtimens de Fontvielle à l'angle le plus à l'*est* des maisons de Bras-de-fer ;

2.º A l'*ouest* de ce dernier angle, une ligne droite tirée au point confluent des ruisseaux d'Ozon et du Furens ; de ce confluent, le cours du Furens, en remontant jusqu'au point le plus rapproché de l'angle sud-ouest de l'usine des Mottelières ;

3.º Au *sud*, de ce point pris sur le cours du Furens, une ligne droite tirée à l'angle *sud-ouest* des Mottelières ; de cet angle, une ligne droite tirée de la jonction des axes des deux chemins qui tendent de la Chaux et du Cros au petit Treuil ; de cette jonction, l'axe du chemin qui tend au Bessard jusqu'à la rencontre de l'axe d'un autre chemin qui tend aussi au Bessard, en passant par la Chaleaunière et le Marest ; enfin, de ce point de rencontre, une ligne droite terminée à la bonde de l'étang de Reveux ou de Molina ;

4.º A l'*est* de la bonde de l'étang de Reveux, une ligne droite tirée à l'angle le plus au *nord* des bâtimens de Soleymieux ; de cet angle, une autre ligne droite aboutissant à l'angle le plus au *nord* des bâtimens de Fontvielle, point de départ.

Les limites ci-dessus renferment une superficie de neuf kilomètres carrés, six hectares.

2. Le sieur *De Rochetaillée* remboursera à qui de droit la valeur des travaux de mines, machines et agrès

reconnus utiles à une bonne exploitation ultérieure , et dont il ne serait pas déjà en possession comme exploitant permissionné. Cette valeur sera réglée de gré à gré entre les parties , ou en cas de difficultés , suivant le mode prescrit par l'article 46 de la loi du 21 avril 1810.

3. Le sieur *De Rochetaillée* ou ses ayant-droit sont et demeurent affranchis des dispositions de l'arrêt du conseil de 1763 , portant réserve en faveur de la ville de St-Etienne , de la houille extraite dans un rayon de deux mille toises , à partir de la place de cette ville ¹.

4. La présente concession est faite en outre sous les clauses générales , en trente-sept articles , qui seront énoncées textuellement dans les ampliations de la présente ².

5. La présente ordonnance sera publiée et affichée aux frais du concessionnaire , dans les communes sur lesquelles s'étend la concession Ducros.

6. Nos ministres secrétaires d'état aux départemens de l'intérieur et des finances , sont chargés , chacun en ce qui les concerne , de l'exécution de la présente ordonnance , qui sera insérée par extrait au bulletin des lois.

Donné en notre château des Tuileries , le 27ᵉ jour du mois d'octobre de l'an de grâce 1824 , et de notre règne le premier.

Signé CHARLES.

Par le Roi,

Le Ministre de l'intérieur ,

Signé CORBIÈRE.

---

1 Voir la carte du territoire houiller du département de la Loire.
2 Nous donnons ces clauses générales à la suite de la seconde ordonnance de concession ci-après , en date du 17 novembre 1824.

ORDONNANCE DU ROI.

Paris, le 17 novembre 1824.

Charles, par la grâce de Dieu, roi de France et de Navarre,

A tous ceux qui ces présentes verront, salut.

Sur le rapport de notre ministre secrétaire d'état au département de l'intérieur ;

Vu les demandes en concession formées pour le périmètre n.° 14, de l'arrondissement houiller de Saint-Etienne, département de la Loire ;

L'acte de conciliation du 26 mai 1824, enregistré le 28 du même mois ;

L'arrêté du préfet du 31 du même mois, et les pièces à l'appui ;

Le projet de clauses générales proposé par le même magistrat, le 13 mars précédent, et les pièces y annexées ;

Les avis du conseil général des mines des 7 juillet et 11 août 1824, adoptés par notre conseiller d'état, directeur général des ponts et chaussées et des mines ;

Vu les oppositions, demandes en concurrence et toutes les pièces relatives aux concessions demandées, et le plan général du périmètre n.° 14, présentant une subdivision en cinq concessions ; ledit plan annexé à notre ordonnance de ce jour, relative à la concession de *Corbeyre*, faisant partie du même périmètre.

Notre conseil d'état entendu,

Nous avons ordonné et ordonnons ce qui suit :

Art. 1.er Il est fait concession, sous le nom de concession de la *Montagne du feu*,

Aux sieurs Madignier et consors, désignés dans l'acte de conciliation du 26 mai 1824 ;

Camille Crozet, Meunier, Bignon et consors, désignés dans le même acte ;

Camille Crozet, Dumas et consors, désignés dans le même acte ;

Concession des mines de houille comprises dans les limites ci-après :

A l'est, du pont du Sardon sur le ruisseau de Dureize, l'axe du chemin qui tend à Gravenand, jusqu'à l'angle le plus au nord de la maison Réocreux ; de là, une ligne droite tirée au clocher de Saint-Genis-terre-noire.

Au nord de ce clocher, une ligne droite tirée à l'angle A le plus au *nord* des maisons de la Josserandière, et terminée à son intersection avec l'axe du ruisseau de Dureize.

A l'ouest de cette intersection l'axe du ruisseau de Dureize jusqu'au pont du Sardon, sur ledit ruisseau, point de départ.

Les limites ci-dessus renferment une superficie de soixante-dix-neuf hectares.

2. La présente concession est faite sous les clauses générales, en trente-sept articles, insérées dans notre ordonnance du 27 octobre 1824, relative à la concession Ducros (périmètre n.º 7, de l'arrondissement de Saint-Etienne), et qui seront énoncées textuellement dans les ampliations de la présente.

3. Les titulaires de la concession de la *Montagne du*

feu déjà réunis en société, règleront entre eux , s'ils ne l'ont déjà fait , le mode social suivant lequel les travaux des mines qu'ils possèdent isolément, devront être mis à profit , comme travaux d'une seule et même concession.

La convention par laquelle ce mode sera déterminé, devra être soumise à l'approbation du préfet, en tout ce qui concerne les travaux d'exploitation desdites mines. Toutes contestations relatives aux travaux faits par l'un ou l'autre titulaire , seront décidées par le conseil de préfecture , en exécution de l'article 46 de la loi du 11 avril 1810.

4. La présente ordonnance sera publiée, et affichée aux frais des concessionnaires , dans les communes sur lesquelles s'étend la concession de.......

5. Nos ministres secrétaires d'état, etc.

CLAUSES GÉNÉRALES.

Art. 1.er Dans le délai de trois mois , à dater de la notification de l'ordonnance de concession , il sera posé des bornes sur tous les points servant de limites à la concession , où cette mesure sera reconnue nécessaire. L'opération aura lieu aux frais du concessionnaire , à la diligence du préfet , et en présence de l'ingénieur en chef des mines , qui en dressera procès-verbal. Les frais de bornement entre des concessions contiguës seront supportées en commun par les titulaires de ces concessions.

L'étendue en surface de la concession , calculée sur les plans produits et sur l'atlas général de la topographie du terrain houiller du département de la Loire , sera inscrite sur le plan des concessions.

3. Le concessionnaire payera à l'état les redevances

fixe et proportionnelle établies par les articles 33 et 34 de la loi du 21 avril 1810, ainsi qu'il est déterminé par le décret du 6 mai 1811. L'étendue de la concession, déterminée ainsi qu'il est dit à l'article précédent, servira de base à l'assiette de la redevance fixe.

4. Le concessionnaire payera aux propriétaires de la surface les indemnités voulues par les art. 43 et 44 de la loi du 21 avril 1810, relativement aux dégâts et non-jouissances de terrains occasionés par les exploitations.

Le droit attribué aux propriétaires de la surface, par l'article 5 de la loi du 21 avril 1810, sur le produit des mines concédées, est réglé à une redevance en nature, proportionnelle aux produits de l'extraction, laquelle sera payée par le concessionnaire aux propriétaires des terrains sur lesquels il exploitera. Cette redevance est et demeure fixée ainsi qu'il suit :

Pour les couches de deux mètres de puissance et au-dessus, à ciel ouvert, la redevance sera le quart du produit brut ; par puits, jusqu'à cinquante mètres inclusivement, le sixième ; de cinquante à cent mètres, le huitième ; de cent à cent cinquante mètres, le dixième ; de cent cinquante à deux cents mètres, le douzième ; de deux cents à deux cent cinquante mètres, le quatorzième ; de deux cent cinquante à trois cents mètres, le seizième ; et au-delà de trois cents mètres, le vingtième.

Ces fractions diminueront d'un tiers pour les épaisseurs des couches de deux à un mètre ; de moitié pour les épaisseurs d'un à un demi-mètre, et de trois-quarts pour les couches au-dessous d'un demi-mètre ; le tout ainsi qu'il est indiqué au tableau suivant.

Enfin, toutes ces fractions seront réduites d'un tiers, dans le cas où le concessionnaire emploierait la méthode d'exploitation dite par *remblai*. Néanmoins cette réduction n'aura lieu que dans le cas où il sera reconnu que le remblai occupera la huitième partie au moins des excavations opérées , et que la méthode procurera l'enlèvement des cinq sixièmes au moins de la houille contenue dans chaque tranche de couche en extraction.

Le remblai s'entendra des matières transportées et disposées de manière à soutenir le toit des excavations , et non des débris détachés du toit de la couche , soit par éboulement naturel , soit artificiellement.

TABLEAU

DES REDÉVANCES A PAYER AUX PROPRIÉTAIRES DE LA SURFACE PAR LES CONCESSIONNAIRES.

PROFONDEURS.	PUISSANCES DES COUCHES.			
	2 mètres et au-dessus.	2 à 1 mètre.	1 à 1/2 mètre.	au-dessous de 1/2 mètre.
A ciel ouvert.	1/4	1/6	1/8	1/16
Par puits, jusqu'à 50 mèt. inclusivement.	1/6	1/9	1/12	1/24
de 50 à 100 mètres .	1/8	1/12	1/16	1/32
de 100 à 150.	1/10	1/15	1/20	1/40
de 150 à 200.	1/12	1/18	1/24	1/48
de 200 à 250.	1/14	1/21	1/28	1/56
de 250 à 300.	1/16	1/24	1/32	1/64
au-delà de 300.	1/20	1/30	1/40	1/80

Les dispositions du tarif ci-dessus seront applicables lorsqu'il n'existera pas de conventions antérieures entre le concessionnaire et les propriétaires de la surface. S'il existe de semblables conventions, elles seront exécutées, pourvu toutefois qu'elles ne soient pas contraires aux règles qui seront prescrites, en vertu de l'acte de concession, pour la conduite des travaux souterrains et dans les vues d'une bonne exploitation. Dans le cas opposé, elles ne pourront donner lieu, entre les parties intéressées, qu'à une action en indemnité.

6. Les nombres portés dans le tarif ci-dessus, à la colonne *profondeurs*, expriment les distances verticales qui existent entre le sol de chaque place d'*accrochage* (ou recette) de la houille à l'intérieur de la mine, et le seuil bordant à l'extérieur l'orifice du puits, soit que l'extraction s'opère par un puits vertical, soit qu'elle ait lieu par un puits incliné (ou fendue). Le cas arrivant ou la tonne (ou benne) qui contient la houille, serait accrochée au bas d'un plan incliné sur le prolongement d'un puits vertical, la profondeur ne sera comptée qu'à partir de la naissance du puits vertical.

7. Les puissances des couches de houille, portées au tarif, expriment les épaisseurs réunies des différens lits (ou mises) de houille dont se compose une même couche, déduction faite des bancs de rocher interposés entre ces lits. Toutefois, la déduction aura lieu seulement à l'égard des bancs ou bandes de rochers qui se seront présentés avec continuité, sur une surface de cent mètres carrés au moins, avec une épaisseur moyenne de dix centimètres et au-dessus.

8. La redevance sera délivrée jour par jour, en nature, à moins que les propriétaires n'aiment mieux la recevoir

en argent. Dans ce cas, elle sera payée par semaine par le concessionnaire, suivant le prix courant de la houille de même qualité dans les concessions voisines.

Les propriétaires devront déclarer au concessionnaire en quelle valeur ils veulent percevoir leur redevance, soit en nature, soit en argent ; et cette déclaration sera obligatoire, jusqu'à l'abandon de la couche en exploitation au moment où la déclaration aura été faite.

9. Aussitôt que le concessionnaire portera les travaux d'extraction sur une nouvelle propriété superficielle, il sera tenu d'en informer le propriétaire, lequel pourra placer, à ses frais, sur la mine, un préposé pour vérifier le nombre de tonnes ou bennes de houille sorties de la mine.

10. Le concessionnaire se conformera aux instructions qui lui seront données par l'administration et par les ingénieurs des mines du département, d'après les observations auxquelles la visite et la surveillance de ses travaux pourront donner lieu, ainsi qu'aux conditions spéciales ci-après :

11. Le concessionnaire maintiendra jusqu'à leur entier épuisement l'activité des exploitations existantes dans l'étendue de sa concession.

12. Dans les quatre mois qui suivront la notification de l'ordonnance, le concessionnaire adressera au préfet du département les plans et coupes des exploitations existantes, dressées sur l'échelle d'un millimètre par mètre, et divisée en carreaux de dix en dix millimètres. Ces plans seront accompagnés des profils et du tracé circonstanciés des travaux que le concessionnaire se propose d'exécuter comme développement des travaux existans lors de sa prise de possession. Il y joindra un mémoire explicatif.

13. Chaque année , dans le courant de janvier , le concessionnaire adressera au préfet les plans et coupes des travaux exécutés pendant l'année précédente. Ces plans , dressés dans les mêmes proportions que celles qui ont été désignées à l'article 12 , seront vérifiés , s'il y a lieu , par les ingénieurs des mines.

14. Sur la projection horizontale des plans fournis en exécution des deux articles précédens , le concessionnaire tracera les limites des propriétés territoriales de la surface du sol.

15. Dans le cas où des circonstances imprévues obligeraient à apporter quelques modifications aux plans généraux d'exploitation , le concessionnaire sera tenu d'en faire immédiatement la déclaration au préfet du département.

16. Il ne pourra être procédé à l'ouverture d'un nouveau puits vertical ou incliné (fendue), partant du jour , pour être mis en communication avec des travaux existans , sans que le concessionnaire en ait fait la déclaration au préfet, trois mois au moins à l'avance.

17. Lorsque le concessionnaire voudra ouvrir un nouveau champ d'exploitation , dont les ouvertures à pratiquer au jour ne devraient pas être mises en relation , au moins prochaine, avec des travaux déjà existans , il en fera la déclaration au préfet , six mois à l'avance.

Cette déclaration sera accompagnée :

1.º De la désignation des propriétés territoriales que le nouveau champ d'exploitation devra embrasser ;

2.º Du tracé des travaux que le concessionnaire se proposera d'exécuter , accompagné d'un mémoire explicatif.

Un extrait de la déclaration , rédigé par l'ingénieur ,

sera affiché pendant un mois à la porte de chacune des mairies que renferme le périmètre de la concession.

18. A l'expiration du terme exigé pour la publication de la déclaration du concessionnaire, le préfet, sur le rapport des ingénieurs qui constaterait dans le projet d'exploitation des vices susceptibles de compromettre la sûreté et la conservation, soit de la mine concédée, soit des concessions voisines, pourra modifier, suspendre ou interdire l'exécution de tout ou partie des ouvrages projetés qu'il reconnaîtrait avoir ce résultat, sauf à rendre compte immédiatement à notre ministre de l'intérieur.

19. L'exploitation de toute mine dans laquelle il sera constaté par un procès-verbal de l'ingénieur, qu'on ne suit plus le plan d'exploitation conforme à la déclaration du concessionnaire, ou aux modifications adoptées par le préfet, pourra être mise en surveillance de police ; il sera, à cet effet, placé, aux frais du concessionnaire, un garde-mine, ou tout autre préposé nommé par le préfet, à l'effet de lui rendre un compte journalier de l'état des travaux, et de proposer telle mesure de police qu'il jugera nécessaire.

La surveillance de police pourra également être ordonnée par le préfet, dans le cas d'inexécution de la part du concessionnaire [1], des obligations qui lui sont imposées par les art. 11, 12, 13, 14, 15, 16, 17 et 18 de la présente ordonnance.

20. Les frais auxquels donnera lieu l'application des deux articles ci-dessus, et la levée des plans qui pourra être ordonnée d'office par le préfet, lorsque le concessionnaire, mis en demeure, ne les aura pas fournis,

1 Décret du 3 janvier 1813, page 164.

ment en sera poursuivi comme il est prescrit en matière de grande voirie.

21. Le concessionnaire ne pourra abandonner tout ou partie notable des ouvrages souterrains pratiqués dans l'étendue d'un champ d'exploitation, qu'il n'ait préalablement rempli les dispositions prescrites par les art. 8 et 9 du règlement du 3 janvier 1813 [1], et que sa déclaration n'ait été publiée et affichée conformément à l'article 17 de la présente ordonnance. Il sera tenu de notifier aux propriétaires intéressés l'autorisation du préfet, dans les huit jours qui suivront son obtention.

22. Le concessionnaire, dans les cas prévus par les articles 1 et 2 de l'ordonnance du 21 novembre 1821, n'aura aucun privilége pour l'exploitation des minerais de fer existant dans l'étendue de sa concession des mines de houille.

L'exécution de ces deux articles aura lieu au profit des propriétaires d'usines et autres parties intéressées, de la même manière qui était en usage avant la concession de la mine de houille.

23. Jusqu'à ce que la concession des minerais de fer carbonaté lythoïde gisant en connexité avec la houille ait été accordée, le concessionnaire des mines de houille sera tenu d'exploiter les minerais pour les livrer aux usines établies dans le voisinage avec autorisation légale. Sur leur demande, et après que la convenance de cette exploitation, sous le rapport de l'art et des besoins des consommateurs, aura été reconnue par le préfet, le prix du minerai sera réglé à l'amiable ou à dire d'experts.

24. Dans le cas où le concessionnaire n'ayant pas usé

[1] Décret du 3 janvier 1813, page 164.

18

du droit de préférence qui lui est réservé par l'art. 3 de ladite ordonnance, la concession du minerai serait accordée à un tiers, il sera tenu de se soumettre aux charges imposées par le nouvel acte de concession, pour que l'exploitation du minerai puisse avoir lieu dans l'étendue de sa concession de mines de houille, et sous la réserve des indemnités auxquelles il aurait droit, conformément à l'article 46 de la loi du 21 avril 1810, pour l'usage des voies souterraines et d'autres moyens d'exploitation qui lui appartiendraient.

25. Dans le cas où le Gouvernement reconnaîtrait nécessaire à la sûreté ou à la prospérité des exploitations, de faire exécuter des travaux d'art souterrains ou extérieurs, communs à plusieurs exploitations, tels que voies d'airage, galeries d'écoulement, grands moyens d'épuisement des eaux, le concessionnaire sera tenu de souffrir l'exécution de ces travaux dans l'étendue de sa concession.

26. Il sera pourvu à l'établissement des travaux ci-dessus désignés par un règlement d'administration publique, après que les parties auront été entendues.

Ce règlement déterminera la proportion dans laquelle chaque concessionnaire intéressé devra contribuer, et le recouvrement des dépenses aura lieu comme en matière de contributions directes, le tout conformément aux règles prescrites par la loi du 4 mai 1803 (14 floréal an 11).

27. La conservation des travaux mentionnés à l'art. 25, sera placée sous la surveillance spéciale des ingénieurs des mines du département, qui devront rédiger et présenter au préfet les devis des dépenses d'entretien jugées nécessaires. Ces dépenses seront réparties entre les concessionnaires intéressés, par un arrêté du préfet,

et le montant en sera recouvré comme celui des frais de premier établissement.

28. Dans le cas où des travaux d'exploitation auraient lieu sur les mêmes couches , dans deux concessions contiguës , le préfet du département pourra ordonner , sur le rapport des ingénieurs des mines , qu'un massif de houille (invétison) soit réservé intact sur chaque couche , près de la limite commune aux deux concessions , pour éviter que les exploitations soient mises en communication d'une manière préjudiciable à l'une ou à l'autre.

L'épaisseur des massifs sera déterminée par l'arrêté du préfet qui en ordonnera la réserve. Cette épaisseur sera toujours prise par moitié sur chacune des deux concessions.

Les massifs ne pourront être traversés ou entamés par un ouvrage quelconque , que dans le cas où le préfet , après avoir entendu les concessionnaires intéressés , et sur le rapport des ingénieurs des mines , aura pris un arrêté pour autoriser cet ouvrage , et prescrit le mode suivant lequel il devra être exécuté. Il en sera de même pour le cas où , l'utilité des massifs ayant cessé, un arrêté du préfet pourra autoriser chaque concessionnaire à exploiter la portion qui lui appartiendra (1).

(1) Il était d'usage , dans le département de la Loire , de laisser un massif ou invétison entre chaque mine , de dix mètres d'épaisseur de chaque côté. Cet usage s'était introduit ensuite de l'arrêt de règlement pour l'exploitation des mines de houille du ci-devant Boulonnais , du 14 mars 1784 , dont l'art. 5 est ainsi conçu :

« Ordonne Sa Majesté, aux extracteurs de charbon de laisser » chacun de leur côté un massif de l'épaisseur de cinq toises , entre » l'extrémité de ses travaux et ceux de son voisin ; sauf lors de » l'entier épuisement de leurs mines respectives à exploiter chacun » en droit soi, le charbon qui pourrait rester dans le massif for- « mant la partie intermédiaire des deux extractions. Ordonne pa-

29. La houille menue et les débris susceptibles de s'enflammer spontanément dans l'intérieur des mines ,

» reillement , qu'en cas d'abandon de l'une de ces mines avant la
» cessation de l'autre , celui qui abandonnera le premier la sienne ,
» fermera hermétiquement les communications , et notamment les
» puits ou tourets inférieurs , avec les boisages et glaisages accou-
» tumés en pareille circonstance , en y appelant son voisin à l'effet
» d'en constater la solidité. »

Une foule de conventions particulières , ainsi que des décisions des autorités locales , établissent cet usage , notamment les arrêtés de M. le préfet de la Loire , des 11 fructidor an 9 (29 août 1801), 14 juin 1808 et 10 octobre 1826 , et un jugement du tribunal de première instance de Saint-Etienne , du 14 août 1810. Néanmoins, des personnes qui avaient invoqué cet usage , dans une circonstance où il leur était favorable , ont nié son existence , dans une autre. Dans un procès , porté à la cour royale de Lyon , relatif à une invétison , cette cour , par arrêt du 21 août 1824 , a considéré que la loi du 21 avril 1810 , n'impose pas la nécessité de laisser d'invétison ; que néanmoins , l'article 45 de cette même loi , dispose que , lorsque par l'effet du voisinage , ou pour toute autre cause , les travaux d'une mine occasioneraient des dommages à l'exploitation d'une autre mine , il y aurait lieu à indemnité d'une mine en faveur de l'autre , et que le règlement en serait fait par expert ; en conséquence , se décidant par ce principe , la cour a ordonné une vérification et évaluation des dommages par experts.

Sans manquer de respect à la cour , et sans entendre porter atteinte à la chose jugée , ne pourrait-on pas dire que la cour , sans se mettre en opposition avec la loi , aurait pu prendre en considération l'usage établi , et même en faire l'application , conformément à l'art. 55 de la loi du 21 avril 1810 , attendu que l'art. 45 de la même loi ne dispose que d'une manière générale et pour les pays seulement où il n'existe aucun usage antérieur ? Cette opinion paraît d'autant plus fondée , que le Gouvernement même a pris en considération , dans les concessions qu'il a accordées depuis la loi de 1810 , l'importance ou la nécessité de laisser des invétisons , suivant les circonstances, puisqu'il réfère aux administrations le pouvoir de les ordonner et d'en déterminer l'épaisseur.

Cette sage disposition peut prévenir des difficultés , en ce qu'elle supplée à la disposition générale de la loi , et fait disparaître toute

seront transportés au jour , au fur et à mesure de l'avancement des travaux , à moins d'une autorisation spéciale du préfet , délivrée sur le rapport des ingénieurs des mines.

incertitude sur l'existence des anciennes coutumes , ou sur leur application. Mais , il serait à désirer que cette mesure fût obligatoire de droit pour toutes les exploitations , au lieu de n'être que facultative et de circonstance , sauf à laisser à MM. les préfets la faculté des exceptions à cette règle , dans le cas où il serait reconnu et constaté que la communication n'entraînerait aucun danger.

L'objection qui a été faite à ce raisonnement dans une affaire particulière , qu'il est des exploitations dont le peu d'étendue ferait perdre une trop grande quantité de houille en laissant ces massifs , et que l'intérêt public demande qu'on extraie la totalité de la houille, ou le plus possible ; cette objection, disons-nous, toute judicieuse qu'elle paraisse au premier aperçu, ne nous semble pas mieux fondée pour cela.

En effet , l'intérêt public , bien compris , semble opposé à ce raisonnement , parce que , 1.° avec les moyens connus et employés maintenant , on pourrait toujours à la fin de l'exploitation d'une mine , extraire le massif qui aurait été laissé pour l'invétison ; 2.° si une exploitation venait à être inondée , de manière à ne pas pouvoir être desséchée , les exploitations voisines pourraient être préservées par l'invétison ; et il est bien clair qu'il vaut mieux sacrifier la partie que le tout.

Que l'on examine ce qui a lieu à Rive-de-Gier , où plusieurs exploitations sont inondées par suite de leurs communications. La hausse subite du prix de la houille , soit à Rive-de-Gier, soit à Saint-Etienne , en a été la conséquence. Nous nous abstiendrons de faire aucune réflexion sur les mesures prises ou à prendre pour y remédier , l'autorité est là , et il ne nous appartient pas de lui dicter ses devoirs.

Il serait également à désirer que le gouvernement prît des mesures rigoureuses contre les empiétations souterraines , que certains extracteurs se permettent, ce qui donne lieu à des procès ruineux. Il serait d'autant plus à propos de mettre un frein à l'avidité criminelle de ceux qui ne respectent pas ce genre de propriété , que le mal s'opère dans les ténèbres , et que la partie lésée ne se plaint souvent que lorsqu'il ne lui reste aucun moyen pour établir le tort qu'elle éprouve , ou , si elle l'établit , elle ne reçoit qu'une indemnité illusoire. Juillet 1827.

3o. Le concessionnaire sera tenu de se conformer aux mesures qui seront prescrites par l'administration pour prévenir les dangers résultant de la présence du gaz hydrogène et de son explosion dans les mines , et de supporter les charges qui pourront , à cet effet, lui être imposées.

31. Les machines d'extraction placées à l'orifice des puits verticaux ou inclinés , devront toujours être garnis d'un frein en bon état.

32. En exécution des décrets des 18 novembre 1810 et 3 janvier 1813 , et indépendamment du plan des travaux souterrains, le concessionnaire tiendra constamment en ordre , sur chaque exploitation , 1.º un registre constatant l'avancement journalier des travaux et les circonstances extraordinaires de l'exploitation ; 2.º un registre indiquant le nom des propriétaires sous les terrains desquels il exploite ; 3.º un registre de contrôle journalier des ouvriers employés aux travaux extérieurs et intérieurs ; 4.º un registre d'extraction et de vente. Il communiquera ces registres aux ingénieurs des mines lors de leurs tournées ; il transmettra en outre au préfet , tous les ans , et au directeur général des mines , toutes les fois qu'il en fera la demande , l'état certifié des ouvriers et celui de la quantité de houille extraite dans l'espace de temps qui lui sera indiqué.

33. En exécution de l'article 14 de la loi du 21 avril 1810 , le concessionnaire ou ses ayant cause ne pourront confier la direction de leurs exploitations qu'à un individu qui justifiera de la capacité nécessaire pour bien conduire les travaux.

Lorsqu'une concession sera exploitée par une société en nom collectif , cette société sera tenue de désigner , par une déclaration authentique , faite au secrétariat de la préfecture , celui des membres , ou toute autre personne qu'elle aura pourvu des pouvoirs nécessaires pour correspondre en son nom avec l'autorité administrative , et en général pour la représenter vis-à-vis de l'administration , tant en demandant qu'en défendant.

34. Le concessionnaire procurera un libre accès dans ses mines aux élèves externes de l'école royale des mines de Paris , qui seraient envoyés en mission ou en voyage d'instruction par le directeur général des ponts et chaussées et des mines.

Il sera tenu de procurer aussi , tous les deux ans , un libre accès dans chacune de ses exploitations , à cinq élèves de l'école royale des mineurs à St-Etienne , pendant une semaine , sur l'invitation qui lui en sera faite par le directeur de cette école. Ce temps de visite des élèves pourra être employé à des levers de plans souterrains , à des levers de machines , ou à des travaux manuels dans la mine , tels que l'entaille de la houille ou de la roche , le boisage , etc.

35. En cas d'abandon des mines ou de renonciation à la concession , il en préviendra le préfet , par pétition régulière , au moins six mois à l'avance , pour qu'il puisse être pris les mesures convenables , soit pour sauver les droits des tiers par la publication qui sera faite de la pétition , soit pour la reconnaissance complète , la conservation , ou , s'il y a lieu , l'abandon définitif des travaux.

36. Il y aura particulièrement lieu à l'exercice de la surveillance de l'administration des mines , en exécution des articles 47 à 50 de la loi du 21 avril 1810 , et du titre II du règlement du 3 janvier 1813 , si la pro-

priété de la concession vient à être transmise d'une manière quelconque par le concessionnaire , soit à un autre individu, soit à une société. Le cas échéant, le titulaire de la concession sera tenu de se conformer exactement aux conditions prescrites par l'acte de concession.

37. Le concessionnaire se conformera d'ailleurs aux lois, ordonnances et règlemens intervenus ou à intervenir sur le fait des mines, et notamment aux dispositions des articles 15 , 16 , 22 et 25 du décret du 3 janvier 1813.

Le ministre secrétaire d'état de l'intérieur ,

Signé CORBIÈRE.

Pour ampliation :

Le conseiller d'état , directeur général des ponts et chaussées et des mines ,

Signé BECQUEY.

Pour copie conforme :

Le secrétaire général de la préfecture ,

Signé TURGE.

ORDONNANCE DU ROI

Portant que les fours à plâtre et à chaux cessent d'être compris dans la première classe des manufactures et ateliers qui répandent une odeur insalubre ou incommode.

Du 29 juillet 1818.

Louis , par la grâce de Dieu , etc.

Vu le décret du 15 octobre 1810 , relatif aux manufactures et ateliers qui répandent une odeur insalubre ou incommode ,

Notre ordonnance du 14 janvier 1815 , sur le même objet , et la nomenclature , divisée en trois classes , qui s'y trouve annexée ;

Voulant accorder , pour la formation et le déplacement de celles desdites fabriques dont l'exploitation présente le moins d'inconvéniens , les facilités que nous a paru réclamer l'intérêt de l'industrie ;

Notre conseil d'état entendu ,

Nous avons ordonné et ordonnons ce qui suit :

Art. 1.er A compter de la publication de la présente ordonnance , les fours à plâtre et les fours à chaux permanens cessent d'être compris dans la première classe des manufactures et ateliers qui répandent une odeur insalubre ou incommode.

2. Ces mêmes fours feront désormais partie des établissemens de deuxième classe ; leur création , en conséquence , ou leur déplacement, ne seront soumis qu'aux formalités prescrites par l'article 7 du décret du 15 octobre 1810.

3. Toutes les permissions concernant des établissemens de la nature dont il s'agit, provisoirement accordées par notre ministre secrétaire d'état de l'intérieur,
depuis le 1.er janvier 1816, par suite d'instructions
rendues en conformité des articles 3, 4 et 5 du décret
du 15 octobre 1810, sont et demeurent confirmées.

4. Notre ministre secrétaire d'état au département de
l'intérieur est chargé de l'exécution, etc.

ORDONNANCE DU ROI

Ayant pour objet de prévenir les dangers qui peuvent résulter de la
fabrication et du débit des différentes sortes de poudres et matières
détonantes et fulminantes.

Du 25 juin 1823.

Louis, par la grâce de Dieu, etc.

Voulant prévenir les dangers qui peuvent résulter de
la fabrication et du débit des différentes sortes de poudres
et matières détonantes et fulminantes, sans empêcher
néanmoins l'emploi de celles de ces préparations qui
ont été reconnues propres soit à amorcer des armes à
feu, soit à faire des étoupilles, des allumettes ou autres
objets du même genre, utiles aux arts;

Notre conseil d'état entendu,

Nous avons ordonné et ordonnons ce qui suit:

Art. 1.er Les fabriques de poudres ou matières détonantes et fulminantes, de quelque nature qu'elles soient,
et les fabriques d'allumettes, d'étoupilles ou autres objets
du même genre, préparés avec ces sortes de poudres ou

matières , feront partie de la première classe des établissemens insalubres ou incommodes , dont la nomenclature est annexée à notre ordonnance du 14 janvier 1815.

2. Les préfets sont autorisés , conformément à l'art. 5 de notre ordonnance précitée , à faire suspendre l'exploitation des fabriques désignées dans l'art. 1.er, *qui auraient été établies jusqu'à ce jour* dans des emplacemens non isolés des habitations.

3. Les fabricans de poudres ou matières détonantes et fulminantes tiendront un registre légalement coté et paraphé , sur lequel ils inscriront , jour par jour , de suite et sans aucun blanc , les quantités fabriquées et vendues , ainsi que les noms , qualités et demeures des personnes auxquelles ils les auront livrées.

4. Les fabricans d'allumettes , étoupilles et autres objets de la même espèce , préparés avec des poudres ou matières détonantes et fulminantes , tiendront également un registre en bonne forme sur lequel ils inscriront , au fur et à mesure de chaque achat , le nom et la demeure des fabricans qui leur auront vendu lesdites poudres ou matières.

5. Les marchands détaillans d'amorces pour les armes à feu à piston , et les marchands détaillans d'allumettes , d'étoupilles ou autres objets du même genre préparés avec des poudres détonantes et fulminantes , ne sont point soumis aux formalités prescrites par l'article 1.er ; mais ils seront tenus de renfermer ces différentes préparations dans des lieux sûrs et séparés , dont ils auront seuls la clef.

Il leur est défendu de se livrer à ce commerce sans en avoir préalablement fait *leur déclaration* par écrit , savoir : dans Paris , à la préfecture de police , et dans les communes , à la mairie , afin qu'il soit vérifié si leur local est convenablement disposé pour cet usage.

6. Les poudres et matières détonantes et fulminantes ne pourront être employées qu'à la fabrication des amorces propres aux armes à feu , des allumettes , des étoupilles et autres objets d'une utilité reconnue.

7. Les contrevenans aux dispositions prescrites par la présente ordonnance , seront poursuivis devant les tribunaux de police , sur les procès-verbaux ou rapports des agens de la police administrative et judiciaire.

8. Notre ministre et secrétaire d'état au département de l'intérieur est chargé de l'exécution , etc.

ORDONNANCE DU ROI

RELATIVE AUX ÉTABLISSEMENS D'ÉCLAIRAGE PAR LE GAZ HYDROGÈNE.

Du 20 août 1824.

Louis , par la grâce de Dieu , etc.

Vu notre ordonnance du 10 septembre 1823 , délibérée en notre conseil d'état , sur le rapport du comité du contentieux , portant qu'il n'existe pas de classification légale pour les entreprises d'éclairage par le gaz hydrogène ;

Vu le décret du 15 octobre 1810 et notre ordonnance du 14 janvier 1815 ;

Notre conseil d'état entendu ,

Nous avons ordonné et ordonnons ce qui suit :

Art. 1.er Tous les établissemens d'éclairage par le gaz hydrogène , tant les usines où le gaz est fabriqué , que les dépôts où il est conservé, sont rangés dans la seconde classe des établissemens incommodes, insalubres ou dangereux ; et néanmoins ils ne pourront être autorisés qu'en se conformant aux mesures de précaution portées dans l'instruction annexée à la présente ordonnance, sans préjudice de celles qui pourront être ultérieurement ordonnées si l'utilité en est constatée par l'expérience.

2. Les usines d'éclairage par le gaz hydrogène seront constamment soumises à la surveillance de la police locale.

3. Notre ministre secrétaire d'état au département de l'intérieur est chargé de l'exécution, etc.

INSTRUCTION

Sur les précautions exigées dans l'établissement de la manutention des usines d'éclairage par le gaz hydrogène, pour être annexée à l'ordonnance royale du 20 août 1824.

---

§ I.er

Conditions à imposer pour tout ce qui a rapport à la première production du gaz.

1.º Les ateliers de distillation seront séparés des autres ; ils seront couverts en matériaux incombustibles.

2.º Les fabricans seront tenus d'élever jusqu'à trentedeux mètres les cheminées de leurs fourneaux ; la disposition de ces fourneaux sera aussi fumivore que possible.

3.º Il sera établi au-dessus de chaque système de fourneau un tuyau d'appel horizontal, communiquant, d'une part, à la grande cheminée de l'usine, et, d'autre part, venant s'ouvrir au-dessus de chaque cornue, au moyen d'une hotte de forme et de grandeur convenable, de telle sorte que la fumée, sortant de la cornue lorsqu'on l'ouvre, puisse se rendre par la hotte et le tuyau d'appel horizontal dans la grande cheminée de l'usine.

4.º Les cornues seront inclinées en arrière, de manière que le goudron liquide ne puisse se répandre sur le devant au moment du défournement.

5.º Le coke embrasé sera reçu, au sortir des cornues, dans des étouffoirs placés le plus près possible des fourneaux.

§ II.

Conditions à imposer pour que la condensation des produits volatils et l'épuration du gaz ne nuisent pas aux voisins.

1.º Il sera pratiqué, soit dans les murs latéraux, soit dans la toiture des ateliers de condensation et d'épuration, des ouvertures suffisantes pour y entretenir une ventilation continue et qui soit indépendante de la volonté des ouvriers qui y sont employés. Dans la visite des appareils, on ne devra faire usage que des lampes de sûreté.

2.º Les produits de la condensation et de l'épuration seront immédiatement transportés à la voirie, dans des tonneaux bien fermés; ou mieux encore, ils seront vidés soit dans les cendriers des fourneaux, soit sur le charbon de terre qui se brûle dans les foyers.

§ III.

Conditions à imposer pour éviter tout danger dans le service du gazomètre.

1.º Les cuves dans lesquelles plongent les gazomètres, seront toujours pratiquées dans le sol et construites en maçonnerie. Il sera placé à chaque citerne un tuyau de trop-plein, afin d'empêcher que dans aucun cas l'eau ne s'élève au-dessus du niveau convenable.

2.º Chaque gazomètre sera muni d'un guide ou axe vertical ; il sera suspendu au moyen de deux chaînes en fer, dont chacune aura été reconnue capable de supporter un poids au moins égal à celui du gazomètre.

3.º Il sera adapté à chaque gazomètre un tube de trop-plein, destiné à l'écoulement du gaz qui pourrait y être conduit par excès.

4.º Les bâtimens dans lesquels seront établis les gazomètres, seront entièrement isolés, soit des autres parties de l'établissement, soit des habitations voisines. Il y sera pratiqué des ouvertures en tout sens et en assez grand nombre pour y entretenir une ventilation continue. Ils seront toujours surmontés d'un paratonnerre, et l'on ne devra y faire usage que de lampes de sûreté. Ces bâtimens seront en outre fermés à clef, et la garde de cette clef ne pourra être confiee qu'à un contre-maître habile et d'une fidélité éprouvée, et dans le cas seulement où le chef de l'établissement serait dans l'obligation de s'en dessaisir momentanément.

———————

§ IV.

Conditions à imposer aux fabricans qui compriment le gaz dans des vases portatifs.

1.º Ces vases ne pourront être que de cuivre rouge, de tôle ou de tout autre métal très-ductile, qui se déchire plutôt qu'il ne se brise sous une pression trop forte.

2.º Ils seront essayés à une pression double de celle qu'ils doivent supporter dans le travail journalier.

Vu pour être annexé à l'ordonnance royale en date du 20 août 1824, enregistrée sous le n. 4080.

Le Ministre secrétaire d'état au département de l'intérieur ,

Signé CORBIÈRE.

ORDONNANCE DU ROI

RELATIVE A LA CLASSIFICATION DES ÉTABLISSEMENS DANGEREUX, INSALUBRES OU INCOMMODES.

Au château des Tuileries , le 9 février 1825.

CHARLES , par la grâce de Dieu , etc.

Vu le décret du 15 octobre 1810, et les ordonnances des 14 janvier 1815, 29 juillet 1818, 25 juin et 2 avril 1823, et 20 août 1824 ;

Notre conseil d'état entendu ,

Nous avons ordonné et ordonnons ce qui suit :

Art. 1.er Sont rangés dans la première classe des établissemens dangereux , insalubres ou incommodes ,

Les fabriques de toile cirée ;

Les fabriques d'urate ;

Les dépôts de matières provenant de la vidange des latrines ou des animaux, et destinées à servir d'engrais,

Les dépôts et les ateliers pour la cuisson ou dessication du sang des animaux, destiné à la fabrication du bleu de Prusse ;

Les dépôts de chairs ou débris d'animaux, les ateliers ou les fabriques où ces matières sont préparées par la macération, ou desséchées pour être employées à quelque autre fabrication ;

Les fabriques de *dégras*, ou huile épaisse à l'usage des tanneurs ;

Les voiries et dépôts de boue ou de toute autre sorte d'immondices ;

Le travail en grand des résines, goudrons, galipots, arcansons, et de toute autre matière résineuse, soit pour la fonte et l'épuration de ces matières, soit pour en extraire la térébenthine.

2.º Sont rangés dans la deuxième classe,

Les moulins à farine, dans les villes ; les moulins à broyer le plâtre, la chaux et les cailloux ;

Les fabriques de colle de peau de lapin ;

Les ateliers pour la salaison et le saurissage des poissons ;

Les fonderies à fourneaux à la *Vilkenson* ;

Les dépôts d'huile de térébenthine et d'autres huiles essentielles, lesquels devront en outre être tenus isolés de toute habitation ;

Les distilleries d'extrait d'absinthe ;

Les fabriques de tôle vernie ;

Les fabriques de bitume en planche.

3.º Sont rangés dans la troisième classe,

Les fabriques de borax artificiel ;

Les fabriques de fécule de pommes de terre ;

L'extraction du sirop de la fécule de pommes de terre ;

Les fabriques de chicorée-café ;

La fabrication de la gélatine extraite des os ;

Les ateliers de toiles peintes ;

Les dépôts de charbons de bois, dans les villes ;

Les chantiers de bois à brûler, dans les villes ;

Les fabriques de chromate de plomb ;

Les fabriques de bougies de blanc de baleine ;

Les ateliers pour le grillage des tissus de coton par le gaz (la surveillance de la police locale, établie par l'ordonnance du 20 août 1824 pour les ateliers d'éclairage par le gaz, est applicable aux ateliers pour le grillage) ;

L'établissement des lavoirs à laine.

4. Les fabriques d'acide nitrique (eau forte) où la décomposition du salpêtre par l'acide sulfurique a lieu dans des vases clos, au moyen de l'appareil de Woolf, sont comprises dans la deuxième classe.

5. Les ateliers à enfumer les sabots, dans lesquels il est brûlé de la corne ou d'autres matières animales, dans les villes, sont compris dans la première classe.

6. L'affinage de l'or ou de l'argent par l'acide sulfurique est rangé dans la première classe, quand les gaz dégagés pendant cette opération sont versés dans l'atmosphère ; et il est placé dans la deuxième classe, quand ces mêmes gaz sont condensés complètement.

7. La fusion du soufre pour le couler en canons, et l'épuration de cette matière par fusion ou décantation, sont comprises dans la deuxième classe.

La purification du soufre par distillation, et la fabrication des fleurs de soufre, restent placées dans la première classe.

8. Les dispositions de l'ordonnance du 14 janvier 1815 qui ont rangé les fabrications de noir d'os ou d'ivoire dans la première classe lorsqu'on n'y brûle pas la fumée, et dans la troisième, lorsque la fumée est brûlée, sont applicables à toute calcination d'os d'animaux, fabrication ou revivification de charbon animal (1).

9. La fabrication du chlore (acide muriatique oxigéné) et celle des chlorures alcalins (eau de Javelle) sont placées dans la deuxième classe, quand ces produits sont employés dans les établissemens mêmes où ils sont préparés.

La fabrication en grand des chlorures alcalins destinés au commerce, aux fabriques et aux arts, est rangée dans la première classe.

10. L'établissement des fabriques, ateliers, dépôts compris dans les articles qui précèdent, ne pourra plus avoir lieu qu'après l'accomplissement des formalités déterminées par le décret du 15 octobre 1810 et l'ordonnance du 14 janvier 1815, suivant la classe à laquelle ils appartiennent.

11. Notre ministre secrétaire d'état au département de l'intérieur est chargé de l'exécution de la présente ordonnance, qui sera insérée au bulletin des lois.

ORDONNANCE DU ROI

RELATIVE au classement de différentes fabriques, usines, etc., au nombre des établissemens dangereux, insalubres ou incommodes.

Du 5 novembre 1826.

Art. 1.er Le rouissage du chanvre en grand, par son séjour dans l'eau, est maintenu dans la *première classe*

(1) Voir l'art. 5 de l'ordonnance du 20 septembre 1828 ci-après.

des établissemens dangereux, insalubres ou incommodes, sous la dénomination suivante : *Routoirs servant au rouissage, en grand, du chanvre et du lin par leur séjour dans l'eau.*

2. Sont rangées dans la même classe, les fabriques de visières et de feutres vernis.

3. Sont rangés dans la *deuxième classe*,

Les forges de grosses œuvres, c'est-à-dire, celles où l'on fait usage de moyens mécaniques pour mouvoir, soit les marteaux, soit les masses soumises au travail ;

Les fours à cuire les cailloux destinés à la fabrication des émaux ;

Les raffineries de blanc de baleine ;

Le blanchiment des tissus et des fils de laine ou de soie, par le gaz ou l'acide sulfureux ;

Les fabriques de phosphore ;

Les dépôts de rogues.

4. Sont rangées dans la *troisième classe*,

Les fabriques d'acide acétique ;

(Les fabriques d'acide pyroligneux continuent d'appartenir à la *première* ou à la *deuxième classe*, où les a placées l'ordonnance du 14 janvier 1815, suivant les procédés dont on y fait usage).

Les fabriques d'acide tartareux ;

Les fabriques de caramel en grand ;

Les blanchimens de toiles et fils de chanvre, de lin ou de cotons par les chlorures alcalins ;

Les fabriques de briquets phosphoriques et de briquets oxigénés ;

Le lustrage des peaux.

5. Le blanchiment des toiles par l'acide muriatique oxigéné est maintenu dans la *deuxième classe*, sous la

désignation suivante : *Blanchîment des toiles et fils de chanvre, de lin et de coton, par le chlore.*

6. Les buanderies des blanchisseurs de profession et les lavoirs qui en dépendent, sont rangés dans la *troisième classe* quand ils ont un écoulement constant de leurs eaux, et dans la *deuxième classe* lorsque cette condition n'est pas remplie complètement.

7. L'établissement des fabriques, usines, ateliers, dépôts, compris dans les articles qui précédent, ne pourra plus avoir lieu qu'après l'accomplissement des formalités déterminées par le décret du 15 octobre 1810 et l'ordonnance du 14 janvier 1815, suivant la classe à laquelle ils appartiennent.

8. Notre ministre secrétaire d'état au département de l'intérieur est chargé de l'exécution de la présente ordonnance, qui sera insérée au bulletin des lois.

Donnée, etc.

ORDONNANCE DU ROI

CONCERNANT LES MACHINES A VAPEUR A HAUTE PRESSION.

Du 7 mai 1828.

CHARLES, par la grâce de Dieu, etc.

Art. 1.er La pression d'épreuve qui a été prescrite par l'ordonnance du 29 octobre 1823, est réduite, pour les chaudières en cuivre ou en fer battu, au triple de la pression qui doit faire agir habituellement les machines auxquelles elles sont destinées. Toutefois les fabricans donneront auxdites chaudières des épaisseurs suffisantes pour qu'elles puissent toujours subir la pression d'épreuve , sans que la force de résistance du métal en soit altérée.

2. Les tubes bouilleurs qui doivent être adaptés aux chaudières des machines à haute pression , sont assujettis au même régime d'épreuve et de surveillance que les chaudières.

Lorsque ces tubes seront de nature à être soumis à une pression d'épreuve différente de celle qui est exigée pour la chaudière à laquelle ils doivent être adaptés , ils seront éprouvés séparémént.

Dans le cas contraire , ils seront éprouvés faisant corps avec la chaudière ou séparément , au choix du fabricant ou du propriétaire de la machine.

De quelque manière que l'épreuve ait été faite , chaque tube bouilleur sera marqué d'un timbre indiquant le degré de pression qui doit faire agir habituellement la machine à laquelle il est destiné.

3. Les cylindres en fonte des machines à vapeur à haute pression et les enveloppes en fonte de ces cylindres seront éprouvés à l'aide d'une pression quintuple de celle que la vapeur doit avoir dans l'exercice habituel de la machine. Après l'épreuve , les cylindres et les enveloppes seront marqués d'un timbre indiquant le degré de pression habituel de la vapeur.

4. La force de pression à prendre comme terme de départ pour les épreuves , doit être égale à celle qui , dans l'exercice habituel de la machine , tend à faire rompre les parois des chaudières , tubes bouilleurs , cylindres et enveloppes , c'est-à-dire , à la force de tension que la vapeur doit avoir habituellement , diminuée de la pression extérieure de l'atmosphère.

5. Notre ministre secrétaire d'état de l'intérieur est chargé de l'exécution de la présente ordonnance , qui sera insérée au bulletin des lois.

ORDONNANCE DU ROI

RELATIVE au classement de différentes fabriques , usines , etc. , au nombre des établissemens dangereux , insalubres ou incommodes.

Du 20 septembre 1828.

CHARLES , par la grâce de Dieu , etc.

Art. 1.er Les fabriques de sel ammoniac extrait des eaux de condensation du gaz hydrogène , sont rangées dans la première classe des établissemens dangereux , insalubres ou incommodes.

2. Sont rangés dans la deuxième classe des mêmes établissemens et ateliers ,

La carbonisation du bois à air libre , lorsqu'elle se pratique dans des établissemens permanens et ailleurs que dans les bois et forêts ou en rase campagne ,

Les dépôts de chrysalides ,

L'extraction de l'huile et des autres corps gras contenus dans les eaux savonneuses des fabriques ,

Le dérochage du cuivre par l'acide nitrique ,

Les battoirs à écorce dans les villes ,

Les usines à laminer le zinc ,

Le secrétage des peaux ou poils de lièvre et de lapin.

3. Feront partie de la troisième classe des mêmes établissemens et ateliers ,

Les tréfileries ,

Les fabriques d'ardoises artificielles et mastics de différens genres.

4. La durée des affiches et des publications pour les demandes en permission d'établir des verreries est défi-

nitivement fixée à un mois, comme pour toutes les autres demandes relatives à la formation d'établissemens dangereux, insalubres ou incommodes de la première classe, à laquelle continueront d'appartenir les fabriques de verre, cristaux et émaux, qui demeurent soumises au régime du décret du 15 octobre 1810 et de l'ordonnance du 14 janvier 1815 (1).

5. La rédaction de l'art. 8 de l'ordonnance de classification supplémentaire du 9 février 1825, est rectifiée ainsi qu'il suit :

Les dispositions de l'ordonnance du 14 janvier 1815 qui ont rangé la fabrication du noir d'os ou d'ivoire dans la première classe, lorsqu'on n'y brûle pas la fumée, et dans la seconde classe, lorsque la fumée est brûlée, sont applicables à toute calcination d'os d'animaux, fabrication et revivification de charbon animal.

6. La création et l'exploitation des établissemens, fabriques, usines, dépôts et ateliers compris dans les articles qui précèdent, restent soumises aux formalités prescrites par les décrets et ordonnances réglementaires des 15 octobre 1810 et 14 janvier 1815, suivant la classe à laquelle ils appartiennent.

7. Notre ministre secrétaire d'état de l'intérieur est chargé, etc.

(1) La note au bas de la page 179 devient inutile, étant déjà imprimée au moment où la présente ordonnance a été connue.

FIN.

ieux
Mer.
rritoire Houiller.
rtage des Eaux
Loire et du Rhône.

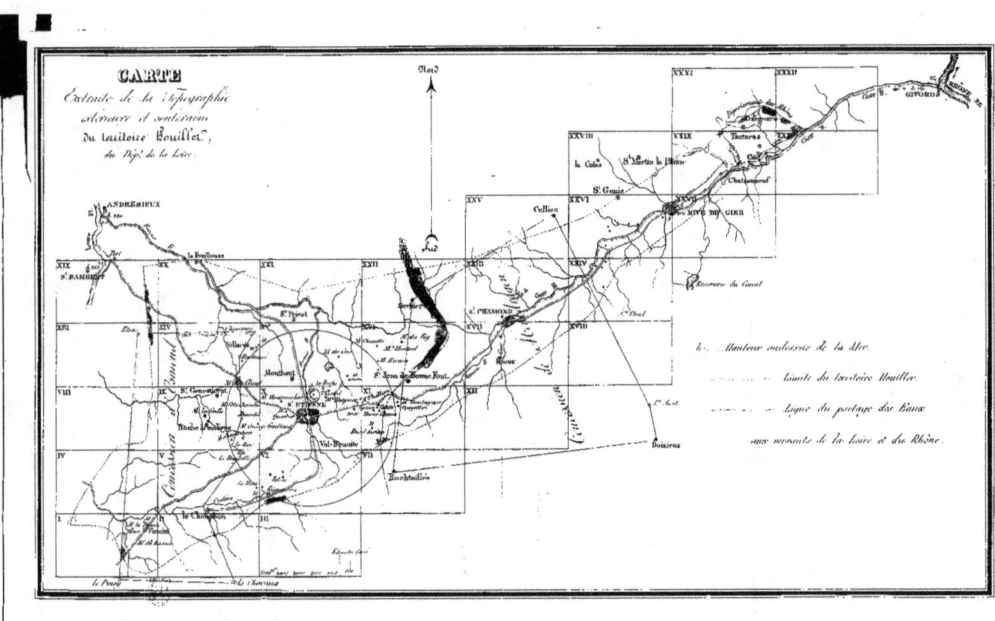

CARTE
Extraite de la topographie
extérieure et souterraine
du territoire houiller,
du Dép.t de la Loire.
Nord
Sud
ANDRÉSIEUX
la Bouillouse
S.t RAMBERT
S.t Priest
Montbrison
S.t Genest-Lerpt
S.t ÉTIENNE
Val-Benoite
Roche-la-Molière
le Chambon
S.t CHAMOND
Firminy
Cellieu
S.t Genis
RIVE DE GIER
S.t Martin la Plaine
la Grès
Châteauneuf
GIVORS
RHONE
Réservoir du Canal
Rochetaillée
Doizieux
h. ....Hauteur au-dessus de la Mer.
.... Limite du territoire houiller.
.... Ligne du partage des Eaux
aux versants de la Loire et du Rhône.

TABLE

CHRONOLOGIQUE DES MATIÈRES.

FIN DE LA TABLE.

LYON, IMPR. DE J. M. BARRET. 1829.